U0024298

尋繹當代儒哲熊十力

以「一聖二王」為鑰 ▪ 王汝華 著

孔子、王陽明、王船山，既是熊十力的思想鋼骨；也是熊十力的千古知音；更是其暮境心事的全幅所托……

導言

　　掀開中國近代史帷幕,一個激盪變革的世代立時躍入眼簾,在中西、新舊、傳統與現代的強力拉鋸中;在政治、經濟的翻轉飛躍中;在思想文化的蓬勃發展中,構築出一個紛陳雜沓、憂懼徬徨卻又充滿希望的時代。黃岡熊十力先生(1885-1968),便在此等背景下開展其個人學術舞台,雖然因其自信率直的狂者性情,招來或是或非的評議;雖然《新唯識論》引發的儒佛之爭擺盪不已、難有論斷;雖然在學術發展軌道上,也許新銳輩出、後出轉精,但在其八十餘載歲月中,專力於中國哲學體系的重建,闢拓精深完整的體用理論,並成為當代新儒學的奠基者與開山者。在關鍵時刻上,他勇於承擔知識份子的歷史使命,以其博採多方卻又自樹一幟的學術根柢,為儒家哲學重立大本、重開大用,並為途窮的傳統文化開鑿出一條新徑,就此而言,他確乎演出精湛、值得喝采。而其所發三百餘萬恢弘之言、近三十種專著,亦殊值仔細覽閱、深入探勘。

　　「一聖二王」——孔子、王陽明、王船山三者,既是熊十力的思想鋼骨,更是其精神支拄,在熊十力豐富多端的學術資源中,地位最為鮮明特出。其驗證之道有三,首先,驗之於其日常行止之所向:此中尤以熊十力晚年起居室內貼立的三幅君師帖——中孔子、右陽明、左船山,具體而微道出其精神生命之所繫與學術生命之所依。[1]其次,驗之於其作品的自我表述:「余平生之學,宗主孔子」、

---

[1]　詳參郭齊勇:《熊十力與中國傳統文化》(台北:遠流出版公司,1990 年 6

「陽明之學，確是儒家正脈」、「余平生於古今人，多有少之所歆，移時而鄙。獨至船山，則高山仰止，垂老弗變。」[2]平素「眼在天上」的熊十力，於此則語出肺腑，以簡賅真率語，直揭一聖二王在其學術思想中的樞機地位。再者，驗之於後學的相關發論：如賀麟視熊十力為「陸、王心學之精微化系統化最獨創之集大成者」；牟宗三認為「《新唯識論》融攝孟子、陸王與《易經》而為一」；林安梧則言：「深層視之，熊十力體用哲學可以說是陽明學與船山學進一步的發展。」[3]上列學者雖時有後先、論點不一，但已明確道出《易經》（熊十力視為孔子所作）、陽明、船山等在熊十力學術中的關鍵角色。由此觀之，欲究儒學的當代發展，當由熊十力入探，而欲探熊十力學術，則其學術思想中的一聖二王實未可輕忽。

本書因以《尋繹當代儒哲熊十力：以「一聖二王」為鑰》為題，期藉此以窺探熊十力學術的淵本與影響，及其如何由陸王本心悟入，其心學內涵與陸王本心觀異同何在？又船山於熊十力生命與學術的多元影響為何？熊十力如何發揚《易經》與孔子哲學？如何透過孔子構築其內聖外王之學？如何以一聖二王為根柢而發展其體系之學？如何在新舊相銜的時代中對三者學術發出具體思考與回

月），頁 46；郭齊勇：《天地間一個讀書人──熊十力傳》（台北：業強出版社，1994 年 11 月），頁 160。

[2] 分別語出熊十力：〈自序〉，《明心篇》（台北：台灣學生書局，1984 年 3 月），頁 4；熊十力：《十力語要》（台北：明文書局，1989 年 8 月），卷三，頁 399；熊十力：《十力語要初續》（台北：洪氏出版社，1982 年 10 月），頁 137。

[3] 分別語出賀麟：〈論熊十力哲學〉，載蕭萐父主編：《附卷》（上），《熊十力全集》（武漢：湖北教育出版社，2001 年 8 月），頁 667，（原題〈陸王之學的新發展〉，《建國導報》第 1 卷 17 期）；牟宗三：《生命的學問》（台北：三民書局，1984 年 7 月），頁 115；林安梧：〈從「牟宗三」到「熊十力」再上溯「王船山」的哲學可能──後新儒學的思考向度〉，《鵝湖月刊》第 27 卷第 7 期，2002 年 1 月，頁 19。

應等相關課題。就探究進程言，本書首由熊十力著作的覽閱與掌握著手：其間尤以《熊子真心書》、《新唯識論》（文言文本、語體文本）、《讀經示要》、《十力語要》、《十力語要初續》、《論六經》、《體用論》、《明心篇》、《乾坤衍》等為核心，[4]藉以窺知熊十力之思想要義及其學術資源之多重面向；其次則摘錄其有關一聖二王的言論、思想、述評、質疑等，並試為分類、彙整，以見知熊十力學術思想中的一聖二王梗概；再則就其學術思想中的一聖二王相關子題與《陽明全集》、《船山全書》、《論語》、《易經》等進行核對、考察、比較、釐清，偶或參驗以前人研究成果；末則試為綜理、評騭並作成結論。

　　本書章次有六：首章探討熊十力除一聖二王以外的學術資源，藉以掌握其學術淵本之全局；次章索探熊十力學術思想中的王陽明，藉以瞭解陽明心學對熊十力之影響，熊十力如何汲取、評騭及修正陽明觀點，熊十力對陽明學的創新思考向度與時代回應等；第三章論述熊十力學術思想中的王船山，藉觀熊十力對船山人格的尊崇，思想的認知、續承、弘揚以及修正與發議等；第四章主探熊十力學術思想中的孔子，藉以呈現其作品中的孔子形象、內聖外王觀及相關內涵，由於孔子是其理想歸嚮所在，其有關孔子論述除相對彰顯熊十力思想要義外，亦部分呈現陽明、船山的思想菁華，因而文次置諸二王之後；第五章以熊十力學術思想的傳承開展為題，與第一章遙相呼應，藉窺其人其學引發的多重迴響，並概觀其為當代儒學所開啟的嶄新方向；末章則試為文題作一收束綜結。

---

[4] 其著作概況於前人著作中多已述及，如景海峰：《熊十力》（台北：東大圖書公司，1991 年 6 月），頁 259-276；拙著：《熊十力易學思想之研究》（台灣師範大學國文研究所碩士論文，1991 年），頁 10-34；另《熊十力全集》亦可見其全貌，本書不另贅述。

目　次

第一章　熊十力學術思想的豐沛資源

　　滾滾泉水必有蘊釀其勢的源出所在；巍巍建築必有支撐重心的地基所在，為學亦復如此。熊十力以「六經注我」的方式所自成的一家之學，固然取決於其超卓的慧識、雄偉的氣魄，然倘無進入各家廣徵博採的前置階段，又焉能神出其間，終蔚為深造自得的獨特體系？大抵而言，儒、釋、道及西學正是支撐起其學術殿堂的四根巨柱，他超越時空、神遊古今、博採中外，以一聖二王為軸心，融攝佛學、取捨道學、參稽諸子、取益時賢詩友，並間取西方哲學。偌多的面向，會歸為熊十力學術的豐沛資源，經過靈活出入、融會通貫、斟酌損益，他終能自樹一幟，開展出專屬於自己的學術天空。本章將就熊十力的學術資源內容，作一梗概探究，至於一聖二王的部分，則留待本章之後逐次論探。

第一節　取益時賢師友

　　結交多聞之友，為揀擇良友的三大玉律之一。廣結學術界益友，相互激盪、彼此切磋，藉以觸發思路、開拓面向，熊十力對孔聖的智慧發言，可謂進行了最篤實的踐履。從錢穆、蒙文通、湯用彤、張爾田、張東蓀、張申府、郭沫若、黃侃、謝無量、馬敘倫、鍾泰、李石岑、張君勱、方東美、陶希聖、陶孟和、朱光

潛、馮友蘭、金岳麟、賀麟、謝幼偉、胡秋原、賀昌群、謝石麟、張默生到唐君毅、徐復觀、牟宗三，……或莫逆、或友朋、或後學，在面對面的問難析疑或魚雁往返中，熊十力構築出一張廣闊的學術交遊網。而時賢的學術成績也相對提供他若干的激盪與開廣之功。

一、嚴復（1854-1921）

初名體乾，入馬江船正學堂，易名宗光，字又陵，又字幾道，登仕後始改為今名，別署天演宗哲學家。嚴復舊學根柢深厚，殫精中外治術學理，於甲午戰後，疾呼開民智、新民德、鼓民力、興教育、重科學，並廣為譯介西洋名著，如赫胥黎《天演論》、亞當斯密《原富》、斯賓塞《群學肄言》、約翰穆勒《群己權界論》、孟德斯鳩《法意》、甄克思《社會通詮》等，終其生盡瘁於中西文化整合及教育救國事業。

嚴復豐贍的譯著中以《天演論》最負盛名，嚴復所以譯介此書，主要認為救國之道在於維新，維新之道在於學習西方，學習西方正是促進民族自覺的關鍵要道。而原名《演化與倫理》的《天演論》，書中呈現「物競天擇，適者生存」的核心理念，如若中國能順應天演規律，實施變法維新，始能由積弱轉向圖強。因此他反覆申言強族保種，欲圖在民族危亡之際敲響警鐘，收棒喝之效。此書譯文既出，確能惕勵民心，於時下青年深具啟蒙之功，而在學界也引發熱切迴響。

熊十力早年接觸西方學術譯作，即由嚴復所譯作品入讀，曾於著作中屢次徵引天演論，如《心書》中釋「天」，即依傍嚴復之說，

並言：「晚近天演說張，形氣之祕機愈洩，斯以自然言天者貴矣！」[1]
又言：

> 人類中心觀念，本不可搖奪，只是舊的解釋錯誤。自達爾文
> 《進化論》出，乃予以新解釋爾。今站在進化的觀點上說，
> 自然界從無機物而生物、而動物、而人類，層層進化。人類
> 進至最高級，他漸減卻獸性，而把宇宙底真善美發展出來。
> 易言之，宇宙底真理，在人類上才表現得完足。所以說人者
> 天地之心。所以人類中心觀念，得進化論而益有根據。[2]

　　熊十力除藉《天演論》解釋生物界的進化發展外，並將之加以
轉化，納入儒家的宇宙論中，強調唯有人方能把握宇宙的主體。而
對於宇宙的發展歷程，在熊著中以三層步驟予以綜括說明，首為無
機物、亦即物質層出現；次為生物、亦即生命層成就；又次則動物
及人類出現、亦即心靈層成就。[3]在此沛然莫之能禦的發展形勢中，
熊十特別強調生命力幹運於生機體中，隨在充實，人類終因能官天
地、府萬物。

　　另嚴復於《天演論》譯序中，曾如是發言：「有斯賓塞爾者，
以天演自然言化，著書造論，貫天地人而一理之，此一晚近之絕作
也，其為天演界說曰，翕以合質，闢以出力，始簡易而終雜糅。而
《易》則曰，坤其靜也翕，其動也闢。」[4]翕闢成變之說在熊十力

---

[1]　詳參熊十力：〈示韓濬〉，《心書》，載《新唯識論》（台北：文津出版社，1986
　　年10月），頁6。
[2]　《十力語要》卷四，頁539。
[3]　詳參《明心篇》，頁6；另熊十力：〈廣義〉，《乾坤衍》（台北：台灣學生書
　　局，1987年2月），頁302亦有相關說法；而〈明變〉，《體用論》（台北：
　　台灣學生書局，1987年2月），頁23、24則分為質礙層、生機體層。生機
　　體層下復分植物機體層、低等動物機體層、高等動物機體層、人類機體層。
[4]　赫胥黎撰、嚴復譯：〈自序〉，《天演論》（台北：台灣商務印書館，1977年

本體論架構中扮演關鍵角色，熊十力亦屢加稱述闡說，其初蔡元培為熊十力《新唯識論》作序即明揭：「夫翕、闢二字，《易傳》所以說〈坤卦〉廣生之義，本分配于動靜兩方，而嚴又陵氏于《天演論》中，附譯斯賓塞爾之天演界說，始舉以形容循環之動狀，所謂翕以合質，闢以出力，質力雜糅，相劑為變是也。」[5]已然點出熊十力核心思想中的翕闢觀，既有來自於《易》的萌發，更有本於嚴復《天演論》的中介。然而熊十力仍力闡己說與《天演論》之別在於：

> 嚴復天演界說，以無數無盡之天體或萬象，皆由原始物質的存在，及由物質的運動而成。此乃依據自然科學之理論。拙論，綜觀宇宙，會通生命心靈，與物質能力兩方面，而建立一元，以明此方面所由成。……其與拙論之翕闢義全不同，無待辯。[6]

雖然熊十力偏向從哲學的角度申述翕闢，並窮究萬物根源，與《天演論》偏向科學，側重自然原理，二者之所矚目用心處自是不同，但無可疑義者，嚴復的譯著，對熊十力的體用、翕闢、本隱之顯諸說，均具有啟迪之功。

二、康有為（1858-1927）

字廣廈，號更生，原名祖詒，廣東南海人，世稱康南海、南海先生。康有為堂廡甚廣，自幼浸潤於傳統古籍，後又研讀經史與當

---

6 月），頁 2。
5 蔡元培：〈新唯識論序〉，載蕭萐父、郭齊勇編：《玄圃論學集──熊十力生平與學術》（北京：三聯書店，1990 年 2 月），頁 12。
6 〈答友人〉，〈附錄〉，《明心篇》，頁 215-216。

代政治文獻，並及佛典與西書。早年得父祖教諭，並從遊於粵中大儒朱九江，並由張延秋得知當代政事，孕育經營天下之志。時值清季憂患之世，康有為痛心於國破民蔽、四夷交侵，遂挺身而出，布衣上書，倡導維新變法。然而百日維新終未能竟其功，出亡日本十餘年始得歸國，並改採虛君共和以為救亡之策。及至晚年，於時局政治猶時予關切，反對外國侵略之情仍然未泯，復辟之心仍然不死，且尊孔之志猶存，反對革命、赤化之志益堅。其著作頗豐，耳熟者如《新學偽經考》、《孔子改制考》、《大同書》、《春秋董氏學》、《春秋筆削大義微言考》、《孟子微》等。

　　以康有為、譚嗣同為代表的維新派儒家，力圖會通孔孟仁學、傳統佛學及西方新學以建立其理論體系。而其學術主張，則始終與其變法維新的政治目的兩相結合，如先有變法思想，而後有孔子托古改制之說；先有救人濟世心意，而後始建立其哲學理論。其學術思想，能詳者如三世思想、大同主義、新學偽經、孔子改制等。如光緒二十八年所著的《大同書》，係將《公羊傳》中所見、所聞、所傳聞三世，何休衍為據亂、升平、太平世，而康有為則結合達爾文的進化論，將三統三世說和與時推移的進化觀兩相配合。書分十部，而以平等博愛、去苦求樂為基本觀念，此間一切俗諦盡消，社會既無親疏、種性、階級之別，並得享工業化樂利成果，人民浸潤於平等自由的民主政治，充分勾勒出一幅烏托邦式的人類理想遠景。至於其《新學偽經考》，目的在打倒古文學派，定今文學派於一尊。康有為受廖平影響，認為西漢經學，並無古文，凡古文多為劉歆所偽，並非孔子原典，劉歆作偽主欲佐莽篡漢，藉以湮滅孔子的微言大義。《孔子改制考》一書認為六經皆孔子所作，而孔子改制之義，實為康有為變法的理論基礎。由於多本諸實用立場出發而建立其經學見地，並未詳加考證，因此遭殊多訾議，然也因此帶動疑古風潮。

　　熊十力於 1902 至 1906 年間積極投身反清革命事業，與康有為堅決反對革命的政治立場勢成水火，而熊十力於諸作中論評康有為，亦多發負面評語，如評其擁護帝制，張今文餘焰，猶漢儒遺風。[7] 又認為其於六經不求真解，且未能深究《易經》。[8] 其他評語猶多，不逐一贅舉。[9] 雖然如此，然康有為部分立說仍成為熊十力的思想先驅，且互有同異。如康有為云：「《易》稱大哉乾元，乃統天，……孔子之道運本於元，以統天地。」[10] 熊十力則曰：「《春秋》建元，即本《易》旨。【董子《繁露·重政篇》云：元，猶原也。《春秋》之元，即《易》之乾元。】」[11] 二者均認為董仲舒發明元義，以為萬物之主。再者康有為認為六經作於孔子；熊十力也主張「六經為孔子晚年定論」。二人均主張三世義，但立說內容不同，康有為認為古文經學為劉歆所偽，肯定今文經學；熊十力則駁斥劉歆諸論均偽，而六經竄亂，六國小儒已肇其端。康有為認為孔子因應時需，而有「微言」、「大義」二類思想；熊十力則視「微言」、「大義」為劉歆誣聖之詞。康有為視《周官》為劉歆所偽；熊則視《易》、《春秋》、《周官》等蘊含孔子天下為公的理想與制度。雖然熊十力多抨擊康有為，但二人均崇奉孔子，並予以改鑄，藉以詮解其內聖外王思想，以為理想之寓托，而於春秋張三世之義亦詳為闡發。雖其立論目的及內涵殊異，但《讀經示要》、《論六經》、《原儒》、《乾坤衍》等書所呈現的經學面貌、對經學的論探方向與重點，則與《新學偽經考》、《孔子改制考》頗相神似，熊十力實無可避免於康有為學說的影響。

7　詳參熊十力：《讀經示要》（台北：明文書局，1987 年 9 月）卷二，頁 358。

8　詳參熊十力：〈原外王〉，《原儒》（台北：明文書局，1988 年 12 月），頁 170。

9　可參稽〈原外王〉，《原儒》，頁 160、164、169；《乾坤衍》，頁 8、12、13、16、23、88、89 等。

10　（清）康有為：《春秋董氏學》卷六上，《康有為全集》（上海：上海古籍出版社，1990 年 4 月）二，頁 795。

11　〈佛法上〉，《體用論》，頁 108。

三、譚嗣同（1865-1898）

　　字復生，晚號壯飛，湖南瀏陽人。少倜儻有大志，為文奇肆。居處列強攘奪、國勢岌危、經濟崩潰、文化解體及西學激盪之際，譚嗣同以其卓越的政治特識、深厚的學術造詣以及真切的時代關懷，欲圖改造當世，終在戊戌政變「有心殺賊，無力回天。死得其所，快哉快哉」的慷慨激昂中從容就義，於六君子中英名最著。而他和康有為等維新派不僅致力於政治革新的推動，更孜矻不懈於思想革新的推展，以求仁為要旨，以綜納古今中西之學為其宏願的新學，為傳統儒學的轉型、新儒學的改造發展，提供了最初的嘗試與借鏡。

　　譚嗣同博覽群籍，於前賢中最淑慕張橫渠的深思果力；又心向船山，認為五百年來學者，能通達天人之故者，唯船山一人而已，而船山的道器合一、理欲一元，也汲取而為其思想菁華；並時捧讀黃宗羲《宋元學案》、《明儒學案》、《明夷待訪錄》，《明夷待訪錄》之〈原君〉、〈原法〉，成為其《仁學》君民觀的思想泉源。《仁學》係譚嗣同思想的總合，融鑄科學、哲學、宗教於一爐，實踐並發揮了康有為以求仁為旨要、以大同為其條理、以救中國為其入手處、以殺身破家為其究竟的教言。錢穆認為「《仁學》者，實無異於大同書也。大同即仁之境界。」[12]梁啟超則讚曰：「僅留此區區一卷，吐萬丈光芒，一瞥而逝，而掃蕩廓清之力莫與京焉！」[13]全書充滿衝創意志，其精神底蘊可以「衝決網羅」四字概括呈現，其所欲衝

---

[12]　錢穆：〈康長素〉，《中國近三百年學術史》（台北：台灣商務印書館，1980年1月）第十四章，頁676。

[13]　梁啟超：《清代學術概論》（台北：台灣商務印書館，1985年2月），頁157。

決的層層網羅函括「利祿之網羅」、「俗學之網羅」、「全球群學之網羅」、「君主之網羅」、「倫常之網羅」、「天之網羅」、「佛法之網羅」等。約言之，則含「學」——指荀學、李耳之學及宋明理學的禁慾主義；「政」——指專制政體和異族統治；「教」——綱常名教之害等三類，全書具體呈現譚嗣同的愛國情懷、民本及民權精神。

對《仁學》一書，熊十力認為「規模甚大，志願極宏，而知見不免失於浮雜。……然復生如不早喪，其成就必卓然可觀。」[14]由「以太」、「仁」、「通」、「心力」四大基本概念所構築而成的《仁學》，雖被熊十力評以浮雜，但對其人其志，仍敬表嘆服，而面對英才的殉難早逝，尤表達出其惋惜之情。在性格上，譚嗣同神形疏放、靡有羈束、意氣昂揚、錚錚烈鳴，豪邁而勇往直前，和熊十力「舉頭天外望，無我這般人」此等自尊、自信、率真的「狂者」性情，可謂兩相契合。在政治理念上，譚嗣同和熊十力對二千年來黑暗否塞、無復人理的君主專制制度同感痛恨，並同樣高讚民族革命思想。而譚嗣同繼承黃宗羲、王船山遺緒，此種精神亦為熊十力所承續。再者譚嗣同發揮王船山「道器一元」、「天理即在人欲之中」，也逕予熊十力思想的啟悟。

對於譚嗣同，熊十力曾發出如是讚語：

> 清之季世，宋學已稍蘇。戊戌政變，首流血以激天下之動者，譚復生嗣同。復生船山學也。復生精研船山，其精神偉大，實由所感受於船山者甚深。嘗與友人林宰平、梁漱溟言，自清季以來真人物，唯復生一人足當之而已。[15]

其慕仰之情，已充分溢顯於隻字短句間！

---

14 《讀經示要》卷二，頁509。
15 《讀經示要》卷二，頁508。

四、章炳麟（1868-1936）

初名學乘，字枚叔，浙江餘杭人。因慕顧亭林其人，改名絳，後更名炳麟，號太炎，又號菿漢。曾入漢學重鎮——杭州「詁經精舍」八年，後入康梁陣營，其後分途，轉向倒清，「蘇報」案後前往日本，任「民報」主編，由擁袁而反袁，及至呼籲抗日，曾預草遺囑：「設有異族入主中夏，世世子孫無食其官祿。」其學淵博，兼具精審、識斷之長，曾自述其治學歷程：「少時治經，謹守樸學，所疏通證明者，在文字器數之間」、「遭世衰微，不忘經國，尋求政術，歷覽前史，獨於荀卿韓非所說，謂不可易」、「繼閱佛藏，涉獵《華嚴》、《法華》、《涅槃》諸經，義解漸深，卒未窺其究竟」、「及因繫上海，三歲不覿，專修慈氏世親之書。此一術也，以分析名相始，以排遣名相終。從入之涂，與平生樸學相似，易於契機。解此以還，乃達大乘深趣。」[16]可見其思想變遷，歷經多程。早年治學，以樸學暨諸子學為主；甲午戰後，用心於西學；蘇報案入獄後，潛心於大乘佛法的法相宗，並持唯識學，以之進退上下中國古今學術；最後門戶之見漸無，尊重「外能利物，內以遣憂」的各種學說，因此其《菿漢微言》中以「始則轉俗成真；終則迴真向俗」十二字，概括思想變遷輪廓。

章太炎推崇鼓吹反滿的顧亭林及戴震，其民族思想的最大特徵為承襲船山，以血統為區分民族的根據，一掃僅據文化以辨民族的舊說。又其持深厚的國學根基，構築起以法相唯識學為宗，融通中西的佛學體系，被梁啟超譽為「近世頭一個認識唯識學價值的

---

[16]　（清）章炳麟：〈菿漢微言〉，《章氏叢書》（台北：世界書局，1958 年 7 月）下冊，頁 960。

人」，[17]李澤厚則認為「譚嗣同以佛學唯識論為基礎來建立近代哲學體系的事業，倒恰好由章太炎來完成。」[18]熊十力早年崇佛抑儒，頗受章太炎盛倡相宗之學的影響，尤其章太炎借佛學力挽世風，建立革命宗教論，熊十力興致甚濃，曾謂：「余曩治船山學，頗好之，近讀餘杭章先生《建立宗教論》，聞三性三無性義，益進討竺墳，始知船山甚淺。」[19]除巨贊法師認為熊十力《心書》談佛「大都依傍章太炎的學說」外，[20]今人景海峰更認為「太炎對十力的影響，在近代人中當推第一」、「如他與人討論大乘的『智體』、『證如』等問題，『未遑博考』毫無自見，只是抄錄章太炎的〈大乘佛教緣起考〉以為資證。又論說『輪迴』，亦以太炎『唯其無我所以輪迴此義甚深』為憑藉、「《心書》對於儒家的態度，同樣也深受章太炎的影響」、「太炎崇尚魏晉，於清人中獨喜汪中。……熊先生文章有魏晉風格，容甫之楷模，太炎之引介，當為重要因素。」[21]道出章太炎對熊十力早期思想構成的多方影響。而熊十力作品中所在遍是對真儒精神淪喪的痛楚，對歷代奴儒的嚴厲抨擊，亦有部分承諸於章太炎的影響。

五、歐陽漸（1871-1943）

　　字鏡湖，後易名竟無，江西宜黃人，世人尊為「宜黃大師」，為越王句踐八十七世孫，歐陽修弟侄後裔。幼刻苦勤學，年二十，

---

[17] 陳筱梅編：〈亡友夏穗卿先生〉，《梁任公文選》（上海：仿古書店，1937 年），頁 235-240。

[18] 李澤厚：《中國近代思想史論》（台北：三民書局，1996 年 9 月），頁 202。

[19] 〈船山學自記〉，《心書》，頁 5、6。

[20] 巨贊：〈評熊十力所著書〉，《附錄》（上），《熊十力全集》，頁 338。

[21] 景海峰：《熊十力》第二章，頁 43-44。

入南昌經訓書院，研習經史，兼攻天文曆算。甲午戰啟，欲補救時弊，改治陸王。年三十六，生母汪太夫人病逝，哀慟逾恆，決皈依佛法，以求究竟解脫。後從楊文會習佛理，1922 年於南京創設支那內學院，刻經興學並進，與太虛大師的武昌佛學院、韓清淨的北平三時學會鼎足為三。其講授唯識學，精細入微，一時從遊者眾，如梁啟超、梁漱溟、湯用彤、張君勱等均入座聽講，梁啟超且曰：「聽歐陽竟無講唯識，始知有真佛學。」及至 1938 年南京陷敵，內學院遷四川江津，定名蜀院，講學依舊，1948 年病逝於此。時國民政府曾明令褒揚，並特給金元一萬，「以彰宿學而示來茲」。

歐陽竟無初籌建支那內學院時，曾制定簡章，開宗明義即曰：「養成弘法利世之才，非養成出家自利之士為宗旨。」以利他、救世為核心，將佛法、教育及家國關懷熔為一爐，而其致力於法相、唯識之學的復興，貢獻尤鉅。其作品《竟無內外學》，係晚年手訂所存，經蜀院刊刻印行，凡三十六種三十餘卷，其後又編為《歐陽大師遺集》精裝四卷印行。

1920 年秋，熊十力辭卻江蘇南開中學教職，入南京金陵刻經研究部，即支那內學院前身，從歐陽竟無問習佛學。於研究部一年期間，追尋玄奘、窺基宣揚之業，從護法諸師以上索探無著、世親，盡悉其淵源、通其脈絡、掌其宗要，而有《唯識學概論》初稿之作，此初稿亦即《新唯識論》文言本序言所指「境論創始於民十之冬」的「境論」，歐陽竟無閱後譽為「體大思精」，此書亦為其後《新唯識論》奠立磐根。1922 年，熊十力應蔡元培之聘，赴北大哲學系講授唯識學，持初稿以為講授重心，1923 年《唯識學概論》由北大出版，其後又三易其稿，學術上獨立不羈的熊十力，終改造了以業果輪迴為主的舊唯識學，反求本心、回歸大易傳統。1932 年《新唯識論》文言本問世，歐陽竟無授意弟子劉定權作〈破新唯識論〉，登載於南京支那內學院《內學》第六輯，藉

以斥破熊說，歐陽竟無並親為作序，大抵內學院的立場在於謹守唯識家法，批判熊十力「以因緣說真如緣起」等，而熊十力則以〈破破新唯識論〉回應之。其後又有呂澂與其進行書函論辯，在十六封往返書信中，論談佛學根本問題，而呂澂則主要指陳《新論》與唯識學的根本分殊，在於性覺與性寂，而熊十力依傍的是中土偽經，與法相唯識義理自有歧異。在唇槍往來中，由此展開了其後與王恩洋、陳銘樞、釋太虛、釋印順、釋巨贊、朱世龍等長達數十年的新、舊唯識學的激烈論戰。[22]

熊十力於內學院親聆大師教示，奠立佛學基礎，開啟研究端緒，若無此階段的沉潛韜養，堅實紮根，焉得有他日脫胎而出，自成一家體系的熊十力，因此即使這一場佛學論戰打得熾烈，被視為離經叛道的熊十力還是在〈與梁漱溟先生論宜黃大師〉一函中道出其尊崇恩師、未敢或忘的心聲：

> 竟師之學，所得是唯識法相。其後談「般若」與「涅槃」，時亦張孔，只是一種趨向耳，骨子裡恐未甚越過有宗見地。如基師之「心經幽贊」然，豈盡契空宗了義耶？竟師願力甚大，惜其原本有宗，從聞熏入手。有宗本主多聞熏習也。從聞而入者，雖發大心，而不如反在自心惻隱一機擴充去，無資外鑠也。竟師一生鄙宋明儒，實則宋明諸師所謂學要鞭辟近裡切著己，正竟師所用得著也。……竟師為學踏實，功力深厚。法相唯識，本千載久絕，而師崛起闡明之。其規模宏廓，

---

[22] 論戰原因、過程、相關文獻，前人已有詳細論述，可參閱林安梧輯：《現代儒佛之爭》（台北：明文書局，1990 年 6 月）；景海峰：《熊十力》，頁 100-118；郭齊勇：《熊十力思想研究》（天津：天津人民出版社，1993 年 6 月），頁 151-204。盧升法：《佛學與現代新儒家》（瀋陽：遼寧大學出版社，1994 年 2 月），頁 358-369。丁為祥：《熊十力學術思想評傳》（北京：北京圖書館出版社，1996 年 6 月），頁 272-282。

實出基師上。故承學之士有所資借。……竟師於佛學，能開闢一代風氣，不在其法相唯識之學而已。蓋師之願力宏，氣魄大，故能如此。……惜乎以聞熏入手，內裡有我執與近名許多夾雜，胸懷不得廓然空曠，神志猶有所困也。因此而氣偏勝，不免稍雜伯氣。……竟師無城府，于人無宿嫌。縱有所短，終是表裡洞然，絕無隱曲。此其所以為大也。吾《新論》一書，根本融通儒佛，而自成體系。其為東方思想之結晶，後有識者起，當于此有入處。吾學異於師門之旨，其猶白沙之于康齋也。雖然，吾師若未講明舊學，吾亦不得了解印度佛家，此所不敢忘吾師者也。[23]

　　當學風嚴謹、功力深厚、學識博廣的歐陽竟無遇上洞察力十足、氣魄非凡的熊十力，狷與狂、六經注我與我注六經的不同典型性格，似已注定殊途分行的結局。但言詞素來犀利的熊十力，這回卻由「從聞熏入手」、「鄙宋明儒」等，委婉地道出他融通儒佛及所以異於師門的苦衷，在雖愛吾師更愛真理的無奈下，他仍發出對業師的最大尊崇。

六、馬一浮（1883-1967）

　　幼名福田，字一浮，別號湛翁，晚號蠲叟、蠲戲老人，以籍貫浙江紹興會稽縣，因此自署「會稽馬浮」，熊十力則稱其為「紹興馬一浮」。曾留學日本，精通德、日、英、法文，治學歷程可以「博道諸子、精研老莊、深探義海、妙悟禪宗、返求六經」概括之，且

---

[23] 1943 年 3 月 10 日熊十力致書呂澂，信後即附上此函，參林安梧輯：《現代儒佛之爭》，頁 478-480。

「不分今古、不分漢宋、不分朱陸」，[24] 而一以義理為依歸，因此規模宏闊、體系圓融。北大校長蔡元培曾約聘任教，以「古聞來學，未聞往教」辭卻。1939 年，於四川樂山縣創復性書院，以「講明經術，注重義理，欲使學者知類通達，深造自得，養成剛大貞固之才」為宗旨，並舉「主敬為涵養之要，窮理為致知之要，博文為立世之要，篤行為進德之要」四目為學規，親炙門下的戴君仁曾譽之為「現代朱子」。作品多為講錄與會話，頗近似於宋明儒者的語錄，有《泰和會語》一卷、《宜山會語》一卷、《復性書院講錄》六卷及《爾雅台答問》一卷等。至於其生命情調與生活風格亦與宋明儒者頗相近似，充分流露古代士君子真篤親切的性情。

熊十力素聞馬一浮為積學之士，且深思內典，因而頗思晤教，及至 1927 年養痾杭州，始初結識，其後相互問學，往來頻繁，其時馬一浮於心學領會特深，對熊十力影響殊多。朱淵明曾於此時隨二人問學，嘗傳神地憶述二人當時交篤而性情迥異的一面：

> 二位先生之淵博嚴謹固相若，而個性氣質則有異。熊先生言詞慷慨而有時不免激越，馬先生說話簡鍊而言必中；熊先生喜罵權貴，馬先生則多論事實而少批判人的長短，……故馬熊兩位先生，亦有時小檻其楨，而稍吵其嘴，但事後熊先生赴馬先生處照樣談笑，二位仍怡然如初。[25]

1932 年《新唯識論》文言本印行，馬一浮為之作序題簽，文曰：

> 十力精察識，善名理，澄鑒冥會，語皆造微。早宗護法，蒐玄唯識，已而晤其乖真。精思十年，始出《境論》。將以昭宣本跡，統貫天人，囊括古今，平章華梵。其為書也，證智

---

[24] 馬浮：《爾雅台答問》（台北：廣文書局，1979 年 3 月）卷一，頁 19 下。
[25] 詳參朱淵明：〈憶馬一浮先生〉，載《中國學人》第 3 期，1971 年 6 月。

體之非外，故示之以〈明宗〉；辨識幻之從緣，故析之以〈唯
識〉；抉大法之本始，故攝之以〈轉變〉；顯神用之不測，故
寄之以〈功能〉；微器界之無實，故彰之以〈成色〉；審有情
之能反，故約之以〈明心〉。……足使僧肇斂手而咨嗟，奘
基撟舌而不下。擬諸往賢，其猶輔嗣之憂讚《易》道，龍樹
之宏闡中觀。自吾所遇，世之談者，未能或之先也。可謂深
於知化，長於語變者矣！[26]

　　除以精練、典雅的文字簡陳熊十力的學思歷程，借巧譬妙喻予
以高度推崇外，並賅要道出各章大要，而《新論》核心的確即在探
論實體非是向外求索，遠離自家身心，即所謂「證智體之非外」。
而「深於知化，長於語變」也準確道出熊十力發揮《易》「乾道變
化，各正性命」的義理精髓，凸顯大化流行的本體論系統。由馬對
熊的恰當衡定及高度譽美看來，馬一浮確能引為熊十力的學術知
音，更何況《新論》文言本的成書，馬一浮益熊處尤多，此書〈緒
言〉語及：「自來湖上，時與友人馬一浮商榷疑義，〈明心章〉多有
資助云。〈明心上〉談意識轉化處，〈明心下〉不放逸數，及結尾一
段文字，尤多採納一浮意思云。」[27]書中言及意識轉化、諸數中的
信數、不放逸數等及本心、天人合德、性修不二等均有來自馬一浮
的影響。此外馬一浮《泰和宜山會語合刻》中有「論六藝賅攝一切
學術」、「論六藝統攝於一心」、「論西來學術亦統於六藝」，和熊十
力所論述者頗有切近處。

　　唯馬、熊二人雖為摯朋益友，然其學術面向與特質仍有若干分
野：馬一浮調和程朱陸王而偏向朱子，熊十力則承受較多王學的影
響；馬以《孝經》總持而攝六藝，熊則詆斥《孝經》為後世奴儒之

---

[26] 〈序〉，《新唯識論》文言文本，頁39、40。
[27] 〈緒言〉，《新唯識論》文言文本，頁42。

作；馬以「性德」為根源，熊則以「性智」為軸心；馬融通前儒，
批判性、創造力較弱；熊則容納百家，批判性猛烈。

七、梁漱溟（1893-1988）

名煥鼎，字壽銘、漱溟，1917 年受聘北大，主講印度佛學、
儒家哲學、孔學繹旨等。三、四十年代，積極推動「鄉村建設運動」，
八十年代後，再度活躍於學術界。思想轉折大抵歷經近代西洋、印
度佛學、回歸儒家三層。主要著作為《究元決疑論》、《東西文化及
其哲學》、《人心與人生》等。

民國初年，對革命充滿昂揚激情的熊十力，寫下了〈健庵隨筆〉、
〈翊經錄序言〉等筆札，並陸續發表於《庸言》雜誌，此期的他尚
未正式轉趨學術一途，以尊崇儒家，因此於文間多指斥佛教。1916
年梁漱溟在《東方雜誌》發表《究元決疑論》，評議百家，獨崇佛法，
並指名批評此土凡夫熊升恆愚昧無知。此時熊十力思想已遷向於
佛，對《究元決疑論》中引述法國魯滂《物質新論》以比合佛旨頗
表興趣，遂寫成〈記梁君說魯滂博士之學說〉一文，並致書於梁，
見面討論佛學，由是展開近五十年的交誼。熊入支那內學院係經梁
介紹，熊入北大仍由梁走薦。熊十力、馬一浮、梁漱溟，被學生合
稱為「三聖」。性格上，馬、梁含蓄溫厚，熊抉發痛快；言詞上，馬
洗鍊、梁準確，熊滔滔不絕，然三人學問均融通西方、印度及中國
文化，[28]但「熊先生規模宏大，馬先生義理精純，梁先生踐履篤實」，
然都代表中國「活的精神」。[29]關於他們當時的交遊情形，梁漱溟〈略
記當年師友會合之緣〉、錢穆〈憶十力、錫予諸友〉中均有明載。

---

[28] 詳參郭齊勇：《熊十力與中國傳統文化》，頁 24。
[29] 徐復觀：〈代序〉，見馬浮：《爾雅台答問》（台北：廣文書局，1979 年 3 月）。

　　1921 年，梁漱溟思想由佛折入儒家，次年《東西文化及其哲學》問世，書中對中國、印度、西方三支文化進行全盤而深入的反省，並認為三者各代表不同的人生路向，西方式為奮勇向前；中國式為隨遇而安、調和持中；印度式為迴避障礙。又於書中指出孔子思想要在《易經》「生」字：

> 這一個「生」字是最重要的觀念，知道這個就可以知道所有孔家的話。孔家沒有別的，就是要順著自然道理，頂活潑頂流暢的去生發。他以為宇宙總是向前生發的，萬物欲生即任其生，不加造作，必能與宇宙契合，使全宇宙充滿了生意春氣。[30]

　　以「生」字賅攝儒孔精神，對熊十力強調《易經》生生精神有其啟迪作用。此外梁漱溟並以敏銳的直覺言仁：「此敏銳的直覺就是孔子所謂仁」、「能使人所行的都對，都恰好，全仗直覺敏銳，而最能發生敏銳直覺的則仁也。仁是體，而敏銳易感則其用。」[31]《新論》言及直覺思維處也頗受梁說的影響。另梁於 1922 年發表〈唯識家與柏格森〉、〈對於羅素的不滿〉，凡此評論亦提供熊若干省思。至於梁漱溟的東西文化觀及對陸王心學的研究則對熊有直接影響。

　　熊、梁頻繁的聚會問學，固能增益聞見、推擴思域，收得切磋之功。但交契的摯友在治學途徑中仍各有分殊。例如梁、熊雖都繼承陸、王，都主張心即理，都主張發明本心。但梁突出了孟子的惻隱之心，熊著重的是孟子是非之心；一偏向情感，一偏向理智。[32]因此梁漱溟即坦然自表：「我與熊十力先生雖同一傾心東方古人之學，以此相交

---

[30] 梁漱溟：《東西文化及其哲學》（台北：問學出版社，1977 年 11 月）第四章，頁 121。
[31] 同前註，頁 126、128。
[32] 鄭家棟：《本體與方法──從熊十力到牟宗三》（瀋陽：遼寧大學出版社，1992 年 8 月），頁 76-80 對梁、熊心性論有細膩的比較。

游共講習者四十餘年，然彼此所見固不盡同。」[33]梁對熊前期作品如《讀經示要》、《十力語要》等既有價值的肯定，也有未表認同的歧見，此時的他對彼此偶爾談學不契，亦不強求其同，及至熊十力晚年《體用論》、《明心篇》、《乾坤衍》等論著繼出，梁始系統閱讀並著力選抄，完成〈讀熊著各書書後〉及《熊著選粹》之摘編，其間對相交半世紀的老友發出嚴厲批判，認為熊過於狂簡、太不謹守，「比及暮年則意氣自雄，時有差錯，藐視一切，不惜詆斥昔賢。」又評熊「始終站在佛法的外面，來玩弄那些理論而已。」[34]全盤否定了熊十力所用心所建構的哲學體系。至於熊十力對梁漱溟《中國文化要義》等書，亦頗有觀點殊異處，並認為其主觀性太強。大抵而言，現實感強烈的梁漱溟為一行動的儒者；而帶有狂者之氣的熊十力則純為理念型哲學家，志趣既異，思想方法亦各有分野，在和而不同的堅持下，終使二人成為「各走一路的至交」。[35]

八、林宰平（1878-1960）

中學思想傾向王陽明心即理，西學則博攝兼收，並於佛學頗有研究的林宰平，僅有文學作品《北雲集》傳世。雖無系統哲學作品留世，但任教北大期間，與熊十力、梁漱溟問學析疑，最是相契。

---

[33] 梁漱溟：〈讀熊著各書書後〉，《憶熊十力先生》（台北：明文書局，1989年12月），頁5。

[34] 梁漱溟：〈讀熊著各書書後〉，《憶熊十力先生》，頁3、43。

[35] 詳參梁培恕：〈熊十力與梁漱溟——各走一路的至交〉，載《當代》106期，1995年2月；另姜允明：《當代心性之學面面觀》（台北：明文書局，1994年3月），頁64-68亦詳及梁漱溟對熊十力的「異」見；而丁為祥：《熊十力學術思想評傳》，頁283-299，由「走到一起」、「不同的關懷側重」、「相互批評及其意義」等面向，詳細探討了二者的區別。此外曹躍明、景海峰等，亦有相關課題的探索。

林宰平七十壽誕時，熊曾為文祝嘏，文間憶述昔日密切交遊狀況及
林宰平對他學術內涵的準確了解：

> 余與宰平及梁漱溟同寓舊京，無有暌違三日不相晤者。每
> 晤，宰平輒詰難橫生，余亦縱橫酬對，時或嘯聲出戶外。漱
> 溟默然寡言，間解紛難，片言扼要。余常橫論古今述作得失
> 之利，確乎其嚴。宰平戲謂：老熊眼在天上。余亦戲曰：我
> 有法眼，一切如量。……余與宰平交最篤。知宰平者，宜無
> 過於余；知余者，宜無過宰平。世或疑余為浮屠氏之徒，唯
> 宰平知余究心佛法，而實迥異趣寂之學也；或疑余為理學
> 家，唯宰平知余敬事宋明諸老先生，而實不取其拘礙也；或
> 疑余簡脫似老莊，唯宰平知余平生未有變化氣質之功。……
> 宰平常戒余混亂，謂余每習氣橫發，而不自檢也。世或目我
> 以儒家，唯宰平知余宗主在儒，而所資者博也；世或疑余《新
> 論》，外釋而內儒，唯宰平知《新論》，自成體系，入乎眾家，
> 出乎眾家，圓融無礙也。[36]

　　一席語言處處透顯著知己近觀遠鑑的智慧觀照。「老熊眼在天
上」確實道出熊十力為學的自信與霸氣。出入眾家，自成一體，熊
十力的圓融與無礙，老友知之最深。

　　再者《新論》文言本得以順利成書，林宰平亦有問詰助益之功，
熊曾稱：「余於斯學，許多重大問題，常由友人閩侯林宰平志鈞時
相攻詰，使余不得輕忽放過。其益我為不淺矣！」[37]可見友人的問
學候教，確是熊十力學術思想臻向圓熟的一大推手。

---

[36] 《十力語要初續》，頁 17、18。
[37] 〈緒言〉，《新唯識論》文言文本，頁 42。

第二節　參稽西哲新說

一、西學激盪下的省思

　　清末以來，中國歷經接踵而至的沉沉危機與殊多苦難，尤其在西方列強的裹脅侵逼下，這一記吃重的棒喝使原已積弱不振的頹勢更顯困窘。及至民初，西方文化的衝激與撞擊更趨急遽，面對中西文化的針鋒相對，面對新舊學術遞嬗的尷尬場景，如何取捨因應，便成為憂心忡忡的知識份子們的首當之務。於是趨新者一意效法洋務，主張全盤西化；守舊者堅主本位文化；間或有持中體西用為之調和者，面對這些固守一隅的發聲，熊十力各提出了自卑自毀太過、夜郎自大故步自封以及體用割裂的尖銳批評。[38]並力圖藉由哲學本體論的建立，重新穩立中國文化的根基。

　　在西學大舉入侵、威力橫掃中國之際，他針對中西學術的特質與差異，發出省思。首先他肯定西方值得借鏡之處在於「西洋改造之雄，與夫著書立說，談群理究治術之士，皆以其活潑潑地的全副精神，上下古今，與歷觀萬事萬物，而推其得失之由，究夫萬變之則。其發明真理，持以喻人，初若奇說怪論，久而知其無以易也。如君民問題、貧富問題、男女問題，乃至種種皆是也。」[39]稱許西洋人所持活潑、猛厲、闢發的精神與力量，因而於社會、政治改革均有所成。而西學之長尤在於科學，科學精進既可以利用厚生，又能秉持實事求是精神，析觀綜覈，周知各方利害、確定改造方針，

---

[38] 詳參《讀經示要》，頁 2-12、342、343。
[39] 《十力語要》卷二，頁 260。

並得以發揮理性，解除神權束縛，「西洋哲學，其發源即富於科學精神，故能基時測以遊玄，庶無空幻之患。由解析而會通，方免粗疏之失。」[40]大抵西學側重理智思維，講究實測、本諸徵驗，因此分析精嚴、細密、正確，得以袪除空幻之弊。而中國則樂冥悟而忽思維，尚默契而輕實測，導致科學未能發達，因此應盡量吸納西學之長，學習其求實精神與分析方法，不可自安固陋，拒之千里。至於西學的根本缺失在於信任量智太過，僅偏任理智與思維，精於推理卻不及證會，將本體視為外在物事，拋卻自家無盡藏而向外求索萬化根源。因此如何詳其得失，觀其會通，虛懷容納並善加挹取融會，即為首要之務。

值彼西方文化急趨入侵的當下，各種嶄新的思想流派也相繼植入，霎時間柏格森生命哲學、康德思想、黑格爾主義以及羅素、斯賓塞、叔本華學說等，蔚為風潮，威力十足的橫掃中國學術界。熊十力雖不曾出國留學，也不諳西學原著，但他卻持開放的胸襟，勤閱譯著或透過友人轉介等方式加以吸納，並力圖達到最準確的體認與把握，而在諸作品或信函中，更時或引述、論衡或發出批評。

接觸西學、認識西哲、汲取西說，透過省思與融鑄，既可由正面啟迪其哲學體系的整體建構，也可從反面凸顯其本體學說的若干觀點與見地，終而可藉其所建立的學說思想，調整並發揚中國傳統文化，使儒家思想在時代新局中得以重新挺立，藉以挑戰並抗衡以邏輯、理智見長的西學，這便是熊十力苦心孤詣之所在。以下揀選熊十力作品中較常語及、對其思想較能萌發啟迪作用的西哲數家，藉觀其學術重心所在、熊十力對他們的論衡內容，以及彼等在熊十力學術資源中所扮演的角色。

---

[40] 《讀經示要》卷二，頁 292。

二、西哲開廣後的取捨

（一）德國康德（Immanuel Kant，1724-1804）

　　為啟蒙運動重要思想家，德國古典哲學創始人，1781 年起九年內出版領域廣闊且深具獨創性的批判系列作品，掀起哲學思想界的革命波瀾。首先是 1781 年的《純粹理性批判》，此書奠立其先驗哲學的里程碑，其中的先驗要素論論及人類知識的泉源；先驗方法論制定了運用純粹理性及其先天概念的一套方法，透過此書，他驕傲的宣稱在哲學中完成一場哥白尼式的革命。其次是 1788 年問世的《實踐理性批判》，是其倫理學說的原始資料集，此書將形而上學放在「可靠的科學途徑上」，照例相信上帝及來世的存在。1790 年出版《判斷力批判》設法溝通前二本著作中的機械化自然宇宙及道德、自由、信仰等超越世界，是頗具創造力、啟發性的作品。此外尚有《自然哲學之形上學原理》、《道德形上學》、《人性學》等。在其去世後，友人以《實踐理性批判》中「在我上面有多星的天空，在我心中有道德的法則」的二句結語，為其墓誌銘。康德一生致力於知識、道德、美感的先天因素及原理的闡明，無怪乎能成為德國重量級哲學家，並對來者如黑格爾等萌發一定的啟迪作用。

　　熊十力曾和牟宗三談及康德思想：

> 孔門顏子，真是禪家最上境地，……吾子欲申明康德之意，以引此歸路，甚可著力。但康德所謂神與靈魂、自由意志三觀念，太支離。彼若取消神與靈魂而善談自由意志，豈

> 不妙哉？……康德之自由意志，若善發揮，可以融會吾生
> 生不息真機，可以講成內在的主宰，通天人而一之，豈不
> 妙哉？[41]

　　於此熊十力特別強調康德實踐理性時所仰賴的「自由意志」，
可與《大易》生生不息真幾相互、本心主宰相互融會，而使其成為
恆轉及功能的統一體，天人由是通會為一，由此即可看出熊對康德
之說的汲取與改造。熊十力對體用的涵義，是借用本體與現象來闡
釋的，而本體與現象，即是康德哲學的基本觀點，但原則上康德認
為本體與現象係分立為二，但熊十力卻不贊成這種視本體為客觀獨
存，而持「向外找東西的態度」從事哲學探索，改而強調體用不二，
二者同存或一如的關係。此外熊十力談「空時」、「有無」、「數量」、
「同異」、「因果」五對範疇時，其中「空時」一對，也有來自於康
德的借鏡與改造，大抵康德強調時空此一先驗模式的純主觀性，而
熊十力則強調主客兼屬。[42]

（二）德國黑格爾（Georg Wilhelm Friedrich Hegel，1770-1831）

　　以辯證法聞名於世的黑格爾，是繼康德之後的德國大哲學家，
1801 年任教耶拿大學，1829 年任柏林大學校長，代表著作有《精
神現象學》、《邏輯學》、《哲學全書》、《法哲學原理》、《歷史哲學》、
《美學》等。其哲學思想體系嚴謹，由邏輯學、自然哲學及至精神
哲學，彼此脈絡通貫，而強調邏輯、強調辯證法的三元運動更是其
學說最大特色。恩格斯曾如是譽美黑格爾：「近代德國哲學在黑格

---

[41]　《十力語要》卷三，頁 327-328。
[42]　主採丁為祥：《熊十力學術思想評傳》，頁 136-141 的說法。

爾的體系中達到了頂峰，在這個體系中，黑格爾第一次——這是他的巨大功績——把整個自然的、歷史的和精神的世界描寫為處於不斷運動、變化、轉化和發展中，並企圖揭示這種運動和發展的內在聯繫。」

黑格爾的辯證法，係由「正」、「反」、「合」的辯證發展而上達絕對精神，由此辯證的推演而建立其唯心論形上學。他認為三段論法是人類心靈用以達至真理的唯一可能工具。凡宇宙間事物，均可由辯證法推出命題的設立，此即為「正」；既有肯定性命題，則必有反此命題的否定性主張，稱為「反」；於正題、反正題的辯論中，必然出現一新綜合命題。當此新綜合命題以正題出現後，繼循「反正題」、「綜合正題」演變，成為一無止盡的變動。

熊十力其時，黑格爾辯證法已傳入中國，《新唯識論》中的若干思想，即間接擷取黑格爾之說以納為養分。如書中採一、二、三來說明變化是循著相反相成的法則：

> 如前一剎那，新有所生，就是一。而此新生法，即此剎那頃頓滅，此滅就是二，二是與一相反的。後一剎那頃，又新有所生，此便是三。這三，不即是一，卻是依據一而起的，而與二相反。但是，到了三的時候，也還如前之一，亦自有個相反的，如前所謂二，乃復有反，如同此三。如此說來，剎那剎那，生滅滅生，無有窮極。[43]

又如談翕闢時亦採此種邏輯推演方式：

> 恆轉是一，恆轉之現為翕，而幾至不守自性，此翕便是二，所謂一生二是也。然恆轉畢竟常如其性，絕不會物化的。所

---

[43] 〈轉變〉，《新唯識論》，頁339。又本書凡未標指「文言文本」者，則概指語體文本。

以，當其翕時，即有闢的勢用俱起，這一闢，就名為三，所
謂二生三是也。[44]

　　凡此說解，除來自於老子「一生二，二生三」的靈感外，亦頗接
近似黑格爾正題、反題、合題的辯證方式。此外大陸學者宋志明也認
為黑格爾概念辯證法對《新論》語體文本的影響俯拾可見，例如：「他
自覺地把『矛盾』範疇引入他的哲學體系中，他關於翕（物）是闢（心）
的表現形式的思想同黑格爾的外化理論頗相近；而他十分強調心與物
的整體性，顯然是受了黑格爾『絕對觀念』的影響。」[45]

（三）法國柏格森（Henri Bergson，1859-1941）

　　柏格森哲學的最鮮明特色在於否認人類理智所面對的物質世界
是唯一真實的世界，他認為世界係由生命與物質在不斷攀升與不斷下
降、不斷奮發與不斷阻礙中形成，而生命總奮力打開通路，保持自由
活動的能力。十九世紀後半期，西方正值唯物實證風潮熾盛之際，法
國柏格森以其獨具的慧眼提出「生命哲學」，強調生生不息的宇宙觀，
強調直覺綿延、創造進化，在當時科學主義重視物質的現況下，重新
尋回精神的意義。其生平四大著述：一為《意識之直接與料論》，或
稱為《時間與自由意志》，可視為柏氏學說之總綱。此書由人性心理
的直接感受討論存在時間中的自覺，認為自覺並非由理智所控制，而
係由直覺所催生，此直覺即是一種「生命衝力」。二為《物質與記憶》，
說明精神與物質的密切關係，強調精神生活是決定人類價值與尊嚴的
基礎。三為《創造進化論》，為繼達爾文、斯賓賽之後，更為創新的

---

[44] 同前註，頁 318。
[45] 詳參宋志明：《現代新儒家研究》（北京：中國人民大學出版社，1991 年 6
　　月），頁 159。

進化哲學。強調生命進化是由無機物到有機物；由有機物到完整生命。就其發展主線以言，植物尚處昏昧狀態，動物發展主要表現在本能，人類則表現在智力，凡此均是以「生命奮進」、「生命衝動」為原動力。其四為《道德與宗教之二源》，針對人與人關係，亦即倫理道德；人與神關係，亦即宗教信仰，各指陳出在兩種不同觀點下，所發展而出的東西人生觀及宇宙觀。大抵而言，柏格森係採用直觀方法，發現生命具有衝力，而此生命衝力，所呈現出的特質即是延續，由有限的生命，演變為無限的延續，宇宙即由此進化。

熊十力覽閱過的西洋譯著中，柏格森的生命哲學顯然與其頗相契合，而其《新論》中的殊多觀點，也明顯受到柏說的影響。如言「生命一詞，雖以名闕，亦即為本體之名」、[46]「夫生命云者，恆創恆新之謂生，……生命非一空泛的名詞。吾人識得自家生命即是宇宙本體，故不得內吾身而外宇宙。吾與宇宙，同一大生命故。」[47]以生命詮解本體，強調生命的本體意義，個體的生命亦即本體的生命。即流行說本體，認為整個宇宙本質上為一流動的生命，呈現出生機、活潑、主動的創造力量，此與柏格森強調生命意志的衝動，認為生命衝動展現生命的創化過程，有同功之妙。

不諳外文的熊十力，係藉由張東蓀譯介《創化論》而認識柏作，熊十力並曾於《論六經》中採用「創化」一詞：

> 是二氏（指佛道）宇宙觀，均異吾儒。猶復須知，虛無滯空之人生觀，缺乏創化。《易》曰，君子自強不息，曰富有之謂大業，曰日新之謂盛德，是皆創化義也。[48]

---

[46] 〈成物〉，《新唯識論》，頁 534。
[47] 同前註，頁 535。
[48] 熊十力：《論六經》（台北：明文書局，1988 年 3 月），頁 122、123。

　　《大英百科全書》中由哈米頓博士所撰〈熊十力哲學述要〉一文指出：「他（指熊十力）從西方思想中，則得到分析方法和創化觀念（柏格森）之體會。」[49]而熊十力也承認「創化」一詞係本於柏格森，唯義涵未必全同，並詳為詮釋曰：

> 創化一詞，用張東蓀譯名。但與柏格森氏本義不必符。吾儒之學，亦不妨說為生命論。但吾儒趆就性分上言，即將吾所固有生生不息之真，推出于形骸外，而言其德用。是固至善無染，而亦常在創新捨故、化化不息之進展中，故云創化。[50]

　　他強調以生命作為本體，其顯現為流行，只是德盛而不容已，非意欲造作，只是唯變所適。此與柏格森的《創化論》強調生命盲目的衝動：「不曾窺到恆性，只妄臆為一種盲動，卻未了生化之真也」並不同，[51]因為生命的創進雖是自然、無意識、無預計如何構造的，但從生命恆能戰勝物化之勢看來，此創進之勢卻又并然有序、不迷不亂，並非盲衝瞎撞。[52]

　　此外熊十力針對友人謝幼偉指陳其識體之法，與柏格森「直覺說」近似，熊亦極力辯駁及說明：

> 憶昔閱張譯《創化論》，柏格森之直覺似與本能併為一談，本能相當《新論》所謂習氣。（其發現也則名習心）習心趣

---

[49] 詳參〈熊十力哲學述要〉，見 1968 年版《大英百科全書》，此文並曾轉載於《中華雜誌》第 7 卷第 10 期，1969 年 10 月，陳文華譯。

[50] 《論六經》，頁 123。

[51] 〈功能上〉，《新唯識論》，頁 397。

[52] 詳參〈成物〉，《新唯識論》，頁 533、534。

境固不待推想，然正是妄相，不得真實，此與吾所謂本體之
認識及性智云者，截然不可相蒙。[53]

熊十力於此指出柏格森的「直覺」等同於「本能」，是一種生
物學意義的衝動反應，接近其追逐境物的「習心」層次，而和其「本
心」「性智」意義不同。他續言道：「柏格森言綿延，與生之衝動，……
欲取習氣上理會得之。未能克制惑習，而見自本性。故不悟生化大
原本來空寂」、[54]「《新論》談本體，則於空寂而識生化之神，於虛
靜而見剛健之德。……若只言生化與剛健，恐如西洋生命論者，其
言生之衝動，……直認取習氣為生源者，同一錯誤。」[55]熊十力雖
於本體處強調生化與剛健，但為補正西方生命哲學的偏失，也同時
強調「空寂」在本體論中的意義。

大抵而言，柏格森將宇宙本體歸結為生命意志，而熊十力則綜
賅為本心，其思路與模式堪稱切近，唯熊十力側重於將個體生命與
宇宙生命渾融為一，而柏格森則將生命本體的終極意義落於一外在
的設定。雖然熊十力對柏說多所評議，也極力申明辨正二者的不
同，但熊十力作品中談宇宙本體即是生命，談本體精進升發、創進
不已的歷程，談宇宙的進化程序，舉凡基本體系的建構、本體主要
概念的釐定，均有來自於柏格森生命哲學的融攝及轉化。

（四）英國懷海德（Alfred North Whitehead，1861-1947）

懷海德係學養豐富、探究層面深廣的英國哲學家，曾任教劍橋
及倫敦多年，1924 年赴美，擔任美國哈佛大學哲學講座，思想歷

---

[53] 〈答謝幼偉〉，〈附錄〉，《新唯識論》，頁 681。
[54] 《十力語要》卷三，頁 377。
[55] 〈答牟宗三〉，〈略談新論要旨〉，《十力語要初續》，頁 4。

程約可綜賅為三期：其一為數學與邏輯階段，作品如《普遍代數論及其應用》、《數學原理》，藉以發展數學和邏輯的運作性，提升抽象的運作結構，他批判傳統著重於「量」的數學觀，進而主張放棄視數學為研究數和量的科學。其二為自然科學的哲學階段，著重以知識論的方式來反省科學研究活動，以及在教育中人的理智成熟的歷程，又特別對科學唯物學提出批判，作品如《自然知識原理探究》、《相對性原理》等。其三則為形上學階段，此期中他側重於批判近代以來經驗主義及理性主義狹隘的經驗觀念，提供了一個關於全體經驗、全體存在的形上理論，作品如《象徵、其意義與效果》、《歷程與實在》。其各期思想一脈相承，無論是數學科學或經驗觀，均能在批判後提出兼具綜攝性、統一性的嶄新觀點。[56]

懷海德曾在《歷程與實在》一書中，承認其機體哲學切近於印度與中國思想，而其機體哲學係由「創新」此一概念來統攝一與多，「創造」觀念正是懷海德形上學的中樞，也是其究極範疇的神經，他強調宇宙為一整體大化流行生生不已的狀態，宇宙生命由是不斷創新而呈現出「一」與「多」的區分，其實「一」即「多」、「多」即「一」。而熊十力對於體用——本體與萬殊的關係也時而強調「一」即「無量」、「無量」即「一」；而懷德海尤喜強調由「繁多」而「統一」的創造力，此和熊十力喜言「即用顯體」也不謀而合。

懷海德一反西方哲學中主客對立、本體與現象二分的傳統，而認為心物並非對立、自然與生命實無隔閡，他將這種整合歷程的思辯哲學稱之為「機體主義的哲學」。由於其說與東方——尤其與熊十力的「天人不二」、「體用不二」觀點確能相互溝通與呼應，因此姜允明曾針對二者的機體論哲學，從「不謀而合的共通點」、「機體

---

[56] 主參沈清松、孫振青：《西洋哲學家與哲學專題》（台北：國立空中大學，1991 年 2 月），頁 295-325。

論哲學的要旨」、「創造性的終極範疇」、「本心恆轉與實體緣現」、「雙極性的機體整合理論」等詳為比較，認為懷海德的「實際存在體」是非心非物、亦心亦物的終極實在，和熊十力通物我內外、渾然為一的「本心」，有其共通性質；而熊十力的「即體即用」也近似於懷氏的「存在本身即含有作用者的含義」；再者熊十力認為一切物皆剎那生續相滅，而懷氏也認為每一剎那歷程都是創新，因此提出「永恆對象」的原理；熊十力強調一翕一闢的的實際運行而顯現出現實世界，有如懷氏實際存在體之相互攝受而為現實世界的經驗，因此其形上學理論乃「小異中有大同」。[57]其實熊十力其時，友人張東蓀即已看出懷氏哲學與《新論》頗有相通之處。[58]

（五）英國羅素（Russell Bertrand，1872-1970）

為二十世紀聲譽卓著、影響深遠的思想家，作品廣及哲學、數學、科學、倫理學、社會學、教育、歷史、宗教及政治，尤以數學及邏輯領域建樹為著。1914 年於美國哈佛大學主持哲學講座，講述「符號邏輯」，1920 年訪蘇，回國後應邀至中國講學一年，於北大設哲學講座，講授「哲學問題」、「心的分析」、「物的分析」、「社會結構學」、「數學邏輯」，一時間「羅素熱」風靡中國。[59]1950 年獲諾貝爾文學獎，1964 年創羅素和平基金會，作品較著者如《萊布尼茲的哲學評論》、《數學原理》、《意義與真理的探究》、《物的分析》、《心的分析》等。

---

[57] 詳參姜允明：《當代心性之學面面觀》，頁 33-49。

[58] 〈復張東蓀〉，《十力語要》卷二，頁 149 曾語及此事，另〈答謝幼偉〉、〈附錄〉，《新唯識論》，頁 679，亦提及「向者張東蓀嘗謂《新論》意思與懷黑德氏有不謀而合處。」

[59] 羅素中國之行的過程、講座重點及省思，可參馮崇義：《羅素在中國——西方思想在中國的一次經歷》（北京：三聯書店，1998 年 2 月）。

謝幼偉曾去函熊十力，言及羅素、杜威、懷黑德等均否認心物各有自體，心物二元論已成過去，此與熊十力所言「心物皆無自體，同為一個整體不同之兩方面」說法切近。[60]再者羅素的事素說認為世界上沒有不依人類的主觀經驗而獨立存在的物質世界，此等唯心主義思想，和熊十力認為物質宇宙本無實物可相互和會，只是熊十力仍認為事素說未由用及體，不達宇宙實相。[61]

除上述諸家外，杜威、叔本華等西哲亦偶見於《新論》、《十力語要》諸書，尤常出現於答學生友人信函，茲不逐一說明。

第三節　擷取宋明諸子

歷經晚周繽紛活躍的心性之學後，學術界開始走向沉寂階段，漢以來的學術重心偏向注疏之業，思想界呈現停滯枯竭的局面，其後又有胡禍的長久摧殘，掃蕩了周漢以來的風教，又其後東晉清談誑世，而唐後局勢益加衰亂。至於印度佛教思想的輸入，漸趨沸揚的態勢，更使中夏既有文化面臨空前的挑戰。及至宋代開國，規模雖小，但大儒輩出，遂進行了一次有聲有色、成績斐然的中國文化復興運動。

熊十力認為兩宋（含明）諸儒的崛起，最主要的正面價值與意義，在於上追孔孟及排斥佛法，「精思力踐，特立獨行，紹心性之傳，察理欲之幾，言義利之辨。使人皆有以識人道之尊崇，與人生職分之所當盡，而更深切了解吾民族自堯舜以迄孔孟，數千年文化

---

[60] 詳參〈答謝幼偉〉，〈附錄〉，《新唯識論》，頁 680。
[61] 《新唯識論》吸收羅素事素說，詳參宋志明：《現代新儒家研究》，頁 157。

之美，與道統之重，卓然繼天立極，而生其自尊自信之心。」因此
「其願力不可謂不宏，其氣魄不可謂不大。」[62]至於其缺失則有四
點，其一：精神專注於人倫日用間，雖以存養此心此性為要，但過
於專執將心性當作一物事來執守，工夫太過拘緊，未免覺得死煞，
尚未掌握孔孟大本處。[63]其二：識量狹隘，落於偏枯，僅高談心性
而不知心性非離身家國天下與萬物而獨存，宗孔而不究諸子百家，
未能針對晚周學術的全體，作一復興運動，因此廢博文，則天文、
算術、地理、醫藥、機械、水利等百家之緒，悉皆湮絕。與《易》
主智周萬物，相互悖逆。[64]其三：自居闢佛，但又不免浸染佛家思
想，且又未能深入研究佛家教理。[65]其四：最可責者在於無民族思
想、民治思想，於治平之道，無所創獲。[66]此外書中亦屢及宋儒有
絕欲、主靜之缺等。大抵而言，宋儒能提倡鞭辟近裡的切己之學，
可謂知本，缺失則在短於致用。

　　雖然熊十力以其高標準提出宋儒的種種缺失，但宋明理學究竟
是中國儒學的第二個高峰，由《讀經示要》等書中對於宋學大量的
發議，可知相較於晚周外的歷朝各代，其對於熊十力的高度影響是
無庸置疑的。更何況由北宋五子、朱子、陸象山及至陳白沙、王陽
明到王船山，由理學、心學、氣學到易學，都提供了熊十力學術思
想充沛的養分，尤其是二王，其影響顯著，尤為大宗。本節僅擇六
家略觀宋明諸子在熊十力思想資源中所扮演的角色，至於二王及熊
十力對宋學的相關討論，均俟諸其後各章。

---

[62] 分見《讀經示要》卷二，頁 463-464、417。
[63] 詳參〈原學統〉，《原儒》，頁 142-143；《讀經示要》卷二，頁 420-421。
[64] 詳參《讀經示要》卷二，頁 417-419。
[65] 同前註，頁 428-433。
[66] 同前註，頁 458-460。

一、周濂溪（1017-1073）

名敦頤，字茂叔，湖南道州營道人，曾於江西、湖南、廣東等任地方官，晚年隱居廬山蓮花峰下，世稱濂溪先生。以其人清廉格高，一生「塵視軒冕，芥視珠玉。」因此黃山谷讚曰：「先生胸懷灑落，如光風霽月。廉於取名而銳于求志，薄於徼福而厚于得名，菲于奉身而燕及煢嫠，陋于希世而尚友千古。」[67]濂溪善於引領後進，二程曾稟父命前往受業，濂溪每令尋孔顏樂處，所學何事？明道嘗言：「自再見周茂叔後，吟風弄月以歸，有『吾與點也』之意。」其思想儒道兼備，由道歸儒，所以宋明精微要妙的心性義理之學，即由濂溪啟其端，又其深於易學，作有〈太極圖說〉、《易說》、《易通》等，開宋明道家釋《易》的先聲。

熊十力早年對濂溪的學術成就即甚為推崇，而對其耿介不阿的高節更獨有嚮往。1913 年，熊在《庸言》雜誌上發表〈翊經錄緒言〉，文間稱譽〈太極圖說〉於《易》道有所發明，足以扶翊聖經。1918 年，年三十四的熊十力痛感革命終無善果，決志專務學術，獨往來天地間。其時熊十力由廣州、上海返回德安，此間曾登廬山仰瞻濂溪晚年隱居的蓮花峰麓及濂溪書堂，並於匡廬題壁曰：「數荊湖過客，濂溪而後我重來。」對濂溪的嚮往欽慕及一己的襟懷理想，已於字裡行間表露無疑。

熊十力於《讀經示要》、《十力語要》、《十力語要初續》、《讀六經》、《原儒》諸書中均語及濂溪思想，或譽美稱揚，或修正取捨。如認為濂溪〈太極圖說〉一文「無所不契」，而首句的「無極而太極」

---

[67] （清）黃宗羲撰、全祖望補修：〈濂溪學案下〉，《宋元學案》（台北：華世出版社，1987 年 9 月）卷十二，頁 520。

則「極有妙趣」。[68]考歷來學者於「無極而太極」一句，見解多有歧異：或認為宇宙萬物化生，源自無極；或認為無極二字，但形容太極耳！而朱陸之爭，亦大抵在此。陸意以為〈圖說〉與《通書》不類，以《通書》無「無極」二字，因而臆測〈圖說〉非周子所作，或年少時所為；而朱子則傾力表彰〈圖說〉。至於熊十力僅簡言「周子於太極上，置無極二字。先儒疑其以太極為氣，然漢儒亦多以太極為氣，此自漢儒之誤耳！」[69]殆不認為太極之上復有一無極，太極即是理，如若就其「體用不二」論言之，則即理即氣、即氣即理。至於其弟子牟宗三則認為「太極是對於道體的表詮，無極是對於道體的遮詮。太極是實體詞，無極是狀詞。」牟立基於其師的基礎上，在《心體與性體》一書中，對此問題有更精詳的闡釋。[70]

另〈圖說〉有句云：「聖人定之以仁義中正，而主靜立人極焉！」意指聖人善繼天下之志，善述天下之事，因此本天道以立中正仁義之理，且主之以靜，以無欲為導，藉以建立人道最高的準繩。熊十力善體「人極」二字，認為係人生道德實踐的最高準則，而整個宋明理學的奠基所在亦在於斯，因此熊十力譽此「立人極」三字，「的是尼山宗恉」、「確有無窮義蘊，真得六經之髓」。[71]但對「主靜」二字，則發出異議：「周子曰：主靜立人極。又自注曰：無欲故靜。余謂周子誤矣！惟得仁，方可立人極，無欲可以求仁，而無欲未即是仁也。」[72]強調「仁」方為立人極之道。又曰：「主靜主動之分，自春秋之季，道家老聃，已啟其端，誠哉古矣！宋儒自周濂溪以主

---

[68] 詳參《十力語要》卷二，頁353。
[69] 《十力語要》卷三，頁348。
[70] 詳參牟宗三：《心體與性體》（台北：正中書局，1987年5月）第一冊，頁321-415。
[71] 《讀經示要》卷二，頁449、383。
[72] 《明心篇》，頁166。

靜立人極，……濂溪之論，本乎老聃者也。老曰：致虛極，守靜篤。
屏動，而一主於靜，其異於塊土之鈍然者幾何。」[73]對濂溪本於道
家的主靜工夫未甚認同，由於他強調宇宙實體雙顯空寂與生化，因
此在工夫論上強調的是動靜一如。

倘若考察〈圖說〉、《通書》，得窺知動靜之說是濂溪甚為關注的
話題，如〈圖說〉中言「太極動而生陽，動極而靜，靜而生陰，靜極
復動。一動一靜，互為其根。分陰分陽，兩儀立焉！」其時蔡元培即
認為「熊先生以《易》之陰陽、〈太極圖說〉之動靜，均易使人有對
待之觀，故特以翕闢寫照之。」[74]點出翕闢說汲取了〈太極圖說〉的
若干養分。而劉定權更明言熊十力立說有本於此者：「熊君以自性為
闢、為心，以顯自性之資具為翕、為色，皆恆轉所幻者。詳其由來，
與〈太極圖說〉相似，……其『恆轉』云云者，即『無極而太極』句
意也。其『闢』云云者，即『太極動而生陽』句意也。其『翕闢』云
云者，即『一動一靜，互為其根，分陰分陽』句意也。」[75]針對劉定
權以翕色闢心、翕闢成變說揉合了〈太極圖說〉的若干成分，熊十力
首先批點〈圖說〉之誤：

> 漢儒言《易》，曰「陽動而進，陰動而退。」是陰陽皆以動
> 言之也。徵之〈乾〉曰「行健」，〈坤〉曰「行地無疆」，可
> 謂深得《易》理。今〈圖說〉曰：「太極動而生陽，靜而生
> 陰。是以動靜分陰陽，明與《易》反。宋以後儒者，大底受
> 此說影響，皆以動言陽，以靜言陰，其昧於化理亦甚矣！夫

---

[73] 〈原內聖〉，《原儒》，頁 437、438。

[74] 詳參高平叔：《蔡元培哲學論著》（北京：河北人民出版社，1985 年），頁
414、415。

[75] 劉定權：〈破新唯識論〉庚「一翕一闢」，見林安梧輯：《現代儒佛之爭》，
頁 102。

〈乾〉、〈坤〉」皆言動而不及靜者，非無靜也，言動而靜在
其中也。動而貞夫一，即動而靜也，故不離動而言靜也。〈圖
說〉離動靜而二之，……詳此所云「動極而靜」、「靜極而動」，
則方動固無靜，待動之極而後靜；方靜固無動，待靜之極而
後動。若爾，即當其動而生陽時，陽為孤陽；及其靜而生陰
時，陰又為孤陰，豈有此偏至之化理耶？[76]

　　大抵熊十力認為〈圖說〉係以陰陽分屬動靜，而己言翕闢則均
由動處以立言；〈圖說〉「動極而靜，靜極復動」，其動靜陰陽不同
時，而己言翕闢則強調同時且相反相成；又〈圖說〉孤陰孤陽，難
以語變，而己翕闢說言變則凡闢必備翕、翕實順闢。雖然熊十力稱
辯〈圖說〉動靜陰陽之說與己翕闢說實不相侔，亦評濂溪言化理有
偏至之嫌，但對於《通書》中〈動靜〉第六所言，則認為與〈圖說〉
相反，是深於知化之言：

周濂溪說：「動而無靜，靜而無動，物也。動而無動，靜而
無靜，神也。這話極透。……濂溪意謂，物件是死的東西，
如使他動時，他只是動，便沒靜；如使他靜時，他只是靜，
便沒動。至若動而無動，則是即動即靜也；靜而無靜，則是
即靜即動也。此動靜合一之妙，非可以物推測，乃神之不可
度思者也。……若乃動靜乖分，隨有所滯，則是喪其心而失
其所以神，故下同乎物耳！……蓋主靜而見大矣！[77]

　　在此熊十力讚揚濂溪所言深得即動即靜、即靜即動之要旨，強調
靜是動之靜，未可摒動而求靜，靜而不離於動，動而不失其靜，於動
靜合一之理可謂領會甚深。黃宗羲於《宋元學案‧濂溪學案下》曾作

---

[76] 熊十力：〈破破新唯識論〉辰項，見《現代儒佛之爭》，頁158、159。
[77] 《十力語要》卷四，頁517、518。

案語云：「周子之學，以誠為本。……靜妙于動，動即是靜。無動無靜神也，一之至也，天之道也，千載不傳之秘，固在是矣！」而牟宗三在《心體與性體》中釋「動而無動，靜而無靜，神也」時，也明申其並非「不動不靜」之謂，而是「即動即靜，動靜一如的虛靈本體。」凡此均與熊十力之說相契，可謂深得周濂溪動靜變化神妙之理。

二、程明道（1032-1085）

　　名灝，字伯淳。生而神氣秀爽，強記過人，年十五、六，與弟伊川往聞周濂溪論學，其後深造自得，蔚為一家之言。嘗為政，視民如傷，云「某每日常有媿於此」，以其本之仁愛至誠，因而所至之處，民愛戴之如父母。又因其充養有道，和粹之氣，盎於面背，因此接人待物盡是一團和氣，敦厚之風溢於言表，遇事優為而不倉促。至於啟導後進，則如時雨之潤，絕無蹈空之言，而從學弟子也未嘗見其忿厲之容。明道為學，嘗出入釋老及諸子各家，終而返求群經，最病時人厭卑騖高，捨近求遠，因此授受之方，由致知至知止，由誠意到平天下，由灑掃應對至窮理盡性，循循有序，終以體悟儒學真髓為鵠的。辭世之時，士大夫無論識與不識，莫不哀傷，文潞公博採眾議，題其墓為「明道先生」，弟伊川為之作序云：「以興起斯文為己任，辨異端，闢邪說，使聖人之道煥然復明於世，蓋自孟子之後，一人而已。」嘉定 13 年，賜諡為純公，純祐元年封河南伯，從祀孔子廟庭。[78]

---

[78] 明道生平可參稽楊家駱主編：〈道學列傳〉，《宋史》（台北：鼎文書局，1983年11月）卷四百二十七，頁 12713-12717；〈明道學案〉，《宋元學案》卷十三、十四，頁 537-584。

　　明道語錄或直書胸臆、或高致透脫、或圓融妙悟，俱載於《二程遺書》中，而牟宗三先生曾詳為檢視，輯錄明道語為八篇，詳見《心體與性體》第二冊。明道於《遺書》中闡發仁體之發語多精微要妙，如《遺書》卷二：「仁者，以天地萬物為一體，莫非己也。認得為己，何所不至」、「仁至難言，故止曰『己欲立而立人，己欲達而達人，能近取譬，可謂仁之方也已。』欲令如是觀仁，可以得仁之體。」因此天地一體，物我無間，此即為仁之境，而倘仁心流行無間，自然能由己推彼、博施濟眾。至於明道遺世文獻中，以〈識仁〉、〈復性〉二文，稱述最廣，足堪譽為絕響，黃宗羲於《宋元學案》即言：「明道之學，以〈識仁〉為主。」而熊十力於《十力語要》卷三則贊曰：「理學開宗，最重要文字無過〈識仁〉、〈定性〉、〈西銘〉三篇。」〈識仁〉一文，原係明道答呂大臨提問，而由呂作成記錄，其後編列於《二程遺書》第二上，其文曰：「學者須先識仁，仁者渾然與物同體。義、禮、智、信，皆仁也。識得此理，以誠敬存之而已，不須防檢，不須窮索。……」一起首即以「仁」點出道德實踐的方向與關鍵，而仁者之心，體物不遺，因此義得以全仁；禮得以育仁；智得以輔仁；信得以踐仁，四者實皆為仁。再者提出「以誠敬存之」此至簡至易的工夫來進行道德實踐，藉以保任此心的真實無妄，使不致流失，如是「存久自明」，人心自然朗現，安待防檢窮索？至於〈定性書〉則強調唯有以「動亦定，靜亦定」，動靜皆定、動靜如一的工夫，方能隨時顯現明覺的本體。

　　茲錄熊十力作品語及明道處數則：

> 宋明儒無一不言仁。而明道〈識仁篇〉，陽明〈大學問〉，尤為群儒所宗。[79]

---

[79] 《讀經示要》卷三，頁631。

> 程伯子〈識仁篇〉云：「仁者渾然與物同體。義、禮、智、
> 信，皆仁也。」此則直演孔子《大易》「元者善之長也」意
> 思。《易》以乾元為萬物之本體，……元在人而名為仁，即
> 是本心。[80]

明道承續孔孟，讓「仁道」思想再度綻放異彩，下則啟迪象山本心及陽明致良知之教，熊十力承載諸賢，觸悟其說，彙總而另有開闢，則明道實有前承後啟之功。

三、程伊川（1033-1107）

名頤，字正叔，學者稱為「伊川先生」。幼有高識，年十八，曾上書仁宗當黜世俗之論，而以王道為心。復遊太學，胡瑗以所好何學問諸生，頤答以「學以至聖人之道」等，瑗大為驚異。哲宗時曾招為崇正殿侍講，呂申公、范堯夫曾聞其講說，嘆曰「真侍講也」，其後士人歸於門下者愈盛。伊川平素持身謹嚴，接引後學由「程門立雪」事即可見其嚴毅，別於明道的寬厚。至於為學則本乎至誠，重居敬而尚窮理，又於書無所不讀，以《大學》、《論語》、《孟子》、《中庸》為標旨，而達於六經。動止語默，均以聖人為師。其卒於大觀元年，後賜諡正公，封伊川伯，從祀孔子廟庭。[81]

宋儒治易，以發明儒家義理為要，而伊川《易傳》即是北宋義理易學的啟導者，其多持儒家學說，尤其是《四書》中觀點，藉以解釋《周易》經傳。伊川說《易》且能履《易》，平生行誼處變得

---

[80]　〈明心上〉，《新唯識論》，頁 567、568。
[81]　伊生川平、學說、儀範，參〈道學列傳〉，《宋史》卷四百二十七，頁 12718-12723；〈伊川學案〉，《宋元學案》卷十五、十六，頁 585-660。

中、進退適時、嚴毅剛正，無疑即其易學精義的踐履，因此其弟子
尹和靖贊言：「先生踐履盡一部《易》，其作傳，只是因而寫成。」
熊十力頗認同其說，並強調「此語萬不可忽」。[82]再者由於伊川《易
傳》頗重視歷史人事的經驗，因此可為士大夫經世致用、進退出處
的依據，不致爭名競利，因而熊十力稱譽「伊川《易傳》頗詳士夫
進退之節，足為世人貪殘競進之戒。」[83]然《易傳》多專力於人倫
政教之用與修齊治平之方的闡揚，對於天道本體的論述，天人不二
的心性之學，則仍未能深致其意，因此船山嘗言伊川《易傳》「純
乎理事，固《易》大用之所以行，然有通志成務之理，而無不疾而
速，不行而至之神。」[84]而熊十力則應和之：「船山議伊川詳於人
事，而猶未足語於窮神知化，斯可謂知言已。」[85]

　　伊川《易傳》釋〈比卦〉卦辭：「〈序卦〉眾必有所比，故受之
以比。比，親輔也，人之類必相親輔然後能安，故既有眾，則必有
所比」、「凡生天地之間者，未有不相親比而能自存者也，雖剛強之
至，未有能獨立者也。」[86]熊十力於作品中屢語及伊川《易傳・比
卦》的互相比助精神，[87]並援此言互助及禮讓之要，認為多助者存，
寡助者亡，此向為動物界的公例，古聖帝明王，也以禮讓化民，此
為治道之要，也是人類期向太平大同的不二法門。而所謂禮讓之

---

[82] 《十力語要》卷一，頁103。
[83] 《十力語要》卷一，頁62-63。
[84] （明）王船山：《周易內傳發例》，《船山全書》（長沙：嶽麓書社，1996年10月）第一冊，頁653。
[85] 《讀經示要》卷三，頁602。
[86] （宋）程頤：《易程傳》（台北：世界書局，1985年10月）卷一，頁38。
[87] 如《讀經示要》卷一，頁16云互助論由伊川首先創發，另頁64：「伊川《易傳》釋〈比卦〉之義曰：『萬物莫不互相比助而生。叔子齊聖，發明斯義，功亦鉅哉！』」唯檢覈伊川《易傳》釋〈比卦〉之文，並無「萬物莫不互相比助而生」諸語，然確有多處申發人類必相親輔之意。

治，具體標的在於「據德而不回」、「由義以建利」、「敦信以守度」、「明恥以有立」、「正名以幹事」、「盡己以體物」。[88]熊十力之所以屢申互助禮讓，應是有感於其時西方諸國專務侵略爭奪，至戰禍四起，而中國亦由是受創慘烈所致。熊十力除喜引述伊川《易傳・比卦》外，於釋《易》時也偶引伊川《易傳》作為正面或反面說辭。[89]《二程遺書》卷十五：「離了陰陽更無道。所以陰陽者，是道也。陰陽，氣也。氣是形而下者，道是形而上者。」言陰陽是氣，所以陰陽者是道，一為形而下，一為形而上，「所以」二字，點出陰陽之能運行，是由於「道」所致。《遺書》卷三又言：「『一陰一陽之謂道』，道非陰陽也，所以一陰一陽，道也。如一闔一闢謂之變。」指出道為陰陽之所以變化者，亦即為陰陽變化之理。熊十力則循此詳加詮釋，藉以說明道體與發用之別：

> 《易》曰：「一陰一陽之謂道。」陰陽者，道體之發用，而道體不即是陰陽，……程子曰：「陰陽非道也，其所以一陰一陽者，道也。」此為得之。細玩兩一字，則明道體之成變化，而顯為一陰一陽，故於此而謂之道。蓋道體渾然絕待，豈是陰陽二物之合？但其成變化，則顯為一陰一陽。譬如一大海水，其成變化，則顯為各各漚波也。道體不即是陰陽，然不可離一陰一陽而覓道體，故曰一陰一陽之謂道。[90]

---

[88] 詳參《讀經示要》卷一，頁 60-71。

[89] 正面例如《讀經示要》卷三，頁 664 援引伊川語說解「卦象」、「爻象」義，反面例如《讀經示要》卷三，頁 629-630 認為伊川以乾為天，是泥於象；〈原學統〉，《原儒》，頁 154 認為《程傳》多徵引歷代君臣行事得失，以帝制為依據。這種視《程傳》信有天帝、擁護君王制度之說，《乾坤衍》中屢有出現，與早期作品陳述重點屢有不同。

[90] 《讀經示要》卷一，頁 22-23。

對於本體不等同於發用、離用則無從識體，此種體用間分而不分、不分而分的密切關係言之甚明。又伊川以為天下物可以理照，一物必有一理，物我復為一理，明此則可以盡彼。而熊十力則將伊川所言的「理」，與六經的「道」，和一己的「本體」義加以融通。[91] 此外伊川言理在物、陽明言理在心，而熊十力則言「理即心，亦即物。」[92] 此俟後文言及陽明處再論。然透過前述，已略窺伊川思想在熊十力作品中的吸收、運用與省思。

四、朱熹（1130-1200）

字元晦，一字仲晦，別號晦庵、晦翁，後世亦稱之考亭。年十九舉進士，年二十八辭官歸里，以侍親講學為務，年三十一正式受學於李延平。孝宗即位時，詔求直言，熹上封事，認為帝王之學，必先格物致知，以極夫事物之變，則自然意誠、心正，而後可以應天下之務。其後與呂東萊合編《近思錄》，並與陸象山兄弟會辯鵝湖。年四十九，除知南康軍，勤政救荒，治績燦然。又修葺白鹿洞書院，興學授業。朱子為學勁力十足，大抵側重窮理以致其知，反躬以踐其實，而以居敬為主。除參治諸家、兼綜條貫外，於義理系統與工夫入路，尤契於伊川學脈，而承續發展，終能成就一己的義理系統。[93] 又其著作宏富博廣，除編輯北宋諸儒文獻外，並遍注群

---

[91] 如《讀經示要》卷一，頁 31：「程子曰：『吾學雖有所受，而天理二字，確是自家體認出來。』此語切不可忽。程子所言理者，乃本體之目，非由意見安立，以為行為之規範也。本體元是萬理俱備，其始化、肇萬物、成萬事者，自是固有此理，非無能生有也。程子說個理字，與《六經》中道字，可互相發明。」

[92] 詳參〈功能下〉，《新唯識論》，頁 469；〈原內聖〉，《原儒》，頁 417。

[93] 朱熹其人其事詳參〈道學列傳〉，見《宋史》卷四百二十九，頁 12751-12770；

經，元明以來士子所誦讀的四書五經，大抵均本諸朱學。此外朱子
論著又兼重考據及致用之學，對於晚明及清初等後學萌生一定影
響，因此熊十力認為王、黃、顧等實學之功，當可溯源至朱子，其
言道：「朱子本留意考據。……及陽明學昌，學者多以考據工夫為
支離破碎，而不甚注重。末流空疏，不周世用。於是晚明諸子，復
循朱子之緒，而盛弘之，考據學遂大行。」[94]至於對朱子其人其學，
熊十力則發出如下的整體評價：

> 朱子願力甚宏，氣魄甚大，治學方面頗廣。其真誠之心，與
> 勇悍之氣，可謂與天地同流。朝野奸邪構害雖烈，初不以死
> 生易慮，宋學蓋完成於朱子。[95]

　　自《論語》言「仁」以來，闡其大義者未知凡幾。朱子則依據
伊川「仁性愛情」之說，而以「心之德」、「愛之理」詮解仁，作成
〈仁說〉一文：「天地以生物為心者也。而人物之生，又各得夫天地
之心以為心者也。故語心之德，雖其總攝通貫，無所不備，然一言
以蔽之，則曰仁而已矣！……吾之所論，以愛之理而名仁者也。」[96]
將「仁」解為愛之所以然之理，而為心所當具之德，熊十力頗認同
此種精微之說。至於朱子持「敬」工夫也上承伊川，他認為伊川有
功於後學處尤在一「敬」字，而伊川的「涵養須用敬」一語則最為
朱子所服膺，若能修己以敬，則足以直內、足以集義，也足以方外，
因此應當時刻反思注意，而熊十力也繼承朱子旨要，認為居敬存
身，則動靜居處，均得以不違仁體：

〈晦翁學案〉，《宋元學案》卷四十八、四十九，頁 1489-1603。
[94]　《讀經示要》卷二，頁 478。
[95]　同前註，頁 470。
[96]　朱子〈仁說〉思想的詮解，得參蔡仁厚：《宋明理學南宋篇》（台北：台灣
　　　學生書局，1989 年 3 月），頁 107-121。

> 伊川朱子之學，居敬為先。敬，則徹動靜，而一於仁矣！……
> 敬，只是心不散亂，動時儘自澄明，泛應曲當；靜時炯然，
> 無有昏昧。動靜一於敬，即動靜皆不違仁體。《論語》及《六
> 經》，大都言敬，此是孔門心法，與禪家習敬工夫迥別。[97]

此外在朱子的哲學體系中，也涉及「理」之一與多，一理與萬
理的關係，如言「人人有一太極，物物有一太極」、「在天地言，則
天地中有太極。在萬物言，則萬物中各有太極」等。[98]「太極」是
天地萬物的根柢，總天地萬物之理，但此理又分別為萬事萬物所以
然之理，亦即一物都各具一太極，就每一物都有其所以然之理而
言，則萬物所得均是同一之理、完整之理。以月為例，月印萬川，
隨處均可見，萬川之月只是天上之月。朱子此說，實本諸伊川理一
而分殊，而輾轉受聞於伊川弟子李延平，因此《語類》言：「伊川
說得好，曰：理一分殊。合天地萬物而言，只是一個理。及在人，
則又各自有一個理。」[99]此亦即孔子「吾道一以貫之」之意。而熊
十力於書中屢以漚水為喻，強調萬物皆具道體之全，即與朱子之說
相互侔合：

> 每一漚，皆攬大海水全量，以為其本體。故可喻物物各具道
> 體之全。朱子所謂一物各具一太極，即此意。[100]

> 「流行曰命」從其賦物而言也。（流行即是體顯為用，即起
> 變化，而成萬物也。自其成物言之，則此體，便分賦一一

---

[97] 《讀經示要》卷二，頁 449。

[98] （宋）朱熹：《朱子語類》，《朱子全書》（上海：上海古籍出版社，2002 年
12 月）卷九十四，頁 3122；卷一，頁 113。

[99] 同前註，頁 114。

[100] 《讀經示要》卷一，頁 26。

物。但分字不可誤會，謂物物各得道體之一分也，卻是物物皆得道體之全。譬如一月，分印萬川，在萬川固各具月之全。）[101]

朱子主要是以《大學》建立其學問綱領與義理規模，其言「格物致知」，強調即物窮理以致吾之知。大凡事事物物都有其極至之理，須窮究至盡處，使物之表裡精粗無不到，如此方能知得徹底，心之全體大用方能無所不明。朱子釋格物為窮理，也汲取伊川之意，《大學章句》的〈格物補傳〉前即述曰：「間嘗竊取程子之意以補之」，伊川言格物為窮其理，二者的遞嬗軌跡，的確明晰可循。至於熊十力的看法是：

> 《大學》格物，當從朱注。夫立治之體心以仁，而格物則用也。……是故格物之學興，而後人知即物窮理。……王陽明發明仁體，……而反對程《大學格物補傳》，則有體而無用，甚違經旨。[102]

雖然熊十力在《讀經示要》中詮解《大學》多採陽明之說，但釋「格物」則擷取朱子之說。此外如朱子說理在物，陽明說理在心，熊十力則調和之，認為心固為理之顯，物又何嘗不是？由上述諸例，可看出朱子思想對熊十力的廣泛影響，而熊十力作品中對宋學諸儒，均不免發出微詞，唯對這位宋學的完成者，則少見相關訾議。

---

[101] 同前註，頁 27、28。
[102] 〈原內聖〉，《原儒》，頁 474。

五、陸象山（1139-1192）

陸九淵，字子靜，自號存齋，晚年曾於應天山建精舍講學，因山形似巨象，改名象山，學者稱之象山先生。其思想淵源首得自於家學，兄弟六人，其中陸九淵、陸九齡、陸九韶，和而不同，自為師友，號稱「三陸子之學」。象山為學之初，由思考「宇宙」二字啟其端，年十三，悟「宇宙內事乃己分內事，己分內事乃宇宙內事。」其後啟迪後學，也多及「宇宙」二字，如「道塞宇宙，非有所遁」、「宇宙不曾限隔人，人自限隔宇宙」、「是理充塞宇宙」等。年三十四始應進士試及第，從遊者眾。其後返家授徒，以辨志及明本心為講學要旨，或勸其著書，回應以「六經註我，我註六經」及「學苟知道，六經皆我註腳。」此等「六經註我」的精神最為熊十力所續承。[103]

象山學脈，直承孟子，以倡明聖道自任，因此其論學書信中，凡所徵引，孟子為先。他倡言「發明本心」，其所謂「本心」，實源自《孟子》「無失其本心」，是以象山《語錄》下中詹子南嘗問：「先生之學，亦有所受乎？」答曰：「因讀《孟子》而自得之於心也。」而《象山先生全集》卷三十六〈年譜〉載：「（楊敬仲）問：『如何是本心？』先生曰：『惻隱，仁之端也；羞惡，義之端也；辭讓，禮之端也；是非，智之端也，此即是本心。』……先生曰：『……是者知其為是，非者知其為非，此即敬仲本心。』」四端萬善係吾

---

[103] 象山生平及事蹟詳參〈儒林列傳〉，見《宋史》卷四百三十四，頁 12879-12882；〈象山學案〉，《宋元學案》卷五十八，頁 1881-1936；〈年譜〉，《象山先生全集》（台北：台灣商務印書館，1967 年 9 月）卷三十六，頁 312-347。

心本有，日常行事作為如能本乎此，則無一不合義理。至於知是知非、知孝知弟也只是任本心自然發見，隨處感應，毋須窮索，依此本來具足的心，即可以體天地而行仁義。因此謝山〈淳熙四先生祠堂碑文〉云：「其教人以發明本心為始事，此心有主，然後可以應天地萬物之變。」象山強調吾人價值判斷的準據──本心，向下開啟王陽明「致良知」教，二者相互輝映，密合無間。

陸象山〈與李宰書〉云：「天之所以與我者，即此心也。人皆有是心，心皆具是理，心即理也。」此道德本心，與天地毫無隔閡，而得以和天道天理相通，此由本心推擴而出的「心即理」之說，下及陽明，自成一脈，與伊川至朱熹的「性即理」一支，路徑迥異，而得以分庭抗禮。再者本心雖與天理相通，然或以溺於聲色富貴、流俗謬見等，而遮斷本心，因此須賴存養工夫，以復其本心，至於存養要鍵，在於「先立乎其大者」，此亦淵本《孟子》：「先立乎其大者，則其小者弗能奪也。」至於何謂「先立乎其大者」？象山〈與傅克明書〉曰：「必深思痛省，抉去世俗之習，如棄穢惡，如避寇仇，則此心之靈，自有其仁，自有其智，自有其勇。私意俗習，如見晛之雪，雖欲存之而不可得。此之謂先立其大。」或疑象山講學，僅此一句「先立其大」，象山曰「然」，其實「先立其大」即是「復其本心」，即是「發明本心」，而此亦即是象山思想的竅門所在。除上所述外，象山復主張「尊德性」，認為先立其大，則反身自得，此與朱子強調「道問學」，主張「窮理以致其知，反躬以踐其實」的立教方式自是壁壘分明。因此朱子主張「去短集長，以免墮於一邊。」而象山則對朱子的去兩短合兩長建議，未予認同，主因「既不知尊德性，焉有所謂道問學？」[104]

熊十力於諸書中，也時而針對象山所言發論，舉例如下：

---

[104] 詳參〈年譜〉，《象山先生全集》卷三十六，四十五歲下所引錄。

然必有象山所謂「先立乎其大」一段工夫，使獨體呈露，自
爾隨機通感，智周萬物，畢竟左右逢源，如此，乃為極則。[105]

陸子之學以先立乎其大為宗。大者，為本心也，仁體也。[106]

陽明云：學問須是識得頭腦。象山平生言學，主張先立乎其
大。何謂立大？何謂識頭腦？即不喪失其本心而已。[107]

　　宋代理學自二程分為二支，象山上承明道、源及孟子，下啟陽
明，可謂居處樞紐地位。至於其「先立乎其大」、「發明本心」、「即
心即理」的思想要義，及簡易直捷的思想方法，無疑成為熊十力極
其珍貴的思想資源。

六、陳獻章（1428-1500）

　　字公甫，號石齋，廣東新會白沙村人，世稱白沙先生。自幼警
悟絕人，曾讀《孟子‧盡心上》：「有天民者，達可行於天下而後得
之。」慨然而曰：「為人必當如此」。年二十七，從吳聘君學，然未
知入處，其後杜門不出，二十年而悟廣大高明不離乎日用。平生絕
意著述，認為道之顯在人而不在言，舉凡奏疏書序、詩賦贈答等，
係門徒採集而成，詳見《白沙子全集》。《明儒學案‧師說》中云：
「先生學宗自然，而要歸於自得。自得故資深逢源，與鳶魚同一活
潑，而還以握造化之樞機，可謂獨開門戶，超然不凡。」[108]而黃宗

---

[105] 《讀經示要》卷一，頁39。
[106] 同前註，卷二，頁449。
[107] 《十力語要》卷二，頁228。
[108] 〈師說〉，《明儒學案》（台北：華世出版社，1987年2月），頁4。

義則如是發評：「有明之學，至白沙始入精微，其吃緊工夫，全在涵養。喜怒未發而非空，萬感交集而不動，至陽明而後大。」[109]由「獨開門戶」、「超然不凡」、「始入精微」，可略見陳白沙於明初心性之學所居處的地位，他是立基於陸九淵心學基礎上而加以發展的，因此唐君毅先生將象山、白沙與陽明並列，認為三者雖特質有別，白沙尚自得，象山偏剛健，陽明趨切摯，但「三人之重心重覺，不外心覺以言理，固同為一路」、「白沙在明代理學之地位，亦正有如象山之在宋，……象山之發明本心，正如白沙之見心體。……後之陽明，雖只提及象山，未提及白沙，然陽明之良知，為心之本體，為昭明靈覺，則既通於象山之言本心，亦通於白沙之言『心體』與『覺』者。」[110]對於白沙強調心覺，欲人自為主宰至表認同。而現代學者陳榮捷則認為白沙思想的要妙處在於將「主靜」與「生機」併合，於「靜中養出個端倪」，亦即「於靜中養出蓬蓬勃勃，充塞天地之生機。」故能別開生面。[111]

　　至於熊十力於年十六、七時，觀讀陳白沙〈禽獸說〉，深為震懾，文曰：「人具七尺之軀，除了此心此理，便無可貴。渾是一包膿血，裹一大塊骨頭。饑能食，渴能飲，能著衣服，能行淫慾。貧賤而思富貴，富貴而貪權勢，忿而爭，憂而悲，窮則濫，樂則淫，凡百所為，一信氣血，老死而後已，則命之曰禽獸可也。」[112]白沙認為人之可貴在於此心此理，心與理即是人得之於道而為人的依據，只要把握本來心性，便可「天地我立，萬化我出，而宇宙在我

---

[109] 〈白沙學案〉，《明儒學案》卷五，頁78。其生平行誼可參（清）黃宗羲撰、沈盈芝點校：〈白沙學案〉，《明儒學案》卷五、卷六，頁7-108；〈白沙先生墓表〉及〈白沙先生行狀〉，見《白沙子全集》（台北：河洛圖書出版社，1974年9月）卷末，頁1587-1618。

[110] 唐君毅：〈白沙在明代理學的地位〉，《白沙學刊》1965年第2期，頁37。

[111] 陳榮捷：〈白沙之動的哲學與創作〉，《白沙學刊》1965年第2期，頁28-29。

[112] 〈禽獸說〉，《白沙子全集》卷二，頁331-332。

矣！」[113]因此掌握心學法門，便可鳶飛魚躍。熊十力詳為描述其讀後反應：

> 余乍讀此文，忽起無限興奮，恍如深躍虛空、神遊八極，其驚喜若狂，無可言擬。當時，頓悟血氣之軀，非我也。只此心此理，方是真我。……若能超脫血氣之藐小物，而自識至大無匹之真我，則炯然獨靈，脫然離繫，飲食、渴飲、著衣居室，皆有則而不亂，循理而不溺，……余因白沙〈禽獸說〉，頓悟吾生之真，而深惜無始時來，一切眾生，都不自覺，……吾人當認識此無盡寶藏，是為真我，萬不可迷執血氣之藐小物為我。因此起惑造業，而喪其可貴之寶藏。此是白沙苦心處，吾人奈何不悟。……有問：無盡寶藏是一人獨有耶？抑萬物共有耶？答曰：一人獨有之無盡寶藏，即是萬物共有之無盡寶藏。譬如一漚獨具之大海水，即是無量眾漚同具之大海水。一為無量，無量為一，此非玄談，悟時自知。……[114]

對於陳白沙強調此心此理方是真我，是為人者最可貴之處，此說無疑驚醒也警醒了熊十力，在熊十力諸作中屢屢強調保任此心而勿失之、屢屢強調「性智」是真我的覺悟，凡此均顯有來自於陳白沙〈禽獸說〉的醍醐灌頂之功。此外在熊十力窮究學術過程中，曾傾向印度佛家，曾服膺於歐陽竟無大師，但終能入而後出，在靈活出入百家後，終乃專注於反己自求，「只信賴我自己的熱誠與虛心。時時提防自己的私意和曲見等等來欺蔽了自己。而

---

[113] 同前註，卷四之〈與林郡博〉，頁565。
[114] 詳參〈陳白沙先生紀念〉，《十力語要初續》，頁202-205。熊十力為此文時，因體氣不佳，故由熊授意，其女熊仲光代筆而成。

只求如陳白沙所謂『措心於無』，即是掃除一切執著與迷謬的知見，令此心廓然，無有些子沾滯。如此乃可隨處體認天理。」[115]所謂「措心於無」，即是心不著一物，心上既不沾染雜物，則將如明鏡般澄澈，門戶之見自然剝落，感之而後應，不感則不應，一切順乎明覺之自然，如此反現鳶飛魚躍之機。因此白沙的「常令此心在無物處」，敞開了熊十力的學術心防，也袪除了熊十力的門戶之見，讓他憑著自家體認所至，終在與之相契的《大易》處，覓著了歇腳著根的所在。

第四節　融攝佛釋老莊

一、佛家思想的浸潤

佛家典籍義蘊豐贍，體系宏博嚴謹，語言縝密精湛、富於思辨，佛學這一塊沃土不僅吸引宋明理學家投身探勘，也招徠晚清諸學者普遍鑽研，更為人們帶來心靈的撫慰。至於對熊十力而言，沒有佛學的洗禮，就沒有《新唯識論》的成型，沒有出入佛釋這一段特殊體歷，就沒有熊十力璀璨的學術成績。他曾以如下的筆墨述及其治學過程及研佛始末：

> 余平生之學，本從大乘入手。清季義和團事變後，中國文化崩潰幾兆已至，余深有感。少時參加革命，自度非事功才，

---

[115] 〈轉變〉，《新唯識論》，頁348。

> 遂欲專研中國哲學思想，漢學宋學兩途，余皆不契，求之六
> 經，則當時弗能辨竄亂、屏傳注，竟妄詆六經為擁護帝制之
> 書。余乃趨向佛法一路，直從大乘有宗《唯識論》入手。未
> 幾捨有宗，深研大乘空宗，投契甚深。久之，又不敢以觀空
> 之學為歸宿。後乃反求諸己，忽有悟於《大易》，而體用之
> 義，上考之變經益無疑，余自是知所歸矣！然余之思想，確
> 受空有二宗啟發之益，倘不由二宗入手，將不知自用思，何
> 從悟入變經乎？[116]

　　在熊十力透迤曲折的治學歷程中，佛學雖非其最終的歸向所
在，但在入口處、轉圜處，釋佛始終位居顯要，對於佛學的專研勤
探，使他能洞悉佛家思想的關鍵，同時也銳觀佛學內涵的良窳，使
他一則提揭積極性的批判；一則援引以襄助哲學體系的樹立。

（一）習佛歷程，千迴百折

　　回觀熊十力與佛學締結因緣，其啟端甚早，而後幾經遷嬗，漸
臻成熟，其為學歷程略述如下：

　　首先是崇佛依傍期：三十四歲前的熊十力，曾輯有筆札一冊，
即《心書》，另有〈翊經錄序言〉等單篇作品。此時為學四方窮索，
或經學、子學、道家之學或時人作品，無所專主，對佛學已略有涉
獵，然尚未自成體系，多依傍他人之說，如《心書》中回覆張君有
關「斷證」之問：〈大疏〉云：照惑無本，即是智體。照體無自，
即是證如。謂迷時說惑，悟時說智。惑體智體，無二體故。……外
道與佛之關係散見諸經論中，繼智牽於人事，未遑博考，良亦自愧。

---

[116] 〈贅語〉，《體用論》，頁 6、7。

然餘杭〈大乘佛教緣起考〉所徵論，可謂扼要。」於是其下詳為抄疏徵引章太炎之說。[117]至於閱章太炎〈建立宗教論〉聞「三性三無性義」，深有所契，引發迴響，前論章太炎處已述及，不復贅語。再者《心書》中另錄述梁漱溟《究元決疑論》有關魯滂一段：「頃見梁漱溟引法博士魯滂之說，比合佛旨，融相入性，科學家執心外有物，庶開其蔽爾。按魯君說：……」[118]亦顯見熊對梁氏佛學主張的關注及服膺。此外透過《心書》中所言「夫古今言哲理者，最精莫如佛，而教外別傳之旨，尤為卓絕。自達摩東度，宗風獨盛於蘄黃。蘄水三祖、蘄春四祖、黃梅五祖，迭相授受，獨成中國之佛學。黃梅傳慧能神秀，遂衣被南北，永為後世賴利。」[119]充分顯現此期他對佛學精湛義理的傾心及肯定。由上述線索略可窺知三十四歲前的熊十力，為學方向多端，對佛學執持崇仰心態，然僅初有接觸，偶有蜻蜓點水式的若干發論，然多依傍章太炎、梁漱溟之說，個人洞見或心得大抵尚闕。

　　其次是研佛登堂期：1920 年秋，歷經辛亥創痛及親人死別的熊十力，透過梁漱溟引介，赴南京支那內學院，向歐陽竟無問習佛法，開啟了他正式登堂入室勤探佛法奧蘊的階段，在此期間內他探討佛學淵源、釐清佛學脈絡，深扣唯識經典，從護法諸師而上溯無著世親，對大乘有宗的掌握尤為精切。「有宗所據之《楞伽》等六經和《瑜珈》等十一論，他均有涉獵，對本土唯識宗巨典《成唯識論》及《述記》尤為熟稔。他不但熟習唯識學義理，還格外留心其分析名相和邏輯思辯的方法，深研《五蘊》、《百法明門》二論和窺基的《因明入正理論疏》，對佛家邏輯方法有了相當切實的了解和

117 詳參〈復張君〉，《心書》，頁 8-9。
118 〈記梁君說魯滂博士之學說〉，《心書》，頁 21。
119 〈問津學會啟〉，《心書》，頁 19。

掌握」、「這種嚴格的邏輯訓練對培養他的思辯能力和分析問題的方法，以及細密的哲學構造，無疑起了至關重要的作用。」[120]上述景海峰之言，已明晰勾勒出熊在內學院潛心研究兩年的主要方向及內容。1922 年，三十八歲的熊十力由南京赴北大教授唯識學，1923年，唯識學講稿印成《唯識學概論》，部甲稱〈境論〉，部乙稱〈量論〉，〈境論〉下又有〈識相〉、〈識性〉兩篇，〈識相〉篇下又分唯識、諸識、能變、四分、功能、四緣、境識、轉識等八章，餘處下均空缺，這是熊在內學院的成果小結，也是日後遞變為《新唯識論》的根基所在。1920-1925 年間，熊十力漫遊於寬闊的佛學領域中，傾注心力於空有二宗的探尋，奠定了渾厚的佛學根基，是其歸佛向佛時期。

第三是論佛蛻變期：1926 年，《唯識學概論》第二種版本由北大印出，結構近同 1923 年第一種版本。唯〈識相〉、〈識性〉各改名〈法相〉、〈法性〉，〈量論〉下增列〈分別篇〉、〈正智篇〉，全書實際內容僅有唯識、轉變、功能、現色等章。序言中道：「頃為此書，乃於前師特有彈正，蓄意五載，乃敢下筆。」此書開始對護法之說提出疑義，雖然如此，但全書仍以大乘有宗思想為主軸。此外書中已涉《易經》中固有體用思維，申言「闢而健行，翕而順應，生化萬物。」強調本體即是功能等。同年《因明大疏刪注》出，這亦是熊研究唯識學繼《概論》後的另一著作。1930 年《唯識論》印本出，多循 1926 年《唯識學概論》第二種版本的思路，因此亦可名之為第三種版本，書中否定有宗立種現、建賴耶、說三性，改造講究業果輪迴的說法，內容已偏向空宗，並援引心學思想闡釋。此時熊並逐步汲取華嚴、禪宗等思想。[121]由上述《唯識學概論》三

---

[120] 景海峰：《熊十力》，頁 51。
[121] 有關《唯識學概論》三種版本的詳細內容，景海峰：《熊十力》，頁 50-71

種印本，得見熊十力由恪守師說迄自闢格局的遞嬗歷程。至於 1930 年夏印行的《尊聞錄》，其間蒐集了熊 1924 至 1928 年間的論學札記，更可輔窺其由舊唯識學脫胎為新唯識論的漸進過程。1932 年 10 月，《新唯識論》文言文本出，藉一「新」字除表述其與唯識宗的承繼關係外，並意指其重點在改造唯識舊說，批評上自無著、世親，下至玄奘、窺基的虛妄唯識舊說，強調真常唯心立場，闡明「境識俱泯，唯有真心。」此書既出，成為熊十力哲學的主要代言著作，並接踵引發喧騰一時的佛學論戰，前已略及。本書就理論規模言，雖多資取於佛家，然融攝孟子、陸、王及《大易》於其間，已轉歸儒家，並以體用不二、翕闢成變、反求自識為立論大綱，強調實體即是本心、見心即是見體。另 1937 年出版《佛家名相通釋》，於北大講課期間已擬初稿，全書計四十六條目，綜述法相及唯識體系相關名詞，既是一本佛學辭典，亦可作為研究熊十力佛學思想遷變的輔翼之作。1944 年，時熊十力年六十，《新唯識論》語體文本由重慶商務印書館印行，文言本已融《易》入佛，語體文本則宗主在《易》，文言本猶存「境論」之名，語體本則予以刪除，內容較文言本廣博，思想也更趨純熟，成為熊代表作之一。約言之，以上所述，可稱為熊十力改造佛學、亦佛亦儒時期。

第四是出佛成熟期：此後宗主在《易》的熊十力，1944 年起開始寫作《讀經示要》，1945 年由重慶南方書局印行，又其後《十力語要》、《論六經》、《原儒》、《體用論》、《明心篇》、《乾坤衍》等陸續成書，尤其是 1958 年的《體用論》，解決宇宙論中的體用問題為樞要，思想更趨圓融精到，本書大力刪節《新唯識論》的繁蕪枝節，以精萃的語言、扼要的說辭，賅括《新論》要義，因此《體用論·贅語》中稱：「此書既成，《新論》兩本俱毀棄，無保存之必要。」

有精詳完整的介紹，此處僅略及。

熊十力此時已力圖淡化學術體系中的佛學色彩，或者應稱書中呈現的是幾經錘鍊過後的新佛學精神。此期的熊學可謂已由佛向儒，歸本儒家。

綜上四期所述，可知佛學是熊十力資源思想中至為關鍵的一環，若缺乏此間峰巒疊起的遷變歷程，便無法順其脈勢開展出隸屬於熊十力的學術風華；若缺乏大乘佛學的滋潤，熊十力所建構的哲思體系便頓失支拄其間的穩固鷹架。因此熊十力雖已歸趨於《易》，仍在《體用論・贅語》中稱：「然余之思想，確受空有二宗啟發之益。倘不由二宗入手，將不知自用思，何從悟入變經乎？」以下即由空有二宗出發，藉觀其對熊十力思想的啟迪，及熊十力對空有二宗的批判概要。

（二）評騭空有，靈活出入

推究佛學宗派，除原始佛家思想外，則不外空有二輪，熊十力於小乘論述較乏，論述重心多置於空有二宗，《新唯識論》、《體用論》二書載述尤詳。其論大空之學，以「破相顯性」為重心，熊道：「空宗密意唯在顯示一切法的本性，所以，空宗要遮撥一切法相，或宇宙萬象，方乃豁然澈悟。即於一一法相，而見其莫非真如。」[122]掃盡一切知見、染習，直下明空，如此方能妙顯本體。空宗講究破相以滌除知見，而悟入法性，熊十力亦至表首肯，他說：「空宗這種破相顯性的說法，我是甚為贊同的」、「空宗把外道，乃至一切哲學家，各各憑臆想或情見所組成的宇宙論，直用快刀斬亂絲的手段，斷盡糾紛，而令人當下悟入一真法界。這是何等

---

[122] 〈功能上〉，《新唯識論》，頁 377。

神睿、何等稀奇的大業！」[123]此外空宗的真俗二諦義也啟迪他應隨機立說、靈活融會。空宗後來成為他破斥有宗的依恃，及導向《新論》的樞機，良有以也。雖然如此，熊十力仍提出對空宗的批判見地：「余以為佛氏觀空不可非，可非者在其耽空，歸寂不可非，可非者在其滯寂。夫滯寂，則不悟生生之盛，耽空，則不悟化化之妙。佛家者流，求體而廢用。」[124]他認為空宗究竟未能領會性德之全，僅以寂靜言性體，卻未知寂靜之中即是生機流行，遏絕了生生不息的真機。因此其旨雖在破相顯性，終究歸於相空而性亦空、用空而體亦空。

　　大空惟見法性空寂，而大有則欲令人識法性真實。為匡正大乘空宗末流之弊，無著世親兄弟遂張大有之論，如再予嚴覈，無著倡法相學，世親倡唯識學。熊十力入內學院所習者即以唯識學為主，熊十力詮釋唯識之名曰：「識者，心之異名。唯者，顯其特殊。即萬化之原而名之以心，是最特殊。言其勝用，則宰物而不為物役，亦足徵特殊。《新論》究萬殊而歸一本，要在反之此心，是故以唯識彰名。」[125]指出「識」即是「心」或「本心」，為宇宙之原、萬化之本。雖然熊十力其後因不滿於唯識舊學而改作《新論》，但熊十力強調本心，與唯識宗強調萬法唯識，其一貫相承的思想脈絡清晰可見。至於對有宗的修正批判意見，其一是否定佛家的根本立論——輪迴信念，雖然輪迴業報之說最能迎合大眾心理，但堅信輪迴，常至厭離人間、導向出世。其次又將矛頭指向唯識學的核心——阿賴耶識，大乘有宗建立八識，其間第八識阿賴耶識是根本識，含藏有能生起現行識的一切種子，個體雖有生滅，而它卻無生

---

[123] 同前註，頁 377-378。
[124] 〈佛法上〉，《體用論》，頁 111。
[125] 〈印行記〉，《新唯識論》，頁 239。

滅。熊認為唯識宗雖斥破外道神我，但有宗立耶識，墜入靈魂不滅的窠臼，如此實又含神我意味。此外認為有宗的誤謬尚有種、現對立為二界；將緣起說變為構造論；以種子為諸行之因、真如為萬法實體，因此遂落入二重本體之過等。[126]

　　整體而言，熊十力詬病空有二宗，在於談體遺用，不悟盛化之神而拘泥寂滅，在於其所證會的本體，係無相無為、無造無作，而有求體廢用、耽空滯寂之病。因此他進而提出即體即用、即用顯體的「體用不二」論，亦即在現實中識本體、本體即呈顯於現實界中。而佛家主張攝物歸心，稱為「唯識」，係因境非離心獨在，心能了別境，至於熊十力則進而倡言心境渾融、心物合一。就人生問題而言，佛家各派均認為人生的終極目的，在超脫生死苦海、求得菩提正果、悟入涅槃寂靜，因此其思想究竟歸原於趣寂、超生、出世，逆遏宇宙大生廣生的洪流，而熊十力則特為強調天道之「健」與「仁」，及生命的自強不懈。若就知識論而言，佛家雖講求邏輯，頗精於解析，惜不尚徵驗，且過任冥思，不免失之空幻。總之，熊十力一則針砭佛學、辯破謬說；一則救其偏弊，並資佛融佛以證成其說，如其悟入「體用不二」，有受於空宗破相顯性「以空寂顯本體」的觸發，並且改造「耽空滯寂」而為空寂、生化雙顯；融般若之空與《易》之健動於一爐，以救治大空趨寂之弊；又如佛家言刹那生滅、滅滅不住，熊十力則納入《易》傳「不疾而速，不行而至。」並強調生生不測的一面。此外，在本體論上，熊十力更靈活擷採了天台宗強調主客觀統一的「三諦圓融」；華嚴宗思維模式中的「理事圓融無礙」、「一多相即」等，而禪宗觀點中的「當下即是」、「頓悟本心」、「明心見性」等，也在在啟益了熊十力。要之，熊十力超越了佛教內部宗派之論爭，其

---

[126] 詳參〈功能下〉，《新唯識論》，頁 416-430。

理論的建構既不拘於一家一派，其概念的詮解尤為大膽創新、深具創造性。至於其評騭佛學，雖如棒喝般衝激了學術界及宗教界，引發了四方的迴響。但毫無疑義的，其學術思想的證成及學說體系的樹立，佛家思想是居間至要的推手。

二、道家哲學的濡化

　　以老莊為代表所開展而出的道家思想，在諸子百家爭鳴的黃金時代，無疑是極耐人冥會尋思且影響匪淺的一支。老子樸質切實的五千之言，既有幽深玄妙的形上哲學，亦有正言若反、進道若退的人生哲學；莊子透過寓言、重言及卮言，藉以探求生命的超拔提升，表達物我的同體肯定及天人的通貫契合。道家豐富的思想內涵，非但啟迪了先秦諸子、魏晉玄學、佛學及宋明理學等，甚至於其後的政治、文學及宗教等，都萌生廣泛影響。至於歸本儒學的熊十力，在其作品中亦屢就道家哲學提出見地，同時也涉及儒道學術體系的異同、《易》道思想的通會與殊別等，並在《讀經示要》、《原儒》中針對〈天下篇〉詳加疏解，又欲人體會老子思路及博大深微的體系，因此於《十力語要》中也揀擇《老子》數章詳為解說。[127] 他雖對道家有不少「異」見，但對道家的重視，及其來自於道家的若干影響，殊可謂具體且鮮明。

　　熊十力認為先秦諸子中學說完備，巍然成為大國者僅儒道二家。就思想源流言，熊十力主張道家是《易經》的別派、儒家的旁支，道家言道及陰陽變化均自《易》出，至於《老子》第二十五章

---

[127] 疏解〈天下篇〉詳參《讀經示要》卷二，頁 363-366；〈原學統〉，《原儒》，頁 43-56。說解《老子》各章詳參〈答馬格里尼〉，《十力語要》卷二，頁 186-209。

言道「有物渾成，先天地生，寂兮寥兮，獨立而不改，周行而不殆，可以為天下母。」熊十力也視之為演《易》乾元之旨。[128]再者以為《老子》第四十二章「一生二，二生三」，即在闡揚《易》三卦成爻之旨，用以表示相反相成的法則。[129]

熊十力對儒道的異同進行了多方比較，同時也指出道家的偏弊所在：首先，就體用觀而言，熊十力認為道家倡攝用歸體，儒家主於用識體。「攝歸體用，將只求證會本體、皈依本體。將對本體起超越感，而於無意中，忘卻本體即是吾人自性。」而「孔子之學，要在於用而識體，即於萬變萬動而逢其源。夫萬變逢源，即萬變而皆不失其正，是乃稱體起用。」[130]攝用歸體的結果，將道超越乎萬物之上，從而將體孤絕化，易淪為無用之體。而孔門講求於用而識體，即是體用不二，即於萬化萬變萬物，而均見為實體呈現，實體即是吾人或物的自性，此和攝用歸體的不悟一源說自是不同。其次，就宇宙論而言，老子以道為宇宙基源，「其所謂道，即虛神質混然為一，所謂混成是也。維神與質，並由虛而生。故雖混成，而實以虛無立本。」[131]以虛無為本，固是老學宗趣所在，但究與《大易》所強調的乾元宇宙實體不相侔。再者熊十力又言「儒家宇宙論，則依健動之勢用而示其原。道家則探源於幽冥，此根本上不相容也。」[132]第三，就知識論而言，老子強調「絕聖棄智，民利百倍」、「智慧出，有大偽」、「民之難治，以其智多」，而孔子則強調「知周萬物」，一欲無知而民始利；一以濟天下之道本於知。至於熊十力則認為「民之多智，不可說為難治之因；民之難治，決不是其智

---

[128] 詳參〈原學統〉，《原儒》，頁 56；《讀經示要》卷二，頁 297-298 等。
[129] 詳參《讀經示要》卷二，頁 367；〈明變〉，《體用論》，頁 12-13 等。
[130] 詳參〈原學統〉，《原儒》，頁 45-46。
[131] 〈原內聖〉，《原儒》，頁 373-374。
[132] 〈原內聖〉，《原儒》，頁 326。

多之果，孔子見之甚明，是故智慧不可錮蔽」、「老氏反知之論，褊淺而不可為訓。」[133]最後，就人生論而言，熊認為道家談體而遺用，蔽於天而不知人，強調返虛、篤靜、守弱、退後思想，雖厭嫉統治階層，但由於以弱為用，採避世態度而不敢為天下先，未能行革命，導致後學益加腐化，如漢初道家思想，一變而擁護皇帝專制，完全叛其本宗。[134]再者「儒家人生論，仁義以原其生。……老氏不達仁義之髓，而妄非之。不通禮樂之原，而妄薄之。不解自強之義，而求復於嬰兒，以嬰兒柔弱，不用智故。」[135]

要之，熊十力認為道家強調委心順化、耽於虛靜，蔽於天而不知人。因此雖然見識高遠，惜未悟真體流行，其德本健，此為儒道兩家根本殊異處，因此舉凡治化論、知識論、人生論都未免失之一隅。至於其書中發論並時及儒、釋、道三家的比較，茲舉一例以觀：

> 凡物剎那滅，佛氏與吾儒《大易》都見此理，……儒者以此，
> 明人道與群治，當體現天行之健，常去故取新，自強而不息
> 也。佛氏以剎那滅即是無常，而作空觀，卒流於反人生。老
> 莊雖見到剎那生滅，而卒歸本自然，遂至守靜任化，而廢人
> 能。二氏畢竟偏而失正。[136]

於此熊十力強調本體流行，無有窮盡、無有停滯，一切物均剎那生滅，常新而不守其故。雖則三家均見及剎那生滅之理，然因佛家偏向「耽空滯寂」，道家趨於「致虛守靜」，由於根本處不同，其發展與結果自亦有別，而與熊十力最相契合的仍是儒家《大易》思想。

---

133 〈原外王〉，《原儒》，頁 173-180。
134 同前註，頁 284-285。
135 詳參〈原內聖〉，《原儒》，頁 326-327。
136 〈明變〉，《體用論》，頁 53-54。

雖然熊十力於道家思想多有批評，但他對於道家仍多有溢美之辭，而對道家的摯愛仍可由書中多處見其端緒。如其言〈天下篇〉「評判諸家，見高而識遠，文奧而義豐」、「老莊觀測人群蠱壞之一面，洞微燭遠。其言永為人類寶鑑」、「道家之學，可以益人理趣」等，[137] 再者熊十力為說明《易・繫辭傳》「不疾而速，不行而至」之義，強調物無暫住的剎那滅義，即舉《莊子・大宗師》「夫藏舟於壑，藏山於澤，謂之固矣！然而夜半有力者負之而走，昧者不知也」一例，認為此段話「宏闊深遠」，而郭注亦云：「夫無力之力，莫大於變化者也。」藉此申說天地趨新、物無暫停之理，並云：「由蒙莊以探《大易》，至可玩也。」[138] 由是亦可見熊十力對各家思想的善於掌握及融通。另《老子》第四章曰：「道沖而用之，或不盈。」熊自述年六十上下讀及此，忽有體會，往昔每遇難題，即強力探索，自此以後，則「遊心於虛、未嘗以疑問置胸際」。所謂「恰恰無心用，恰恰用心時」、「善用思者，不須竭盡心力，……強探力索之功，有時固不可少，而神解煥發，恆在沖虛之時。使用心力，而務滿盈，此際正是粗心浮氣乘權，而神已喪，粗心浮氣何可周察事物而得其理乎？」[139] 真可謂體察細膩、神解獨特的經驗之語。而由是觀來，《老子》的智慧之言對熊十力的為學歷程，的確發揮了一語驚夢的警醒功效。

　　熊十力書中亦有借老子語而加以轉化為己用者，如《老子》第四十八章：「為學日益，為道日損。」原指為學促使知欲日增，為道則使知欲日減，《明心篇》中則借稱日益之學為科學，日損之學為哲學，其言曰：

---

[137] 《讀經示要》卷二，頁 378；〈原內聖〉，《原儒》，頁 344。
[138] 詳參〈明變〉，《體用論》，頁 51-53。
[139] 詳參〈明變〉，《體用論》，頁 51-53。

老子平章學術，有日益、日損之分，余據此，以衡定古代哲
學，與近世科學，各為一類，庶幾允當。古學如道、如佛諸
大派，雖其思想各有獨到處，不可混同。而兩家皆為日損之
學，則於不同之中，仍有同處，此無可否認也。日損之學，
其精神所注，唯在人生之修養與改造，故專致力於內心之自
緣與克治雜染。……科學肯定物質為實在，其研究的對象是
大自然，惟用純客觀的方法，即以主觀從屬於客觀。此與日
損之學，信任內心炯然大明、感物斯通者，乃極相反。由科
學言之，可說知、從物發，不是因心成知。[140]

　　《明心篇》中日損、日益之學，亦即《讀經示要》中所云「經
學」與「科學」；《論六經》中所謂「道」、「藝」二科。科學日益之
學，其根柢在物；哲學日損之學，其根柢在心，熊十力雖也重視講
求精嚴、細密、正確、分明的科學，雖對科學能直奪天工也敬表佩
服，但對科學的迷於逐物、喪失自我本心亦感憂心忡忡，認為人類
如一意發展科學而廢反己之學，其流弊將難以衡估。因此他由《老
子》「為學日益，為道日損」之語，體悟到自家本有的虛靈之主非
但未可拋卻，更應積極地透過反己的工夫、自省的智慧，來抗衡並
挽救日漸淪喪於物質世界中的知識理性。

　　1918 年，時熊十力年三十四，正是其凡所觀察，均無好感，決志
捨革命專志務學的失意時期，其時熊一度以道家之學作為安身立命之
所繫，除了心嚮受道家濡沫頗深的周濂溪外，他在初完成的《心書》
中也透顯著來自於道家的影響。因此蔡元培在該書序文中如是申說：

　　今觀熊子之學，貫通百家，融會儒佛，其究也，乃欲以老氏
清靜寡欲之旨，養其至大至剛之氣。富哉言乎！遵斯道也以

---

[140]〈通義〉，《明心篇》，頁 24-26。

行，本淡泊明志之操，收寧靜致遠之效，庶幾橫流可挽，而
大道亦無事乎他求矣！

1948 年，時熊十力年六十四，應聘至浙江大學講學，張其昀、
謝幼偉等為熊築一小舍，熊命其名為「漆園」，並作〈漆園記〉一
文以表明此時心境，其後為文則間或署名為「漆園老人」。試觀〈漆
園記〉中如是自我剖析：

> 石君曰：先生之為學，先生之用心，皆異乎莊生，此天下有
> 識所共知也，何取於漆園？其以隱於庠序，托蒙吏之跡耶？
> 余曰：非此之謂也。吾有痛也，吾有警也，人類方趨於自毀，
> 無可納之正覺，而吾族勇於自亡，甘於鄙賤，使余所深痛也。
> 痛而無以自持，因思莊生之言曰：「知其無可奈何，而安之
> 若命。」吾時念此以自遣，故有契於莊生。然吾以是緩吾痛
> 則可，若姑安乎是，則將負吾平生之心與所學，而不免為莊
> 生之徒，是又吾之所以自警也。[141]

在此文中可窺得其複雜的心曲：在理想上他仍然熱切秉持儒
家積極有為的人生觀；仍然不捨其宏願與強力；仍然維繫著民胞
物與、捨我其誰的活力；仍然以《大易》為依歸。但面對道之不
行，面對族類衰微，面對理想與現實的急遽衝突，在煎熬痛楚之
餘，他選擇以莊子緩解錐心之痛，選擇以莊子作為解脫之道，卻
又以莊子隨時自我警醒惕勵，勿效道家委心任化，遂致一切無可
力致，有負平生之所學。但不管如何，道家思想得以撫慰失衡的
心緒，對熊十力而言是如此，對殊多失意的中國知識分子而言亦
是如此。

---

[141] 詳參〈漆園記〉，《十力語要初續》，頁 30-31。

由上所述，得知理趣深遠的道家思想，無論對熊十力的體用論、宇宙論、知識論或人生論，都有其啟迪及反省作用。而對熊十力人生各階段，也都適時發揮了引領、啟導及警醒作用。

結語

本章四節，呈現了熊十力除了一聖二王以外，藉以依歸的學術支流：

其一是得之於時賢師友的輔翼：嚴復所譯《天演論》對其體用、翕闢，本隱之顯論有其啟迪之功；康有為《新學偽經考》、《孔子改制考》對其經學探論方向有其影響；譚嗣同倡民本、民權，談革命，言《仁學》等，為其所承續。餘者如章炳麟盛倡相宗之學，建立革命宗教論等，對其早期思想頗有影響；而從歐陽竟無問習唯識之學，構成其出入佛學的轉圜關鍵；至於與馬一浮、梁漱溟、林宰平等交篤誼深，友朋間的交流取益、問學析疑，尤為其治學圓熟妙方。

其二是借重於西哲新說的激盪：其時西方文化以不可抵擋之銳勢，著實地衝激了新舊交接的時代，西哲嶄新學說也順其態勢影響了熊十力。如康德的自由意志；黑格爾的辯證法；柏格森的生命哲學、創化論、直覺說；懷海德「機體主義的哲學」；羅素《心的分析》、《物的分析》等，以及杜威、叔本華等，原不諳西學的熊十力，仍藉由譯本或友朋的介紹，對這些由西方植入的新說，加以會通、融鑄、汲取。

其三是取益於宋明諸子的開廣：「濂溪而後我重來」，看出熊對周濂溪的偏愛，而〈太極圖說〉、《通書》中的太極觀與動靜說，熊

十力各有揚棄與擷取；程明道〈識仁〉一文，熊十力體會再三；伊
川《易傳》及言「理在物」等，熊十力各有褒貶及修正；朱熹宏大
的願力與氣魄為熊所欣賞，〈仁說〉與理一分殊、格物說等為熊所
資取；陸象山「六經注我」的精神，強調發明本心、先立乎其大者，
成為熊十力學說的珍貴資源；至於陳白沙的〈禽獸說〉，對年輕時
期的熊十力，其震盪力道既猛又烈。

其四是博資於儒釋老莊的錘鍊：由崇佛依傍期、研佛登堂期、
論佛蛻變期，到出佛入儒的成熟期，此般迴折再三的習佛歷程，使
其終能靈活出入佛家思想，對空有二宗的談體遣用、耽空滯寂有深
刻的體認，轉而歸趨儒家《大易》，強調雙顯空寂、生化，並倡言
體用不二。至於道家之弊雖在滯虛守靜、攝用歸體，蔽於天而不知
人，但對道家的洞微燭遠、益人理趣卻饒有興致，況老子的日益日
損之學，熊十力既將其轉化使用，而「漆園記」尤其是複雜心曲的
呈現，以莊子撫慰傷痛而又藉以自警自惕，看出道家在熊十力思想
中的特殊地位。

綜上所述，得知熊十力所築就的學術體系，既非依傍一門，亦
非專效一家，除了廣徵博採外，更歷經長期的反覆推敲、深思反芻、
相激互盪，而提煉出專屬熊十力的一家之言。因此熊十力曾以如下
的語言，傳達自己幾經遷變的學思歷程：

> 平生探窮人生宇宙人生諸大問題，……苦參實究，老夫揮了
> 許多血汗。求之宋明，不滿；求之六經四子，猶不深契；求
> 之老莊，乍喜而卒捨之；求之佛家唯識，始好而終不謂然；
> 求之般若，大喜，而嫌其未免耽空也；最後力反之自心，久
> 而恍然有悟，始嘆儒家《大易》，佛氏般若，皆於真實根源
> 甚深處，確有發明。儒者窮神，而不深體夫寂然處，將慮滯
> 有之患；佛法歸寂，而過喻幻化，反有耽空之累。於寂，而

識夫生生健動之神，於生生健動之神，而見其湛然沖寂，反求諸心，理實如是。自此，復探華嚴、楞伽、涅槃等經，更回思無著、世親之學，以及此土晚周諸子、逮於宗門大德、宋明諸老、眾賢群聖，造詣不齊，而皆各有得力處，乃至西哲所究宣者，亦莫非大道之散著。析其異而會其通，去所短而融所長，則一致而百慮之奇詭，殊途而同歸之至妙，乃恢恢乎備有諸己。[142]

　　此段精詳細膩的表白，交代了他見山不是山、見山終是山，輾轉多變、峰迴路轉的研究歷程，由「苦參實究」知其為學工夫之深；由「析異會通」知其為學方法之活；由「各有得力」知其為學資源之廣。在繁複寬博的資源背後，他究竟走出了各家，具體而微地呈現了熊十力自己。

---

[142] 〈新論平章儒佛諸大問題之申述〉，《十力語要初續》，頁 99-100。

第二章 熊十力學術思想的本心所繫：
餘姚陽明

　　對於實體的證悟，必須藉由本心的自覺自證入手；透過本心的自覺自證，方能與宇宙本體通徹為一，這是熊十力始終不二的體認。至於《新論》談唯識，亦以本心為主軸；而《讀經示要》中申明良知內涵；《明心篇》中發揮「智」之精義，均是以本心為核軸，開展而出的一家之學。而熊十力本心思想最鮮明有力的淵本，莫過於來自王陽明。本章分由「陽明角色的歸屬暨定位」、「陽明思想的闡述與推擴」、「陽明末學的歧出與迷途」等三大路向入探，藉以釐探熊十力對陽明學的創新思考向度與時代回應，重點包括：熊十力如何評騭陽明及其後學；熊十力如何汲納陽明、兼採朱子，以詮解《大學》並開展其「本心觀」；以及陽明申言良知、體用、立志說，對熊十力的鮮明影響等。由此驗證，陽明思想確為熊十力學術的大宗，而熊十力亦能靈活進出陽明，開展出一己的理論體系。

第一節　陽明角色的歸屬暨定位

一、心學脈絡的遞嬗

　　「心論」係儒家哲學的核心問題所在，大凡言及道德或實踐工夫，終必歸諸於「心」。因此由古迄今，各家「論心」作品蠭起層出，如唐君毅《中國哲學原論》中有〈原心〉之作，認為人生人文之本，即在人心。[1]如若往前追溯，孔子言「仁」，為儒家心性論提供一基本的思維模式與發展方向，然仍未直接論心，開展心性論的系統論述。直至孟子承續孔子仁學加以發揮，始正式提出心性合一的道德主體論，為儒家心性論奠立理論基礎，此「道德心」一脈，其後蔚為儒家正宗大流，主導著儒學發展，影響宋明諸儒，至王陽明達到高峰。至於孔學另外一脈，則由荀子所承繼，伊川、朱子等屬之，順承孔子外王統緒，彰顯禮義傳統，強調「認知心」的開顯，發皇「知識之學」。而熊十力強調本心，光大心學，對陽明學脈傾心著力，饒有體悟，而對朱學一脈亦能融鑄兼顧，未予輕忽。

　　孟子生當九流雜出、百家紛陳，天下非楊即墨，而詖辭詭辯之徒，充盈於世的時代，因此《孟子》七篇，嚴辨人禽、義利、王霸。而其保民、教民、養民的政治理想及延續聖脈絕學的文化使命，則

---

[1]　〈原心〉，詳參唐君毅：《中國哲學原論・導論篇》（台北：台灣學生書局，1978 年 2 月）上冊第三、四章，頁 70-134；另頁 73：「然在中國哲學思想，則毋寧是自歷史文化之省察，以引出人生哲學，而由人生哲學以引出宇宙觀形而上學及知識觀。則論中國之哲學思想，正無先由知識論宇宙觀下手之必要，而儘可直從先哲之人文觀人生觀下手，而人生人文之本，則在人心也。」

均源於其真實深刻的人性體會。孟子認為人均有不忍人之心，因此乍見孺子將落入井中的剎那，即自然呈露不忍不安之情，此種真情摯性係由內心發出的原始意識，此等仁性根源於本心，是天理之自然，也是人心的本然。至於惻隱、羞惡、辭讓、是非四心，則是本心活動的四種基本型態，也是人人備有的心理情感，更是人所以異於動物的根本標誌。仁、義、禮、智之性，即由此四端之心發展而出，而非由外鑠得致。因此心即是性、心性合而為一的道德主體論，正是孟子哲學的重要課題。至於孟子言人性本善，也是根據此人人均有的本心而加以發論。熊十力深明孟子不忍人之心及四端義涵，實深得孔子之旨，而陽明於孟子之說亦頗能體會，因此如是發論：

> 陽明直就本心惻隱之端，顯示仁體，最極親切。善發《易》、《春秋》乾元之旨者，莫如陽明。然陽明亦自孟子所謂不忍之心，體會得來。[2]

> 仁者本心也，即吾人與天地萬物所同具之本體也。至孟子提出四端，只就本心發用處而分說之耳！實則四端統是一個仁體。[3]

　　人雖有四端之性，然如財富利誘當前，卻常不辨理義，主因本心遭受矇蔽所致。因而孟子強調吾人必須隨時自我反思，所謂「耳目之官不思，而蔽於物。物交物，則引之而已矣。心之官則思，思則得之，不思則不得也。此天之所與我者，先立乎其大者，則其小者不能奪也。」[4]得與不得，端視此心是否能自思自反。若能立心官之大體，使其發揮自我省思的效能，主宰耳、目、口、鼻等小體，

---

[2]　《讀經示要》卷三，頁 800。
[3]　〈明心上〉，《新唯識論》，頁 567。
[4]　〈告子上〉，《孟子》。

如此方可呈現切合道德的行為。因此孟子再度強調：「學問之道無
他，求其放心而已矣！」[5]而「放心」之道無他，「思」即是最根本
之道。其實非僅孟子強調反求諸己，即如顏回的克己、曾子的省身，
也不外是此等工夫。自反之道，存乎立誠；不思誠，則無以立身。
反身而誠，則能克盡為人所固有的仁體，如此則為父必慈、為子必
孝、夫婦能別、兄弟能愛、朋友能信、君臣能義，俯仰必無愧於心。
因此凡生而為人，應以思誠自反為本，時加省察、強恕而行，則仁
體呈露，而可上達天德。是以孟子之學本諸性善，發心性之微，探
天人之奧，而歸於萬物皆備於我。熊十力針對孟子「萬物皆備於我」
屢加闡述：

> 孔子言反求與默識，孟子言萬物皆備於我，則於反身而誠得
> 之。[6]

> 孟子也說道：「萬物皆備於我矣！」孟子蓋以為萬物都不是
> 離我底心而獨在的。因此，所謂我者，並不是微小的、孤立
> 的、和萬物對待著，而確是賅備萬物，成為一體的。[7]

> 《孟子》書中有一段話最親切，其言曰：「萬物皆備於我矣！
> 反身而誠，樂莫大焉。彊恕而行，求仁莫近焉！」此章之旨，
> 學者每忽而不察，故稍疏通之，待有志者反而自求焉。「萬
> 物皆備於我者」，就形骸言，則我與萬物若相待也。……就
> 本體言，則萬物與我同體，非別有所本。是故即於我而見萬
> 物皆備。仰視天，天不離我而獨在；俯察地，地不離我而獨
> 在；中觀人與一切有生之物，則皆我之情思所流通貫注，故

---

[5]　〈告子上〉，《孟子》。

[6]　《十力語要》卷一，頁78。

[7]　〈唯識上〉，《新唯識論》，頁274。

我備萬物，我乃無待也。「反身而誠，樂莫大焉」者，皆備
之實體，我所固有，不從外得。唯非其外，故萬物所以然之
理，不勞我之逐物推測，直須反身而自盡其誠。則盡己性，
而物性即盡，灼然無疑矣。夫皆備者，仁體也。反身而誠，
則本吾所固有皆備之仁體而克盡之謂也。[8]

　　孟子的思想中，天固是最高存在，但就現實以言，天即在人心
中，通過心性而得以體現，心即是性，性即是天。由盡心而知性、
知天，心性天三者，實為一理。能反求諸己、維持本心、培養本性，
即可正確處理天人關係。總之，孟子由性善論出發，肯定人具有「良
知」、「良能」此觸物即發的本能，企圖確立「心」的主宰地位，並
提出「大體」、「小體」之說，欲人「先立乎其大」，再者並強調反
思、存養、擴充等工夫。其心性論為後學開啟了一條準確而寬敞的
發展路向。

　　繼孟子「萬物皆備於我」、「盡心知性知天」，歷經後繼者的闡
述發揚，也歷經時間之流的沖刷激盪，漸次匯聚成一條以心學為軸
心的學術道路。如程明道的識仁思想即是其闡述心學的主要標誌，
強調「仁」為天下共有之本；強調其學雖有所受，但「天理二字卻
是自家體貼出來。」此實已直指內心，將宇宙本體的「理」落實在
吾人「心」上，而不須向外處或他處窮索。明道之後，踵繼者如謝
良佐認為心即是仁，以「覺」與「生意」來發揮「仁」的內涵；又
如張九成強調「以仁為知覺」的思想，凡此均開啟陸象山「心即理」
的先河。陸象山申言「先立乎其大」，並屢及「本心」、「求放心」
已如前章所述，凡此均本諸孟子思想而發。至於強調「存心」、「養
心」，以之為發明本心的方法，亦取效於孟子的神髓。此外陸象山

---

[8]　〈明心上〉，《新唯識論》，頁 579-580。

也強調「思」，欲人深思痛省，欲人內思其本，思的唯一目的在於知自反、復本心，此亦與孟子旨趣相近。而「六經皆我註腳」的義涵，亦不外指群經所言，旨在發明心體，實為吾人本心仁體進行多方印證而已。再者象山復提出「自作主宰」之說，欲人擺脫外在對象的制約，以自我為主宰，聽命於本心，如是方可進入從心所欲、動輒合理的境地。陸學之後以楊簡、袁燮、舒璘、沈煥等明州四先生為著，其氣象之美如澄月、如瑩冰、如春風、如秋霜。及至明初，陳白沙為發皇心學的大家，「莫道金針不傳與，江門風月釣台深。」[9]白沙以深具禪味的語言點出反求諸己的必要。曾受業於吳與弼，並遍蒐群籍而無所不窺的陳白沙，在未得之際，捨繁就簡，改行靜坐，自云：「舍彼之繁，求吾之約，惟在靜坐。久之，然後見吾此心之體，隱然呈露，常若有物，日用間種種應酬，隨吾所欲，如馬之御銜勒也。體認物理，稽諸聖訓，各有頭緒來歷，如水之有原委也。於是渙然自信曰：『作聖之功，其在茲乎！』」[10]「隱然呈露，常若有物」此等本心的覺悟是超乎言詮的，本心呈露時，此理便顯。窮究宇宙之真，直須由反求本心始得，這對後學自有啟迪之功，如王陽明即曾嘗試靜坐工夫，而熊十力則強調會歸本體，必須直指心源。白沙後繼者如湛若水，因悟得「隨處體認天理」此六字訣，深獲白沙嘉許。湛若水強調為學致力處在主「敬」而不主「靜」，此與白沙所論略有歧異。又其說傾向心學，強調聖人之學為心學，經義所以明其心，並讚揚陸象山宇宙性分等語，能灼見道體，與王陽明志同且相契。

---

[9]　詳參〈諸儒學案中一〉，《明儒學案》卷四十七，頁 1121，羅欽順引用白沙之詩。

[10]　詳參〈復趙提學僉憲〉，《白沙子全集》卷三，頁 421。

二、心學生面的敞開

　　孔孟為道德心性之學打開探究的門窗，其後各代學者聞芳而來，闢拓出更加耀眼的繁花勝景，到了王陽明接棒後，心學的氣象由是大開，倘無陽明，明代學術界的光采將黯沉許多。陽明的學說全繫在一個「心」字上，他曾如是言道：「蓋天地萬物與人原是一體，其發竅之最精處，是人心一點靈明。」[11] 僅此一點靈明，即可融物我、通內外；僅此一點靈明，卻能充分彰顯人之所以為人的價值與意義。哲學史上向來陸王並稱，譽為心學派代表，則陽明應有傳承自象山處，其實陽明在心學運動史上固與象山前後呼應，固然與象山同樣主張「心即理」，同樣強調「學貴自反諸心」，但對象山卻有所揀擇，並非全盤肯定、一味稱揚，如其曾譽美象山「簡易直截，真有以接孟氏之傳。」[12] 時朱學於天下正值沸沸揚揚之際，陽明卻不忍擯棄象山此一美玉，護衛之曰：「象山辯義利之分，立大本，求放心，以示後學篤實為己之道，其功亦寧可得而盡誣之！而世之儒者，附和雷同，不究其實，而概目之以禪學，則誠可冤也已！故僕嘗欲冒天下之譏，以為象山一暴其說。雖以此得最罪，無恨。」[13] 他又認為「象山之學簡易直截，孟子之後一人。其學問思辯、致知格物之說，雖亦未免沿襲之累，然其大本大原斷非餘子所及也。」[14] 一則肯定象山以心為吾人的本原，一則評其固不似程朱如此支離，

---

[11]　（明）王守仁：〈傳習錄下〉，《王陽明全集》（上海：上海古籍出版社，1992年11月）卷三，頁107。

[12]　〈序言〉，《象山先生全集》，頁1。

[13]　〈答徐成之〉，《王陽明全集》卷二十一，頁809。

[14]　〈與席元山〉，《王陽明全集》卷五，頁180。

但仍不免受程朱影響，有落於離行而言知之弊。此外陽明也直揭象山之缺：「濂溪、明道之後，還是象山，只是粗些。」[15]「粗」表未達精一圓滿之境，王陽明眼界中的象山大完而不免小疵。象山對陽明固有影響，然陽明作品詩文中徵引象山處仍屬有限，陽明學說的觸發機捩、轉圜關鍵其實更在於朱子，陽明曾遍讀朱子之書，循朱子格物之學的路徑索探，年二十一，曾因格竹沉思而未有得，遂至罹疾，但仍覺物理與吾心，判若為二。及貶至龍場，於九死一生之際悟出「心即理」，其後始擺脫朱子陰翳而樹立自家門戶，次年即三十八歲時，倡「知行合一」說，年五十在江西始倡「致良知」教，而達圓熟化境。因此現代學者如唐君毅先生即強調陽明之學與朱子關係密、與象山關係疏。[16]陽明之學實是出於朱而歸於陸，復又跳脫陸的侷限，使心學內涵益趨豐美與精微。

　　熊十力《新唯識論》始於〈明宗〉，終以〈明心〉，其間主在彰顯歷代聖哲共同的心印，至於《明心篇》所涉亦不外此明幾本心，另《讀經示要》中對宋明心性之學也時加發論。他認為學術至窮高極深處，莫非「心性」二字，它是學術的宗極，能如此領略，一切知識才能得所會歸，身心因此而有主宰，萬德因此而有根源。[17]至於宋儒心性之學，遙承孔孟，如周濂溪的「主靜立人極」切合孔學旨要；程明道的〈識仁〉與《易》、《論語》等群經得相互印證；朱子雖未如孔門而略有拘執，但朱子以居敬為先，能深徹動靜而不違仁體；又讚陸子以「先立乎其大」為宗，此「大」即本心或仁體；至於陽明言良知，良知與仁非二，因此宋學確能續承孔門心法與血脈而加以發展。至於賅包深廣的六經，究其根柢亦不外在乎心性。

---

[15] 〈傳習錄下〉，《王陽明全集》卷三，頁 92。

[16] 詳參唐君毅：〈陽明學與朱子學〉，見《中國哲學思想論集‧宋明篇》（台北：水牛出版社，1988 年 2 月），頁 251-263。

[17] 詳參《讀經示要》卷二，頁 448。

心性是道德內在的源泉，由心性之學出發，方可明天人之故、究造化之原、彰道德之廣崇。[18]

熊十力談宋學而實涵攝明學，宋儒以心性之學及義理之教濡化斯民達數百年，至王陽明益加發揚光大，「蓋自陽明倡學南中，承朱子而去其短，宗象山而宏其規，洒脫而無滯礙，雄放而任自然，其後學多有擒生龍搏活虎手段。奇哉偉哉！宋學傳至陽明，乃別開生面」、「明世如無陽明學，則吾人之理性，猶不得解放，而（晚明）諸子之學術思想，又何從產生乎？」[19]精要的發語中已然洞窺陽明雖異於朱子、近乎象山，但卻能出入二子而自得，終在二者的洗鍊下脫胎換骨，呈現了心學前所未有的生面。而讚以「奇偉」二字，雖似未能免俗，但對眼在天上的熊十力而言，卻是絕無僅見的溢美之辭。至於陽明撐起的心學天空，對後學影響確實非比尋常。

熊十力在《讀經示要》中將宋學約分為五期：其一是肇創時期，周子、二程、張橫渠，邵堯夫等屬之；其二為完成期，舉列朱子為代表；其三為宋學初變時期，陽明最為大家；其四為宋學再變時期，王船山居處鰲頭；最終則為宋學衰落時期。熊十力針對置身宋學初變期的陽明如此言說：

> 程朱之學，歷宋元及明代，傳習日久，大抵注重踐履，守先師語錄甚嚴，而於本原處，無甚透悟，學日益隘，人日習於拘執，故陽明先生發明良知，令人反己，自發其內在無盡寶藏，與固有無窮力用。廓然豎窮橫遍，縱橫自在，莊生所云自本自根，朱子〈詠塘水詩〉，所謂「為有源頭活水來」，差可形容。宋學至陽明，真上達矣！陽明雖發現良知真體，而禪與老虛寂意思究過重。吾《新論》談本體，雖申陽明之旨，

---

[18] 詳參《讀經示要》卷二，頁 449-452。
[19] 《讀經示要》卷二，頁 467、492。

而融虛寂於生化剛健之中，矯老釋之偏，救陽明之失。於是
上追《大易》，範圍天地之化而不過，人生毋陷於迷亂，毋
流於頹廢，其在斯乎？[20]

陽明發明良知寶藏，使人類的這股源頭活水，其勢更趨活躍充
沛，在熊十力眼中，陽明正是儒學正脈與心學嫡傳的代表，而熊十力
承繼陽明之志亦可謂昭然若揭。究竟《新論》諸作中如何踵續陽明而
更予推陳而出新？如何擷取朱王、融合朱王、出入朱王？如何張揚本
心、呈現良知？再者服膺陽明，對之推崇再三的熊十力，究竟如何申
說及看待陽明之失？凡此於後文中均將逐次論及。

第二節　陽明思想的闡述與推擴

一、疏決《大學》，朱王並納

二程是《大學》的知音，自二程開始特為表彰《禮記‧大學》一
文，而後朱子作《大學章句》，樹其體系、闡其大義，將之併同《中
庸》置於《四書》之列，從此《大學》的地位便一躍而起，竄紅達八
九百年，成為中國士人入德必經之門。此間疏解其義理、探論其內涵
的學者未知凡幾，而以朱子及陽明最為大家，且二人也同以《大學》
為治學要領與立教重心，至於今人闡釋《大學》亦多立基於此二賢而
更予推擴發揮，熊十力如此，唐君毅、牟宗三及殊多後學亦復如此。

---

[20] 同前註，頁 472。

　　熊十力對《大學》備加推崇，認為《大學》堪稱為儒家寶典，雖篇幅不多，但卻廣大悉備，囊括萬有，讀之可掌握六經宗要、窺知六經體系、認識六經面目並會通六經精神。因此於《讀經示要》一書中以陽明之說為主，並酌參朱子說解，藉以疏決《大學》首章，並表達一己見地。今略加申說，以見知其如何融攝朱王，並略窺其立論重點所在。

（一）疏決三綱領

1.明明德

　　程明道〈識仁篇〉有「仁者以天地萬物一體」之語，宋明理學家的共同理想亦在於此。而陽明即是由此「一體之仁」來表述「明德」，人因有此仁心，因此見孺子入井、見鳥獸哀鳴、見草木摧折、見瓦石毀壞而自然萌生怵惕惻隱、不忍、憫恤、顧惜之心，隨機而起的盡是最具體真切的感受，此一體之仁「是乃根於天命之性，而自然靈昭不昧者也，是故謂之明德。」[21]但此人人本具的仁心，一旦為欲所動、為私所蔽，頓時間斲喪殆盡，無所不為，因此明明德著重在去除私欲，以圖恢復此天地萬物一體之本然。相較於陽明以復其本心之明，由道德的實踐強調「明明德」而言，朱子則由「明德者，人之所得於天，而虛靈不昧，以具眾理而應萬事者也」加以申述。[22]朱子強調的是秉持眾理而後得以應萬事，先求知理再予以落實。
　　至於熊十力則認為《大學》開端直曰「明明德」，一語已標出《六經》心印，首一「明」字涵括存養察識等許多自反工夫，「明

---

[21]　〈大學問〉，《王陽明全集》卷二十六，頁968。
[22]　朱熹：《大學章句》，《四書章句集注》，《朱子全書》，頁16。

德」即指目本心而言，本心既主乎吾身，也主乎天地萬物，若識得本心，則舉凡萬事萬物、萬化萬變、萬理萬德均能透過反己體認而得其源。熊十力自述其在體悟《大學》「明德」之義時，其歷程幾經嬗變：

> 吾少時不解《大學》明德，閱康成《注》只訓釋文句而已，覺其空泛無著落；閱朱《注》以虛靈不昧言，始知反諸自心；及讀陽明〈詠良知詩〉即前所引者，則又大詫異，懷疑萬端，苦思累年不得解，偶閱《列子》忽爾觸悟，天地萬物本吾一體，須向天地萬物同體處，即萬化大源處，認識本心。現前虛靈不昧者，只是本心之發用，而未即是本心，虛靈者，動相也，動則可以違其本也，唯動而恆寂，乃是本心通體呈現。陽明詩指出無聲無臭之獨體，是乾坤萬有基，此乃於虛靈而識寂然無擾之真，方是證見本心，以視朱子止認取虛靈為真宰者，蓋迥不同也。[23]

此間《列子・天瑞篇》使熊十力體悟「天地與我並生，萬物與我為一」之理，而陽明〈詠良知詩〉則使其體知宇宙本體其實不待向外求索，吾人本心即是萬物的本體。[24]此二者正是使其正確掌握「明德」義蘊的轉寰關鍵。至於強調不懈存養與察識，不令本心放失，勿使私意猛起，則與陽明所述「去其私欲之蔽」的旨要切近。[25]

---

[23] 《讀經示要》卷一，頁 133。

[24] 熊十力於《讀經示要》卷一，頁 127-128，引王陽明〈詠良知詩〉曰：「無聲無臭獨知時，此是乾坤萬有基；卻自家無盡藏，沿門托缽效貧兒。」引《列子・天瑞篇》：「弼熊曰：『運轉無已，天地密移，疇覺之哉？』張處度注曰：『夫萬物與化為體，體隨化而遷，化不暫停，物豈守故？故向之形生，非今形生，俯仰之間，已涉萬變。』」

[25] 熊十力詮解〈大學〉「明明德」，詳參《讀經示要》卷一，頁 126-142。

2.新民

朱子改古本《大學》「親民」為「新民」，所謂「新」意指「格其舊」，「新民」即重在除卻陰翳，而使人人能恢復其本體之初以具眾理而應萬事。至於陽明則仍依循古本「親民」之訓，認為「明明德者，立其天地萬物一體之體也。親民者，達其天地萬物一體之用也。故明明德必在於親民，而親民乃所以明其明德也。」[26]明德此萬物一體之仁，即在親民上見知，而親民也正藉以實現明德，因此由親吾父，而及於親人父以及天下人之父，推而廣之，君臣、夫婦、朋友、山川、鬼神、鳥獸、草木，均能親愛之，此即是發揮天下一體之仁，推己而及人，而吾人的明德本心亦由此而無不明矣！由此可見，明德與親民二者相互依存、互為體用，內聖工夫須藉事為而達成，明明德須包括親民事為的實踐才算完足。由明明德而親民，是本體下貫為實踐；由親民而明明德，是藉由實踐而呈顯本體，因此如孔子言「修己以安百姓」、孟子言「親親仁民」，均是將明德、親民納為一事。

針對朱子、陽明對「新民」、「親民」的分歧之說，學者各有所循也各有見地。陽明雖義理充盡、發揮精透，熊十力仍從朱注引程子「親當作新」，理由除依照經文之自釋，引湯之〈盤銘〉：「苟日新，日日新，又日新。」〈康誥〉曰「作新民」，可證親字為新字之誤外，更要者在於採「新」字意義深遠。成湯以日新自勉，日新即是自明，自識本心，加以存養察識，無為私欲所蔽，如此才能真宰常昭。然而自新之後更應力求新民方能無憾，由於人我同體，我與人同此本心本性，因此我既自新，也自然而然期他人得以自新，否則即覺性分猶有所虧失，明德猶有所遮蔽，一如肢體某處猶未發育

---

[26] 〈大學問〉，《王陽明全集》卷二十六，頁968。

完成。再者熊十力更認為「作新民」三字，不待言親，而親之義已涵括其中；反之，如逕言親民，而後再說新義，更費推演工夫。並以《論語》等為例，言己立己達是自新，立人達人是新民；學而時習之是自新，朋來而樂，是新民；學而不厭是自新，誨而不倦，是新民。作新民之功並非聖人方可得，舉凡朋友間、師友間，隨分盡皆可得。大抵熊十力雖以「新民」為說，但就其表述的具體內容看來，已兼賅朱王「新民」及「親民」要義，並賦予時代新義，使詮解內容更為寬廣靈活。[27]

3.止於至善

陽明釋曰：「至善者，明德、親民之極則也。天命之性，粹然至善，其靈昭不昧者，此其至善之發見，是乃明德之本體，而即所謂良知也。至善之發見，是而是焉，非而非焉，輕重厚薄，隨感隨應，變動不居，而亦莫不自有天然之中，是乃民彝物則之極，而不容少有議擬增損於其間也。少有議擬增損於其間，則是私意小智，而非至善之謂矣！」[28]由此看來，「至善」是明德親民的極致，明德親民做到根本處，即是止於至善，止於至善亦即是恢復心體之本然而已，換言之，至善即是人人本具的良知。而由「至善之發見」一語，可見良知不是隱蔽不彰的，因此又以「明德」一語稱之。在陽明眼中，止於至善即是明明德與親民的準據，吾人透過道德實踐的最終目的即在達到此至善之境，彰顯原有的本心良知。至於朱子注則云：「止者，必至於是而不遷之意。至善，則事理當然之極也。言明明德、新民，皆當止於至善之地而不遷。蓋必其有以盡夫天理之極，而無一毫人欲之私也。」[29]稱「至善」為「事理當然之極」，

---

[27] 熊十力詮解《大學》「明明德」，詳參《讀經示要》卷一，頁143-152。
[28] 〈大學問〉，《王陽明全集》卷二十六，頁969。
[29] 《大學章句》，《四書章句集注》，《朱子全書》，頁16。

於事物中求得定理的說法，遭致陽明嚴厲的抨擊，認為朱子不知至善即在心中，而轉求於事事物物之中，實有支離之病。[30]若局部觀之，所言似是，但朱子雖重視窮理工夫，而於居敬一事也同時並究，應併合統觀立論，方稱公允。

　　對於朱、王立說，熊十力兼容並採，因為兩說均認為明明德與新民的極詣處在於止於至善；均強調粹然至善時無一毫人欲之私，說義可相互發明，但熊十力顯然對陽明之說更為首肯，因陽明逕點出至善即是良知，說詞簡易親切。在熊十力看來，三綱領原是一事，明德即是本心、良知，即是至善，只因義有偏重，因此分三層以言耳！至於《大學》「物有本末」一語，朱子以明明德為本、新民為末，而熊十力則認同於陽明所強調的本末究竟仍為一物，明明德與新民其實仍是一事。[31]

（二）疏決格致誠正

　　《大學》三綱領總歸止於至善，如上所述，至於格致誠正修齊治平八條目，則是三綱領的詳細工夫，陽明如是說明：「蓋身、心、意、知、物者，是其工夫所用之條理，雖亦各有其所，而其實只是一物。格、致、誠、正、修者，是其條理所用之工夫，雖亦各有其名，而其實只是一事。」[32]依陽明看來，做工夫時為求層層深入，始將身、心、意、知、物予以分疏區別，其實五者原是一物；又其說格、致、誠、正、修為一事，亦見其力求工夫能真正落實，一以

---

[30] 〈大學問〉，《王陽明全集》卷二十六，頁970：「人惟不知至善之在吾心，而求之於其外，以為事事物物皆有定理也，而求至善於事物物之中，是以支離決裂，錯雜紛紜，而莫知有一定之向。」

[31] 熊十力詮解《大學》「止於至善」，詳參《讀經示要》卷一，頁153-158。

[32] 〈大學問〉，《王陽明全集》卷二十六，頁971。

貫之。以下即針對格致誠正四者，來檢視熊十力如何立基於陽明、朱子的基礎上，更予闡發推新。

1.正心

《大學》「欲修其身者，必正其心」，依陽明之意，身是心的形體運用；心是身的靈明主宰。修身即是要為善去惡，然而「吾身自能為善而去惡乎？必其靈明主宰者欲為善而去惡，然後其形體運用者始能為善而去惡也。故欲修其身者，必在於先正其心也。」[33]倘若無身，則心無形體可資運用；倘若無心，則身無靈明可為主宰，可見身心二者是交融通貫、互為運用的。

熊十力則認為正心的心，意指人的本心，既指人的本心，此心原無不正？何可以一「正」字言之？因此所謂正心，並非指正治其心，陽明之說於此似有欠分曉。他舉《管子》「心之在體，君之位也」以言，當情欲發動時，本心即因而放失，心既然失其位，即有待於正，因此所謂「正」只是要使心在君位，而不被情欲所奪。如此解讀，更顯前後通貫、周延明晰。[34]雖然如此，但其實陽明所謂正心的原意，並非指稱應正此至善的心體，而是落在誠意工夫上，由下述可知。

2.誠意

朱子注釋誠意：「誠，實也。意者，心之所發也。實其心之所發，欲其必自慊而無自欺也。」[35]而陽明則言：「蓋心之本體本無不正，自其意念發動，而後有不正。故欲正其心者，必就其意念之

---

[33] 同前註，頁 971。
[34] 熊十力詮解《大學》「正心」，詳參《讀經示要》卷一，頁 162-163。
[35] 《大學章句》，《四書章句集注》，《朱子全書》，頁 17。

所發而正之。凡其發一念而善也，好之真如好好色，發一念而惡也，惡之真如惡惡臭；則意無不誠，而心可正矣。」[36]前段陽明言及「必先正其心時」，易使人引入正治其心的解讀，因此熊十力提出疑義，並表達一己見地。但當陽明由正心之教推向誠意之教時，已於字間明確傳達心之本體既是做實踐工夫的超越依據，本無不正，善惡正邪其實是由於意念之所出。因此所謂正其心，明確的說是在於正已發動的意念之惡。

　　熊十力同意朱王所言心之發動為意，但不認同陽明所云「心之本體本無不正，自其意念發動，而後有不正」數語，因心既然無不正，則由心所發動的意念，自然也無有不正者，因此肇致不正的不在於意，而在於與意同時俱起的私欲，當私欲乘權時，即欺矇初意，甚至使初意亡失。因此所謂誠意工夫，其實只是毋從欲以自欺吾心初意而已！至於《大學》經文以「如惡惡臭，如好好色」為喻來表達意之誠，而朱王卻誤解為誠意應在好惡上用功，熊十力也詳為提出針砭之詞，不另贅述。[37]要之，熊十力詮釋《大學》誠意時，不遵循陽明及一般後學者所謂意有善惡的說法，而由私欲亡失初意的角度切入來談，觀點可謂獨樹一幟。此外也對朱王所釋「如惡惡臭，如好好色」重予辨正，並使正心誠意之說更趨一貫，顯示出較朱王更為精審的內涵。

3.致知

　　有關陽明的「良知」義涵：陽明認為《大學》所謂「致知」其實即是致良知之意，「致良知」是陽明五十歲後所提，此簡易精微的三字教，正是其一生嘔心瀝血後的體悟，也代表其一生學術

---

[36] 〈大學問〉，《王陽明全集》卷二十六，頁 971。

[37] 熊十力詮解《大學》「誠意」，詳參《讀經示要》卷一，頁 163-171。

的總成績，更開啟了後學寬闊的探究門窗。源於《孟子》的「人
之所不慮而知者，其『良知』也」，到了陽明已賦予更精闢豐富的
意涵。陽明曰：「知是心之本體，心自然會知：見父自然知孝，見
兄自然知弟，見孺子入井自然知惻隱，此便是良知不假外求。」[38]
知即是良知，亦即前述的明德，良知是心的本體，即指心的本來
面目即是良知，它是與生俱有，不待學慮即具備的愛親敬長之心，
此仍承孟子語義加以申說。又言：「良知是天理之昭明靈覺處，故
良知即是天理」、「良知只是一個天理，自然明覺發見處，只是一
個真誠惻坦，便是他本體」、「良知是造化的精靈，這些精靈，生
天生地，成鬼成地，皆從此出，真是與物無對。」[39]在陽明看來，
良知既是心性主體，也是宇宙本體；良知即是道德實踐之所依，
也是天理之所在；天理的朗現，即在此本心良知處發見，所謂「心
即理」其思想精義也即在於此。此外陽明又認為：「人的良知，就
是草木瓦石的良知。若草木瓦石無人的良知，不可以為草木瓦石
矣！豈惟草木瓦石為然，天地無人的良知，亦不可以為天地矣」、
「天沒有我的靈明，誰去仰他高？地沒有我的靈明，誰去俯他深？
鬼神沒有我的靈明，誰去辯他吉凶災祥？天地鬼神萬物離卻我的
靈明，便沒有天地鬼神萬物了。我的靈明離卻天地鬼神萬物，亦
沒有我的靈明。如此便是一氣流通的，如何與他間隔得！」[40]由
此見知天理之在吾心，即是吾人的良知；人類的良知之在天地萬
物，即是草木瓦石的天理，倘無此人心一點靈明，天地萬物即不
成為天地萬物，反之我的靈明如離開天地萬物，靈明即失卻其實
有的意義。人因有此一點靈明，心物便得以同流共化，得以與天

---

[38] 〈傳習錄上〉，《王陽明全集》卷一，頁 6。
[39] 〈傳習錄中〉，《王陽明全集》卷二，頁 72、84，〈傳習錄下〉，《王陽明全集》卷三，頁 104。
[40] 同前註，〈傳習錄下〉，頁 107、124。

地萬物相互感應體察，彼此互為一體，所謂天地萬物一體之仁即可在此呈顯。「良知」二字，既是陽明體認心體存在後所提出的最終成果；也是千聖同契的寶藏所在。

　　次及陽明的「致」知實功：良知為人人所固有，然而明覺程度不同，因此必須下一「致」的工夫，才不致被私欲所奪，才能將吾心良知的天理推擴出來，貫徹到事事物物上。所謂「致」即包含「盡」、「存養保任」、「推極」、「充擴」等義，良知少卻「致」此一實功，便形同一潭死水。陽明的致知實功，曾採默坐澄心的方式；也曾極力省察克制，一念萌動時，即如去盜賊、拔病根般予以克除，藉以廓清心體；及至年四十三在南京階段時，便趨向具體實際，僅以「存天理，去人欲」為教，作為省察克制的實際工夫。陽明說：「只要去人欲、存天理，方是功夫。靜時念念去人欲、存天理，動時念念去人欲存天理，不管寧靜不寧靜。」[41]不論動時靜時、有事無事都要存養省察，念念去人欲、存天理，如此工夫才能具體落實。此外陽明也提出「事上磨練」之說，因為如僅好靜，真正遇事時易亂，終難有長進。但綜而言之：「良知明白，隨你去靜處體悟也好，隨你去事上磨練也好，良知本體原是無動無靜的，此便是學問頭腦。」[42]致良知，便是陽明慧解下所提出的學問大頭腦，「人若知這良知訣竅，隨他多少邪思妄念，這裡一覺，都自消融，真個是靈丹一粒，點鐵成金。」[43]

　　至於熊十力則對陽明的「良知」說提出如下之回應：「陽明以良知釋致知之知，其所謂良知者，吾人與天地萬物共有之本體也，在人亦名為心」、「陽明以致知之知為本心，亦即是本體，不獨深

---

[41]　〈傳習錄上〉，《王陽明全集》卷一，頁13。
[42]　〈傳習錄下〉，《王陽明全集》卷三，頁105。
[43]　同前註，頁93。

得《大學》之旨，而實《六經》宗要所在，中國學術本源，確在乎是。中國哲學，由道德實踐，而證得真體。異乎西洋學者之搏量構畫，而無實得。」[44]由此看來，熊十力除對陽明「良知本體說」逕予肯定外，對陽明以「致」知、「致」良知為實致吾心固有的良知於事事物物的實踐過程，強調本體與發用一體無間，透過實踐工夫，本體方能發用而有其意義的觀點，亦給予積極的認可。事實上，熊十力作品中極力申言反求實證的見體之路，與陽明強調體用一源、主張唯有透過道德實踐方能證得真體的見地，其精神至為貼切密合。

再者熊十力於《讀經示要》中闡釋《大學》致知義，可謂悉依陽明「致良知」意旨，並詳引陽明之說詳加言詮，對於朱注以「識」言「知」，強調推極吾人的知識，使其所知無不盡的見解則未表認同。而對於誠意必先致知，他如此言道：

> 正心工夫，只是誠意。而誠意之功，還須識得心體，才有把柄在手，否則不識自家真主宰，而欲向發用處求誠，則浮泛無據，終是腳跟立不定也。故復指出良知是心之自體，吾人能返而認識此真宰，盡其致之之功，則意之本體既已呈現，即主宰常在，而於日用動靜之間，倘有私欲潛伏思逞，只要主宰不失，便常能照察，於此而致誠之之功，即禁止自欺，而慎保其幽獨之微明。……故欲心無失位者，必有誠意工夫，欲誠其意者，還須識得心體即是良知，而不已於致。[45]

---

[44] 《讀經示要》卷一，頁 176、189。
[45] 《讀經示要》卷一，頁 181-182；另熊十力詮解《大學》「致知」，詳參《讀經示要》，頁 172-187。

　　除詳為釐清正心、誠意、致知的關係外，並踵繼陽明對良知心體及致知實功的側重，視致良知為其學問的大頭腦，經由致知可以會歸本體、直揭心源，也因此在其各相關著作中作出精闢發揮與開展。

4.格物

　　陽明解「格物」為「正物」，並如此詮釋《大學》的致知在格物：「若鄙人所謂致知格物者，致吾心之良知於事事物物也。吾心之良知，即所謂天理也。致吾心良知之天理於事事物物，則事事物物皆得其理矣。致吾心之良知者，致知也。事事物物皆得其理者，格物也。是合心與理而為一者也。」[46]推致擴充吾人的良知天理於事事物物，使事事物物均能正其不正，為善去惡，合於良知天理，此即是格物。而朱子則訓「格」為「至」，格物即是至於物（即物）而窮其理，朱子云：「所謂致知在格物者，言欲致吾之知，在即物而窮其理也。蓋人心之靈莫不有知，而天下之物莫不有理；惟於理有未窮，故其知有不盡也。是以《大學》始教，必使學者即凡天下之物，莫不因其已知之理而益窮之，以求至乎其極。至於用力之久，而一旦豁然貫通焉，則眾物之表裡精粗無不到，而吾心之全體大用無不明矣。此謂格物，此謂知之至也。」[47]亦即認為凡事事物物莫不有理，窮理至於極致自能豁然通貫，達到吾心全體大用皆明的境界。由此可見朱、王的致知格物呈現出迥然不同的二式：前者是認知心下的「致知究物」，後者是良知下的「致知正物」[48]，而其焦點亦大抵不同，朱子主要聚焦於格物，陽明則側重在致知，「在朱

---

[46]　〈傳習錄中〉，《王陽明全集》卷二，頁 44-45。

[47]　《大學章句》，《四書章句集注》，《朱子全書》，頁 20。

[48]　蔡仁厚：《王陽明哲學》（台北：三民書局，1974 年 10 月），頁 30，原由牟宗三先生所提出。

子，是步步逼緊而集中於格物，而格物是即物而窮其理，能窮理則
知自致、意自誠、心自正。在陽明，是步步逼緊而集中於致知，而
致知是致良知，吾心良知之天理一旦擴充出來，則物自格、意自誠、
心自正，故工夫用力處在致知而不在格物。」[49]蔡仁厚已言簡意賅
的道出二者的分殊與重心所在。

　　熊十力面對朱王在致知格物意見上的歧異，他選擇兼取二者之
長的融會方式，在致知方面恪遵陽明路線，已如上述；格物方面卻
採用朱子即物窮理的觀點，並修正朱子訓「格」為「窮至」，改採
「量度」義，其主在原因在於其一：陽明的說法未盡周全，如其格
物致知說取義即有重疊之處：「知者，本體也。反己自識，而加以
涵養擴充等工夫，則所謂致者是也。致其知矣，即本體之流行，無
有止息。不待言去惡，而惡已無不去，不待言為善，而善已無不為，
故陽明以為善去惡言格物，適成贅義，非經旨也。」[50]亦即陽明的
致良知已包含道德實踐之義，而其格物說又強調去善為惡、正其不
正，如此二者的義涵便落入重複。其二、陽明的格物說過於忽視知
識，不為科學留地位，容易陷入如佛老淪虛溺寂的後塵，而格致說
如全依朱子之說，又容易有支離之病，因此調和二者，本末兼顧，
成為熊十力致力所在，他說：

> 如不能致良知，而言即物窮理，則是徒事知識，而失卻頭腦，
> 謂之支離 可也。今已識得良知本體，而有致之之功，則頭
> 腦已得。於是而依本體之明，去量度事物，悉得其理。則一
> 切知識，即是良知之發用。何至有支離之患哉？良知無知而
> 無不知。如事親而量度冬溫夏清，與晨昏定省之宜，此格物
> 也，即良知之發用也。入科學實驗室，而量度物象所起變化，

---

[49]　蔡仁厚：《王陽明哲學》，頁 41。
[50]　《讀經示要》卷一，頁 192。

是否合於無知所設臆，此格物也，即良知之發用也。……總
之，以致知立本，而從事格物，則一切知識，莫非良知之發
用。[51]

一則以致知立本來主宰格物，依本體來量度事物；一則透過格
物促使良知發用，如此兼取朱王，便可互救其「支離」與「淪虛」
之失，而達相得益彰之效。

（三）綜採朱王要義

綜上所述，將熊十力疏決《大學》的要點與對朱、王二說的斟
酌損益重點表列如下：

《大學》首章項目	熊十力立論依據	熊十力疏決重點
明明德	陽明為主朱子為次	*強調明德即本心，為自家無盡藏，也是乾坤萬有基。宇宙本體不待向外求索，吾人本心即是萬物實體。
新民	朱子	*認為陽明雖義理充盡，但從朱子改「親民」為「新民」，「新民」重在除卻陰翳，使人人能恢復其本體之初以具眾理而應萬事，並認為新民可含親民義。 *強調存養察識的日新工夫，無為私欲所蔽，且人我同此本心本性，是以應由自新而新民。
止於至善	陽明為主朱子為次	*二說兼容並採，因朱、王均認為明明德與新民的極詣處在於止於至善；均強調粹然至善時無一毫人欲之私，說義可相互發明。但陽明指出至善即是良知，較朱子親切。

---

[51] 《讀經示要》卷一，頁 194-195；另熊十力詮解《大學》「格物」，詳參《讀經示要》卷一，頁 187-196。

正心		* 認為本心原無不正，陽明「正」字欠分曉，改正治其心為勿使心因私欲起而失其正位。
誠意		* 對朱、王說解各有認同與批駁，認同陽明以心之發動為意，心既無不正則意亦無不正。 * 誠意工夫，其實只是毋從欲以自欺吾心初意而已，評陽明不辨「意」與「私欲」。
致知	陽明	* 悉依陽明說解，強調良知為靈丹一粒，是學問大頭腦，是吾人與天地共有之本體，但須有「致」之的推擴工夫來即知即行，而致知之功首重去人欲存天理。 * 對朱注以「識」言「知」，強調推極知識使所知無不盡的見地未表認同。
格物	朱子	* 認為陽明之說忽視知識，採朱子即物而窮其理為釋，修正「格」為「量度」義，又言格物本於致知、致知必由格物下手。

　　由此可見熊十力詮釋《大學》並非就朱、王所論生吞活剝、片面取捨，而是各有擷取、彰顯與融會，並於轉圜關鍵處適時提出個人的獨識與洞見，且盡力達致前後通貫、體系完整，尤其在致知格物上，他既汲取陽明的致知說，傾力推闡良知本體；又兼重朱子的格物說，將科學納為格物一環，視致知為格物之本、格物為致知之用。其實熊十力詮釋《大學》兼取朱、王，除展現個人體悟所得外，亦有其歷史發展的背景與淵源。自朱子承伊川之學，暢論格物窮理以來，八條目中的「格物」之教遂一路大彰；迄陽明強調良知本心即是天理，「致良知」教便涵攝格物，並取而代之，成為《大學》標竿；及至劉蕺山轉換重心，改置「誠意」為要，而王龍溪則側重於「正心」之旨；及至王船山、顧亭林、黃梨洲等身當鼎革之際，在國族命脈岌岌可危的當下，視野自然安放在如何治國平天下之上；而民初以來，在中西文化的相激互

盪下，競尚科學新知是必然發展的態勢，而科學正是格物窮理之學的一環，熊十力強調本心良知之餘，兼重朱子格物之教，殆為時勢之必然。至於各家表述《大學》，自樹新義，超溢出《大學》原義，亦屬自然且當然。唐君毅先生有鑑於此，針對熊十力的致知格物主張，提出下列的睿見：

> 熊先生之說，實將人之求科學知識之事，攝於格物一目下，而再視格物為良知之發用。此既不同於朱子之以格物窮理即致知，而未嘗先立德性之知以為其本之說；亦不同於陽明之以致良知，以於意念所在之事，正其不正以歸於正，即格物之說；更不同於清代學風之重聞見之知，及清以來以格致之知，及求客觀自然事物之知識之說；乃重歸於以良知，即德性之知為主、為體，而以科學知識格物窮理為輔為用之說。是乃兼取陽明之意以立本，取朱子之言以為輔，以攝清儒所尚之聞見之知，及今人所尚之科學知識所成之新說，而亦非《大學》本文之原義所及，朱子陽明之本旨所在者也。[52]

　　以陽明立本、朱子為輔、攝清儒聞見之知以及西方科學知識，熊十力的格物致知說融諸多因子於一爐，冶煉成熊十力獨到的言詮體系。雖然如此，因有來自於陽明與朱子的原始慧解，才能反芻出熊十力的新說。以下擬續探陽明學術思想中的良知觀念及朱、王的格物致知說，如何在熊十力的諸多作品中加以開展，而熊十力又如何立基在朱、王基礎上發展出更完整的體系。

---

52 唐君毅：《中國哲學原論‧導論篇》，頁 357-358。

二、保任本心，以智主識

（一）辨明本習，保任本心

熊十力為顯「心」的特殊力用，因此其哲學大作特以《新唯識論》立名，依其所述，「識」即是本心的異名，「唯」字藉以顯明本心的特殊；即萬化之源而以本心為名，是最為特殊。《新論》窮究萬殊而匯歸於一本，所謂一本無他，亦即是「本心」；至於《明心篇》所致力的，也不外在於弘大本心的善端。在承襲孟子及至陸九淵、王陽明等宋明儒的思考路線及佛教思想資源的揀擇提煉下，熊十力對「本心」及由此推擴而出的相關課題，有了更具特色的詮解與發揮。

由於本心是人與生所俱，係本有而非後起，因此扣緊一「本」字而稱名，它原是清淨、澄明、絕對、真實、亨暢、升進、得以役物轉物而不為物所役的。關於本心義相，熊十力說之以二：其一，本心是虛寂的，所謂「虛」，即是無形無象、無聲色無方所；所謂「寂」，即是指其生化神而不測、毫無滯礙。其二，此心是明覺的，所謂「明」即指本心是無幽不燭、遠離昏黯的；所謂「覺」，則指本心本無惑亂。[53]其實虛寂明覺的本心即是人的一點明幾，它是人類本俱的天然明性，也是陽明詩句中的「天然無盡藏」，禪宗的「自家寶藏」，更是王陽明所倡的良知。王陽明將良知與天、命、性、

---

[53] 〈明宗〉，《新唯識論》，頁 251。

心、理、知等打成一片，熊十力的本心觀也具有如此的特質，熊十力說道：

> 本心即萬化實體，而隨義差別，則有多名。以其無聲無臭，
> 沖寂之至，則名為天。以其流行不息，則名為命。以其為萬
> 物所由之而成，則名為道。以其為吾人所以生之理，則名為
> 性。以其主乎吾身，則謂之心。以其秩然備諸眾理，則名為
> 理。以其生生不容已，則名為仁。以其照體獨立，則名為知。
> 以其涵備萬德，故名明德。[54]

> 本心即是性，但隨義異名耳！以其主乎身，曰心。以其為吾人
> 所以生之理，曰性。以其為萬有之大原，曰天。故「盡心則知
> 性之天」，以三名所表，實是一事。但取義不一而名有三耳！[55]

　　在熊十力看來，心、性、天、命等所表達的不外一事，而其動
源即是吾人的本心，本心即是良知，即是真的自己，亦即是孔子的
「仁」、〈大學〉中的「明德」、孟子的「幾希之心」、陸象山的「吾
心」、陳白沙所謂「除此心此理便無可貴，渾是一包膿血」的「心」
與「理」。它是含萬善、備萬德、具萬理的，它一方面是吾人的真
宰，為吾人所以生之理，為人類道德行為內在的價值源頭，一方面
則是吾人與天地萬物同具的本體。所謂「天地萬物為一體」，個體
的小生命其實即是稟受於宇宙的大生命而來，而宇宙大生命亦不能
超脫宇宙小生命而另覓，如以佛教「月印萬川」的觀點，則宇宙大
生命即是甲物、乙物乃至無量物的生命，因此個體的本心實亦稟受
自宇宙大生命之全，換言之，萬物本原與吾人真性本心，原非有二。
本體絕不能離我的心而向外所求，反己深切體認，自識本來面目，

---

[54] 《讀經示要》卷一，頁137-138。
[55] 〈明宗〉，《新唯識論》，頁252。

便是證得實體的不二管道，因此其本心論和天道論的關係是不一不
二的，此種說法可謂是陽明心學派「心即理」觀點的承續與發揚。
一生窮究本體、歸極於見體之學的熊十力如此明確言道：「見體云
者，非別以一心來見此本心，乃即本心之自覺自證。」[56]如依林安
梧之說，則熊十力是通過本心去究極真實，開顯出一套「本體宇宙
論哲學」。[57]而如依陳瑞深之語，則熊十力則是隸屬於「唯心論的
哲學系統」、「主體性的哲學系統」或「心性論中心的哲學系統」。[58]
因此開啟眼前世界的根源性動力，便有賴於此活生生實存而有的本
心，而探究實體的活動，也終究必須歸回自家身心。

　　熊十力言「心」，除卻本心亦即宇宙的大心之外，更有所謂「習
心」、「妄心」，本心是先驗的；習心是後天形成的，相當於哲學上
所謂認知心或情意我。習心是依持於本心的，並非於本心之外另有
一心，其形成係吾人迷以逐物，習久日深，致使本心失其本然之明
所致。熊十力於《明心篇》開宗明義即強調其旨要在於究明本心與
習心之大別，不以受汙染的習心來戕害本心。何謂習心？緣何而
起？熊十力詳言道：

　　　　夫明幾發於靈性，此乃本心。人生而含靈稟氣，已成獨立
　　　　體，便能以自力，造作一切善行與不善行。凡行，從一方

---

[56] 〈答謝幼偉〉，《新唯識論》附錄，頁 676。
[57] 原出林安梧：《存有・意識與實踐》（台北：東大圖書公司，1993 年 5 月）
　　第二章，頁 34：「顯然的，熊氏是通過『本心』去究極真實，而不是一向外
　　的求索，先立定一形而上的『本體』，然後再導出本心與道德實踐，換言之，
　　熊氏之學並不是一『宇宙論中心』的哲學。他是經由本心之為本體，而開
　　顯的『本體宇宙論哲學』。」
[58] 詳參陳榮捷原著陳瑞深譯註：〈當代唯心論新儒學──熊十力〉，載《中華
　　文化復興月刊》》第 18 卷第 12 期，1985 年 12 月，頁 30；又同頁中陳語：
　　「唯心論的系統，逕以『主體』為『形上實體』。換言之，主體即是實體，
　　主體與實體是一體，兩者是二而一、一而二的一體兩面之關係。」

言，自其始發，以至終了，中經長劫，常在變化密移中，
未有暫時停住。從另一方言，行雖不暫住，而其前後密移，
要皆有餘勢發生，退藏於吾身某種處所，亦復變動不居而
潛流。如吾昔年作一件事，今猶能追憶其甘苦與得失者，
足徵其事雖逝，而其餘勢潛流，並未曾斷絕，此潛流不絕
之餘勢，是為習。習之現起，而投入意識界，參加新的活
動，是為習心。[59]

　　依熊十力之意，心經歷於物時，個體便會在意識中留下一種影
響，即所謂留有餘勢而形成習染。習心在《新論》中也稱為「心所」，
心所是習氣的現起，是後起的人為，是由以往種種經驗所形成的意
識，它與發於本然靈性的本心迥然不同，類同於佛教思想中的
「業」、「熏習」或「種子」，凡過往的一切經驗，都將形成習染，
而一切習染的餘勢，則都將潛伏於習藏中，成為種子，當其由習藏
中出現時，即是吾人所稱的記憶。在熊十力看來，緣獨立體而起的
習心有二：舉凡善的意識活動將萌生善的餘勢，即所謂「善習」；
至於惡的意識活動則自然萌發惡的餘勢，即所謂「惡習」，「雜染之
習，緣小己而起，善習依本心而生。人生既成獨立體，則獨立體自
有權能，故雜染易逞其勢，但本心畢竟不可泯沒，則善習亦時發於
不容已。人生要在保任本心之明幾，而常創起新的善習，以轉化舊
的雜染惡習，乃得擴充本心之善端，而日益宏大。」[60]因此保任本
心、創起善習、轉化惡習便成為熊十力繼孟子盡心之學、陽明致良
知之後所致力的要點。

　　在《明心篇》中，又針對千條萬緒的習染，區分為二大門類，
其一是知見方面的習染，其次則為情意方面的習染。情意的習染即

---

[59] 〈自序〉，《明心篇》頁3-4。
[60] 同前註，頁4。

指人世間名利威權等私欲，此等習染障蔽了吾心天然之明，影響最
為下劣，必須克盡務去，此即近同於陽明強調「致」良知，著重於
去人欲存天理。至於知見方面的習染，雖則也會影響思維，對本然
之明造成障蔽，但它卻也能蔚為吾人的經驗與知識，因此僅須慎於
防治而不可去除。[61]

　　面對殊多習染，如何養成淨習？如何復其本心？如何進行「致」
之的保任、推擴工夫，熊十力也提出了具體說明：

> 夫神明沖寂，而惑染每為之障，真宰無為（真宰，謂本心）
> 而顯發恆資保任，嚴矣哉保任也。真宰不為惑染所障而得以
> 顯發者，則以吾人自有保任一段工夫耳！保者保持，任者任
> 持，保任約有三義：一、保任此本心，而不使惑染得障之矣！
> 二、保任的工夫，只是隨順本心而存養之，即日常生活，一
> 切任本心作主，卻非別用一心來保任此本心也。三、保任的
> 工夫，既是隨順本心，即任此心自然之運，不可更起意來把
> 捉此心，程子所謂未嘗致纖毫之力是也。若起意，則是妄念
> 或習心竊發，而本心已放失矣！[62]

　　可見致之之功，即在當下保任吾心，不被染習所污，不順軀殼
起念，使本心恆為主於中，炯然至明，並非妄加增益或離卻本體別
取一心來進行保任工夫，所謂「即工夫即本體」即是此意。工夫重
在保任，重在當下自識本心，此亦即是前所稱述的盡心工夫，藉一
「盡」字，對治習染或私欲，而使本心無一毫虧欠，得以顯發其德
用，盡心之後自然性天全顯，而可以知性、知天。此種即工夫即本
體的保任作法，承襲了孟子、王陽明一貫而下的精神。

---

[61] 詳參《明心篇》，頁 119-123。
[62] 〈明心上〉，《新唯識論》，頁 565。

（二）以智主識，心物同體

　　熊十力學術思想體系中，《新唯識論》、《體用論》、《明心篇》等書主在闡論本體論、宇宙論、人生論等相關思想，可概稱為「境論」。而熊十力復言其擬撰《量論》、《大易廣傳》二書，以為《新唯識論》羽翼，而量論欲分為〈比量〉、〈證量〉二篇，〈比量篇〉論辨物正辭及窮神知化，〈證量篇〉論涵養性智。[63]蓋熊十力所謂的「量論」，即意指知識論或認識論而言，雖則《量論》終未及著成，然量論相關觀念卻散見於《新唯識論》、《十力語要》、《讀經示要》、《原儒》、《明心篇》、《十力語要初續》各書中，認識論與宇宙論究非分殊無關，離卻體用而空談知識，知識終將支離且破碎；離卻知識而別論體用，體用也將殘憾而不全。熊十力於《明心篇》中綜賅知識的範疇為「智」與「知識」；於《新唯識論》中主稱「性智」與「量智」；於《讀經示要》則名為「致知」與「格物」：

　　《讀經示要》中詳申《大學》「致知」、「格物」與陽明「良知」之意，已於前文論述。要言之，陽明以致知之知為良知，此良知即是吾人與天地萬物共有的本體，而朱子則以知為知識之知，熊十力認為陽明所釋深契於《大學》之旨，朱子之釋雖未合《大學》原義，然因其極重視知識，因此得以矯正魏晉談玄者發揚莊子反知說的流弊及佛家側重宗教精神的偏頗，並能下啟近世重科學知識之風。至於「格物」之義，熊十力採朱子「即物窮理」為訓，即物以窮理，知識才得以成立，因此知識當在格物處說。以致知立本，而從事格物，則必無支離之病；以良知的格量作用，周運於事事物物，則必

63　詳參〈緒言〉，《原儒》，頁 1-15。

有則而不亂，而格物工夫不已，吾人的良知也將流通不息、擴展不已。因此熊十力強調致知在於格物：

> 必推動、擴大吾本心之明，用於外在的一切物，窮究事物之規律與其本質，而變化裁成之，以盡物性，而利於用，於是吾人始有經驗事物、鑽入事物、制馭事物、創造事物、利用事物的知識，故曰致知在格物也。[64]

將良知推動擴大至事物加以運用，此即是格物，格物之後方能成就知識。因此應培養本心之明，以發起一切，使良知不滯虛淪寂，是熊十力再三申致的觀點。

至於在《新唯識論・明宗》中，熊十力則探究「性智」、「量智」之異。所謂「性智」即是熊十力哲學思想中深造自得所欲達成的標的，熊十力言道：

> 實證者何？就是這個本心的自知自識。換句話說，就是他本心自己知道自己。……這種自知自識的時候，是絕沒有能所和內外及同異等等分別的相狀的，而卻是昭昭明明、內自識的，不是渾沌無知的，我們只有在這樣的境界中才叫做實證。而所謂性智，也就是在這樣的境界中才顯現的，這才是本體。[65]

> 性智者，即是真的自己底覺悟，此中真的自己一詞，即謂本體。在宇宙論中，賅萬有而言其本原，則云本體，即此本體，以其為吾人所以生之理而言，則亦名真的自己，即此真己，在《量論》中說名覺悟，即所謂性智。[66]

---

[64] 《明心篇》，頁 116-117。
[65] 〈明宗〉，《新唯識論》，頁 254。
[66] 同前註，頁 249。

此間「性智」二字，實近同於前述的良知、本心，為人與生即俱的認識真理的能力，在宇宙論中，即是萬有的本原，也是吾人所以生之理。「他元是自明自覺，虛靈無礙，圓滿無缺，雖寂寞無形，而秩然眾理已畢具，能為一切知識底根源的。」[67]而以「性智」一詞名之，則更著重於凸顯本心良知必須加上「體認實證」的工夫，亦即是「覺悟」、「致之」的實工夫。「性智」一詞，既融合了陸王白沙的本心觀，儒家的本體觀，同時也藉以修正陽明重內輕外的良知說在時代思潮下的缺欠，靈活呈顯了對前人思想的汲取與再造。至於「量智」，亦名理智，「是思量和推度，或明辨事物之理則，及於所行所歷，簡擇得失等等的作用故，故說名量智。」[68]量智雖為性智的發用，但終發展為一迥異於性智的勢用，它是習染與官能合而為一，在追逐境物中所形成，是後天所具。經由量智向外認知的作用，經驗事物後的所得，即是知識。熊十力於《新論》中所致力強調的是：**斷盡妄習、掃除雜染**，如此則量智得以轉化為正向的性智；而量智也得以成為性智的有效發用。

再者熊十力於《明心篇》所致力彰顯的是「智」與「知識」二者的差異與融通等相關問題，所謂「智」，熊十力約以四義說釋：其一是「常凝斂於內」、「常澄明不亂，常專一不雜」；其二是「無知而無不知」，無知是指智的本體寂然無妄想，無不知是指智感物而動，可以明燭物則。其三為吾人性靈的發用即是智，以智主內，則一切意念均為天機油然之動，因此應盡力推動擴大，掃除害智的習藏中惡習種子，使私意、私見、私欲不得發。其四則知識不即是智，知識雖賴現實世界為引發之因，但亦須仰賴內在的主動力，即

所謂「智」來深入乎物、了別乎物，而後方得以成。[69]熊十力於書
中將涵養並發揮智的功能稱為「致智」，「致」即含有保任、充拓、
推擴與發揮之意，除應保任良知外，並應利用此明幾之智，努力辨
物、理物，以獲得知識的正確發展。此種觀點的形成，除前有所承
外，更因熊十力感慨世人或漠視知識或偏向知識一途競逐，藉以掌
握權力，遂至本心亡失、良知殆盡。再者又有感於道家談玄冥之智；
佛家重真如之智，而於知識則加以擯斥，因此雙顯智與知識藉以祛
弊，正是其用心之所在。

　　由上所申，則《大學》所謂「致知在格物」發展至熊十力《明
心篇》，已賦予良知必須發用於事物並且開展為知識此一時代新
義。以陽明的致良知說為基礎，汲取朱子即物窮理的精髓而加以改
造，將格物重心落在知識的開展上，一方面強調良知作主，使知識
轉成良知的發用；一方面強調格物之學是彰顯性智未可或缺的一
環。在以智主識、智識合一此一觀點上，熊十力係由陽明與朱子的
基地上出發，而又回歸自身，創發出專屬於個人特色的見地。

　　熊十力除以「以智主識」兼容並推闡陽明、朱子的致知格物說外，
並針對二者所提「心即理」、「理在物」的殊別加以融通。就朱子言，
係強調「知在我，理在物」、「知者吾心之知，理者事物之理」。[70]主
張透過認知主體去貼近客體事物，窮盡事物的本然之理。至於王陽
明的「心即理」，則是在格竹經驗失敗後所發出的省思：朱子即物
窮理，是就事事物物上求所謂定理，以吾心而求理於事事物物之
中，則實將心與理隔裂而為二。因此陽明認為朱子外心以求理，終
究徒勞而不能窮其理，因乃主張「心即理」，期使認識主體與認識

---

[69] 詳參《明心篇》，頁 110-115。
[70] 分別語出《朱子語類》卷十五，《朱子全書》，頁 472；〈答江德功〉，《晦庵
先生朱文公全集》卷四十四，《朱子全書》，頁 2038。

客體合而為一。再者陽明高揚「心」的地位，視其具有無限的創造力與活動力，因又強調心外無物、心外無事、心外無理、心外無義。觀陽明之義，並非否定心外有物、事、理、義的存在，而是強調唯有透過人心的感應，物、事、理、義方能如實呈現出來。由此看來，王陽明對於物的界定總是與心緊密關聯，對存在的考察亦總緊扣著主體意識。至於熊十力雖亦以本心良知作為一知是知非的先驗原理，而其《新唯識論》的旨趣，也在於把境來從屬於心，心可以運用一切境而為其主宰，但終究不宜將熊十力納為主觀的唯心論者，因為熊十力曾如此辨明：

> 陽明說無心外之物是也。……【自本心而言，一切物皆同體，言無心外之物是也。若自發用處說，則心本對物而得名，心顯而物與俱顯，不可曰唯獨有心而無物也。……】夫不承有物，即不為科學留地位，此陽明學說之缺點也。

> 朱子說理在物，陽明說心即理，二者若不可融通。其實，心物同體，本無分於內外，但自其發現而言，則一體而勢用有異，物似外現，而為所知，心若內在，而為能知，能所皆假立之名，實非截然二物。心固即理，而物亦理之顯也，謂物無理乎？則吾心之理，何可應合於物？謂理非即心乎？則心與理不可判為二也，固甚明。[71]

　　強調心物均出於本體妙用，是本心起用所形成的兩種不同現象，名相反而實相成，心即理而物亦不外為理之顯，「理者，本無內外，一方面是於萬物而見為眾理燦著，一方面說吾心即是萬理賅備的物事。」[72]如若偏說理即心，則求理將專求於心而不徵之於事

---

[71] 《讀經示要》卷一，頁 190-191。
[72] 〈唯識上〉，《新唯識論》，頁 272。

103

物，貽害固大；如果偏言理在物，則心流於被動，如何能裁制物？因此固不可捨心而言理，也不可離物而言理，說理即心也應說理即物。熊十力以理無內外，來泯除心物的對待區分，也化解了朱王兩派壁壘分明的對峙關係。

由上所申，當可見熊十力與陽明同賦予本體殊多義涵，如本心、明德、性、理等，二者的哲學中均側重良知本心的發皇，二者均申言「心即理」等。然其哲學內涵仍呈現出殊多差異，以「心即理」此課題為言：二者同樣反對割裂心與理，而陽明則更傾向反對世儒之捨心而言理，也因此遭來務內而遺外的抨擊，至於熊十力則顯然立基於陽明基礎上，而特為著明「境識同體」、「心物同體」、「心物俱泯」、「即活動即存有」等。[73]又綜觀二人的哲學本體論，陽明係以道德本心為主要根荄，熊十力則超越心物兩界，著力強調「吾人與萬物共有之本體」。再者二人均強調致知即是「復其心體之同然」，但「王陽明的復其心體之同然是指由道德實踐體悟並返歸道德本心，而熊十力則要通過反求實證達到對宇宙實體的把握。進一步說，雖然他們都認為『吾心之本體，即是萬物之本體』，但王陽明的物只是道德實踐的事，其本體也只是道德實踐宇宙的生發與統攝之源，而熊十力的物卻不僅指道德實踐之事，同時還指客觀的自在之物本身，而其本體也就不僅僅是道德本體，而是指客觀宇宙之實體了。」[74]在傳統儒學邁向現代的過程中，除了承襲之外更有其突破與改造，透過熊十力對陽明學的時代回應，可謂對此進行了最真切的詮釋。

---

[73] 林安梧：《存有‧意識與實踐》，頁 70-78 對熊十力「心即理」此一哲學課題有精詳的闡釋。
[74] 丁為祥：《熊十力學術思想評傳》，頁 206-207。

三、立志責志，務名為戒

　　「志」於人，猶如木之根、水之源，因此儒家教學者，常以立志為先務。孔子年十五而志於學；孟子以志為氣之帥，欲人持志而無暴其氣；程明道視立志為入道之功；至於王陽明尤其看重立志。「志不立，天下無可成之事，雖百工技藝，未有不本於志者。今學者曠廢隳惰，翫歲愒時，而百無所成，皆由於志之未立耳。故立志而聖，則聖矣；立志而賢，則賢矣。志不立，如無舵之舟、無銜之馬，漂蕩奔逸，終亦何所底乎」、「大抵吾人為學緊要大頭腦，只是立志」、「只念念要存天理，即是立志。」[75]強調立志為成事及為學之本，並將立志視為致良知實際工夫之列，念念存天理即是念念去人欲，常立善念，使天理自然而然凝聚心中，此即是立志。

　　熊十力於《讀經示要》中詳申志之義及立志、責志之要，而其立志觀明顯受到陽明〈示弟立志說〉一文的觸發及啟迪，此文曰：

> 夫學，莫先於立志。……世之所以因循苟且，隨俗習非，而卒歸於污下者，凡以志之弗立也。故程子曰：「有求為聖人之志，然後可與共學。」人苟誠有求為聖人之志，則必思聖人之所以為聖人者安在？……是以君子之學，無時無處而不以立志為事。正目而視之，無他見也；傾耳而聽之，無他聞也。如貓捕鼠，如雞覆卵，精神心思凝聚融結，而不復知有其他，然後此志常立，神氣精明，義理昭著。一有私欲，即便知覺，自然容住不得矣。故凡一毫私欲之萌，只責此志不立，即私

---

[75] 分別語出〈立志〉，《王陽明全集》卷二十六，頁 974；〈傳習錄中〉，《王陽明全集》卷二，頁 57；〈傳習錄上〉，《王陽明全集》卷一，頁 11。

> 欲便退聽；一毫客氣之動，只責此志不立，即客氣便消除。
> 或怠心生，責此志，即不怠；忽心生，責此志，即不忽；懆
> 心生，責此志，即不懆；妒心生，責此志，即不妒；忿心生，
> 責此志，即不忿；貪心生，責此志，即不貪；……蓋無一息
> 而非立志責志之時，無一事而非立志責志之地。故責志之功，
> 其於去人欲，有如烈火之燎毛，太陽一出，而魍魎潛消也。[76]

　　陽明於此強調立志責志之功無一時刻可以或歇，如此方能使私
欲無所遁形，發論可謂精警深切，因而能引發熊十力共鳴，並於《讀
經示要》中詳為徵引且反覆申說終身學問之功，只是在於立得志而
已。再者熊十力又認為學者之所以不能立志，實因私欲所累，至於
私欲最甚者不外乎名，好名者為德之賊，凡是外競於名，則必然中
藏鮮實，因此君子應發憤忘食，捨流俗之名，享自得之樂。至於對
於「志」字之義，則熊十力不取陽明的「向往」義，而改採船山的
「存主」義。[77]二者的差別在於一為依他而起，一為由內安立，如
依陽明之意，則所向往者如為聖人，則必由外探求聖人之所以為聖
人之道，並效仿聖人去人欲存天理之功，而不知天理之心係人人固
有，應反己勤加保任為是，因此所謂立志應心有存主，而非外馳追
慕。由知其在己、盡其在己、實其在己的「默識」、「思誠」、「據德」
等自力工夫做起，而不藉乎於外，如此則迷妄不興，終能與聖人冥
會相通。雖然「志」字採船山說解，但熊十力仍對陽明「親切無比」
的責志之說傾力讚揚，勉學者宜服膺並著力於此。

---

[76] 王陽明：〈示弟立志說〉，原出《王陽明全集》卷七，頁 259；另《讀經示
要》卷二，頁 239-243 亦徵引此文。

[77] 《讀經示要》卷二，頁 247：「王船山《讀四書大全說》云：『心有所存主
名志』，余謂志字義，當以船山之訓為主。陽明於志字，似取向往義，故曰：
『人苟誠有求為聖人之志，則必思聖人之所以為聖人者安在』。」

　　除此之外，熊十力也在《十力語要初續》中揭示「志」為天人之際的樞紐：

> 夫能反己，而毋自欺者，必先有立志，以為之本。……余以
> 為志者，天人之樞紐。天，而不致流於物化者，志為之也。
> 志不立，則人之於天，直是樞斷紐絕。……循此樞紐，而動
> 用一順乎天。久之，則人即天，而天即人。先儒所謂盡人合
> 天，合之一字，猶是費辭。天人畢竟不二，非以此合彼也。
> 但就始學言，必以志，為天人之樞紐，此則吾平生親切體驗
> 之言，垂老而益識之明，持之堅也。[78]

　　天人繫乎一志，此為熊十力親為證驗後所得的衷言，至於陽明申明「責志」，即為工夫入手處。責志即能反己，反己工夫無懈怠，則行止皆能順乎天，良知本明亦可不求而致。而熊十力的立志說，強調為學之本，強調砭名固志，強調反己去欲，均是立足於陽明的基礎之上而加以推擴發展。

第三節　陽明末學的歧出與迷塗

一、由體用賅備至明體遺用

　　辨明體用之學而饒具見地的熊十力，「體用不二」正是其立宗所在，相對於西方哲學強調實證精神與迷而逐物的現象，熊十力著力

強調「即體而言用在體」，認為此用即是體的顯現，並非有別異於體
而獨在的用；相對於佛家思想陷於滯寂耽空、談體遺用的流弊，熊
十力則強調「即用而言體在用」，由於體不異用，用外不可覓體，認
識用即能把握體，因此「本體」也可從「能變」、「恆轉」等立名。
體用不二即是即體即用、即用即體，即流行即主宰、即現象即真實、
即變即不變、即動即不動、即生滅即不生滅，離體即無用、離用原
無體。熊十力的體用觀是汲引中、西、印學術外加自家體認的總心
得，當然其中也有來自於二程等宋明理學家與王陽明的啟迪，如王
陽明即繼二程的體用一源說之後提出「夫體用一源也，知體之所以
為用，則知用之所以為體者矣」、「即體而言用在體；即用而言體在
用，是謂體用一源。」[79]以上陽明之言被熊十力譽為「見道語」，而
陽明學派的「即工夫即本體」，也被熊十力稱許為「一言而抉發天人
之蘊」，[80]雖然二者側重處不同，陽明所重在於即體而言用在體、而
熊十力則加強即用顯體、即用而言體在用此一環結，然而在熊十力
眼中，陽明本身仍是本末通貫、體用賅備的。也因熊十力能領略陽
明之學的要妙處，因此由本心之教開始，熊十力即鼎力彰顯陽明之
說，奉「良知」為千聖同尋到的根荄，將「拋卻自家無盡藏，沿門
托缽效貧兒」時掛嘴邊，稱許陽明體用之學透徹不可忽。

　　但即在熊十力稱許陽明「本末一貫，體用兼備」的當下，卻又
一面逕直道出：

　　　　陽明一生精神，畢竟理學家的意味過重，其所以自修而教人
　　　　者，全副精神，都只在立本，而不知本之不離末也；都只在
　　　　明體，而不知體之不離用也；都只在修身，而不知身之不離

---

[79] 分別語出〈傳習錄上〉,《王陽明全集》卷一，頁31；〈答汪石潭內翰〉,《王
　　陽明全集》卷四，頁146。
[80] 見〈功能上〉,《新唯識論》，頁385；〈明心上〉，頁565。

家國天下與一切民物也，此其所以蔽也。……陽明非不知本末、體用，乃至一身與民物，皆不相離，然而其全副精神，畢竟偏注在立本，乃至偏注在修身。[81]

意謂陽明在體用、本末問題上，雖然理論架構完足，自身所行亦能循其論點而發，但僅立教時的一點偏失，其實施成效與發展面向便因差之毫釐，而謬以千里了。因此若以陽明與曾國藩並觀，陽明的才、德、智、力既高於曾國藩，亦能雅納群賢，隨機多方立教，集一時俊彥於門下，然而其承學之士在熊十力看來，終淪於立本而遺末、明體而遺用，孤守良知而未能推擴。推究其因，陽明固能識為學之頭腦，推致本有良知，但其對實用知識，終不免於無形間有所輕忽。至於曾國藩羅致的人才除足濟時用外，其支流於其身後尚能扶傾濟困，繫清末安危，推究原因，在於曾國藩能義理、考據、經濟、詞章四科兼重，且全副精神即專注於此實用之學。[82]有鑑於此，熊十力於崇良知之餘，仍堅持酌採朱子格物之學；申體用不二之際，特強調即用而言體在用、作用見性，即用顯體、即工夫即本體。

二、由深達治本至流於狂禪

「王守仁始以直節著。比任疆事，提弱卒，從諸書生掃積年逋寇，平定孽藩。終明之世，文臣用兵制勝，未有如守仁者也。當危疑之際，神明愈定，智慮無疑，雖由天資高，其亦有得於中者歟。」[83]《明史》對陽明以一介文臣而能成就經天緯地的武將功業，

---

[81]　《十力語要》卷二，頁 259。

[82]　詳參《十力語要》卷二，頁 257-264。

[83]　楊家駱主編：〈王陽明本傳〉，〈列傳〉第八十三，《明史》（台北：鼎文書局，

予以高度推崇，又認為其事功的建立繫乎其心性道德修養。的確，陽明勦賊寇、擒叛逆、平諸蠻等卓越事功，使其遺範與遺言並彰，行與知合吻。在熊十力眼中，陽明非僅善於用兵且深達治本，如於西南諸夷，能訂立鄉約，設立學校，注重農田水利，訪賢起用，優禮於儒生等，均見陽明足以位居政治家之列。[84]雖然如此，然歷史對陽明的整體評價仍不免趨向兩極，一者如《明史》稱揚其慨然有經營天下之志，落實道德與事功的結合，足資後世追慕起效；另者則抨其入禪，空談心性肇致貽害萬端，甚至連明亡的歷史重荷也歸咎於此。其實陽明早年醉心於佛氏的心性理論與道家的養生之道，確是不爭的事實，由「吾亦自幼篤志二氏，自謂既有所得，謂儒者為不足學。其後居夷三載，見得聖人之學若是其簡易廣大，始自嘆悔錯用了三十年力氣」的自白中可見端倪，[85]其後雖轉而歸趨於儒，並自稱三十年力氣已然錯用，但即因長期濡沫此間，因此作品中沾染禪意、喜發禪語、引禪門故事、將良知說與佛氏本來面目進行類比，似均屬不爭的事實，惟陽明在收放之間尚能自如，而其結合知行的「致良知」宗本之教亦明確無所鬆動，然在其身後，一如孔子後儒分為八、墨子後墨離為三，陽明學派亦由此多方支離，或浙中王門，或江右王門，或泰州學派。此中或歸向恪守靜篤，忽視道德實踐；或狂蕩不羈，率其性而行，其末流引發的廣泛批判，究竟非朝夕所致，也因此如清初顧炎武，即將明末士風的頹敗，歸諸於王學的風行，而王船山也對陽明的知行合一論及陽明後學倡心無善惡等，從哲學的角度加以批駁。至於熊十力，也承接顧、王看法，逕直批評「其承學之士，皆趨於心學，甚至流於狂禪」、「上窺陽明

　　1975 年 6 月）第七冊，頁 5170。
[84] 詳參《十力語要》卷二，頁 264。
[85] 〈傳習錄上〉，《王陽明全集》卷一，頁 36。

門下，人才輻湊，皆禪客耳！禪之下流，認意見為天理，為良知，於是而鄒元標之徒，構成吾家裏愍之禍，邊氓入主，而文明俊庶，盡為奴矣」、「及明之季，賣國者皆王學也，衡陽親見亡國之人，親嘗亡國之痛，其言豈得無據？遺書，隨處詆陽明以洪水猛獸，謂非有激而然乎？」[86]一向傾其力護衛陽明的熊十力，在家國生死存亡的的大關卡上，選擇和船山站在同一陣線，對陽明後學不予留情的發出訾議，此自有其成長的歷史背景，而其對陽明的態度自亦與船山對陽明的態度頗有分殊，凡此，將於下章中另探。然平心而論，朝代的覆亡有其複雜深刻的政治、經濟、民生等成因，如逕將一代的興亡歸咎於一代學術，不但失其客觀公允，亦流於過度沉重。然而陽明之學雖即知即行、即本體即工夫，結合知識與實踐，兼重心性與事功，但行的最終目的卻不在成就事功，即縱深達治本；即縱講究事上磨鍊，本心良知的證成似乎永遠列居首線地位，如此觀來，其承學之士的偏頗發展似亦有其端跡。

結語

　　無論在熊十力的《新唯識論》、《讀經示要》、《明心篇》諸書中，或以體用不二為主軸的整體哲學架構中，「本心」均立於基底及核心地位，而其「本心」概念的形成及作品中對本心的推擴，王陽明的心學思想無疑成為推波助瀾的最大動能，因此本章分三節探索，藉以了解陽明的心學資源對熊十力的影響、熊十力如何評騭並修正陽明的說法，以及熊十力的本心內涵究竟如何等。

---

[86] 《十力語要》卷二，頁 260、258、259。

其一，就陽明角色的歸屬及定位而言，熊十力奉之為儒學正脈與心學嫡傳：自孟子承續孔子仁學，強調不忍人之心及四端義涵，又申言盡心、知性、知天，萬物皆備於我等，為儒家打開通往心性之學的門窗，其後即循此方向一路蓬勃發展，及至陽明接棒，更著力彰顯吾心此一點靈明，其說雖有取諸簡易直捷的象山之學等，但又力求跳脫象山的侷限；而其觸發關鍵尤在朱子，終又擺脫朱學思考路線，開展出以「致良知」為主軌的心學內涵，因此熊十力稱揚陽明能別開宋學生面。至於熊十力則更發揮陸、王精義，冥心獨造於本心及致良知之學，由此直探宇宙萬有的本體。

其二，就陽明思想的闡述與推擴而言：首先，熊十力疏決《大學》，係主採陽明之說，如關於「明明德」、「止於至善」、「致知」的推闡等即屬之；另亦酌納朱子見地，如說解「新民」、「格物」即推崇朱說；再者更有跳脫前人說解窠臼，而獨闢新見者，如詮說「正心」、「誠意」處即是，終而力求體系統整、說解一貫、立論合宜。此外熊十力在受清儒聞見之知及西學影響下，冶煉出一套以陽明良知本心為主，兼重朱子格物之教的言詮體系。其次，熊十力作品中特強調辨明本習、保任本心。他將天、命、性、道、仁、明德、本心等融為一爐，認為見體其實即是本心的自覺自證，探究實體的活動終究必須回歸自家身心。至於面對知見、情意等殊多雜染，尤應加強「致」之的保任、推擴工夫；又申言以智主識，除《明心篇》中強調智與知識合一外，《新論》則側重於性智與量智的探索，《讀經示要》則加強申說致知與格物。熊十力除透過以智主識、兼容朱王並因應時需外，也認為心與理不可分判為二，化解了朱王理在物、心即理的對立關係。再者，熊十力認為終身學問之功，首在於能立其志，對於「志」之義，雖取船山「存主」義，不採陽明「向往」義，但提揭「志」做為天人之際的樞紐，強調立志責志、務名為戒，顯有來自於陽明〈示弟立志說〉等的影響。

　　其三，就陽明末學的歧出與迷塗言：首先，熊十力稱許陽明學派「即工夫即本體」，一言而能抉發天人之蘊；讚揚其「即體而言，用在體；即用而言，體在用」是見道語；奉「良知」為自家無盡藏與千聖同尋到的根荄，但陽明末學卻終究立本而遺末、明體而遺用，與曾國藩後學能扶傾濟困、心繫家國安危迥然有別，有鑑於此，以「體用不二」立宗的熊十力，似乎更用心於「即用而言體在用」的發皇。其次，雖然熊十力認為王陽明能深達治本、樹立事功，但卻認同顧、王意見，並以嚴詞抨擊流於狂禪的陽明後學。陽明雖兼重心性與事功，但究竟仍以本心良知的證成為首位，且思想中無可斬盡早期佛道思想的影響，因此其承學之士轉向岐路發展，並非無因可循。

第三章　熊十力學術思想的千古同參：
衡陽船山

　　以勇毅無畏的精神獻身於學術，藉由論衡中西、平章華梵，企圖在嶄新世代中承擔起護持儒家血脈此一歷史使命的熊十力，曾以「薑齋千載是同參」一語，真切道出王船山（別號薑齋）是他超越時空、突破藩籬的真正千古知音。本章即循熊十力的此句自我告白而發，參稽熊十力的相關著作；檢視王船山的原著論點；酌參其他歷史文獻及後學論點，從生命的遙契與冥會、思想的闡揚及推擴、立論的質疑及商榷等三大面向開展，藉窺熊十力對船山人格的仰讚、生命的實踐及思想的擷取、融會與發揚，尤其王船山尊生、明有、健動、率性等四大旨要，更被熊十力渠引為思想中的源頭活水。此外以光大聖學自居、神解獨特的熊十力，也對船山學說中的若干論點，如乾坤並建、陰陽十二位嚮背說、道大性小等的提出質疑並表達其個人見地。本章將針對上述重點逐次闡述，並試予釐清，以見知熊十力發出「薑齋千載是同參」一語，其背後蘊藏的孤絕精神及豐富義涵。

第一節　船山生命的遙契與冥會

一、人生際遇的若干雷同

　　就時代言，王船山居處明末清初，熊十力則由清末橫跨民國，時代固有分隔，但二人的生命際遇與心路歷程卻有偌多的巧合及雷同：

　　首先是他們於幼年都蒙受父兄人格的薰陶及學習的啟迪：就船山而言，其父武夷先生以真知實踐為學、行廉而節高，其兄王介之謹於律己、飽學且多聞，嚴格的庭訓使原如「弛弓」、「逸馬」的船山得入正軌，少負雋才的船山在父兄立身行教之下，底定為人風骨與治學根基；至於熊十力，其父其相先生通曉經史、學宗程朱，其遺言「窮於身，可以死吾之身，不能挫吾之精神與意志。」對熊十力的激盪與鼓舞自是不言可喻，至於仲甫先生則發揮了傳統長兄的職責，並成為熊十力效行依傍的對象。

　　其次是他們都生當天崩地解、風雲激盪的時代，在鼎革之際，都曾灑滿腔熱血矢志參與革命，殆及備歷險阻而時勢終無可為，始萌歸隱之志，專心著述。船山面對的是明清易代的時勢變局，面對歷史憂患，他選擇投身激流，為扶長中夏大業投身一搏，在戰火紛飛中舉兵衡山，然終因孤掌之拊遭致挫敗，在清兵入關後，備歷險阻顛簸的他，或匿隱荒山或浪跡湘南，終而歸隱衡陽，由年三十五至七十四，近四十載間，他選擇了沉潛韜養、杜門著書，以筆耕延續絕學，藉撫宗社覆亡之痛。博文約禮、篤學深思的他，迄於暮年雖體羸多病，仍時置楮墨於臥榻之旁，纂著未已。從《周易內外傳》、《尚書引義》、《張子正蒙注》、《思問錄》、《讀四書大全說》、《黃書》到《讀通鑑論》等近一百種、四百餘卷、五百萬言的皇皇巨著，寫

下了中國學術界中傲人的扉頁。至於熊十力年十七，因讀船山、亭林、梨洲、習齋諸賢大作，感發甚深，痛族類瀕於危亡，而投身反清革命，參加討袁護法，與憂時志士們輾轉奔波於武昌軍學界間，以悲壯激越的豪氣欲爭得剝復之機，當此之時，熊十力對儒、道、釋諸家及漢宋之學等亦初有接觸，並認為學問事功合轍，方為天下第一等人。但其後因嘆黨人競逐權利，革命終無善果，且又自覺一己非事功之才，始慨然棄政而專志於學術，欲藉此導人群以正見。從此勤耕不輟，及至 1963 年，已年屆七十九的他，在精氣虧竭、險病所危之際，完成了《存齋隨筆》，甚而在 1965 年，仍動筆寫起《先世述要》。及至 1968 年，落日下崦嵫的人生大限前，熊十力共完成了《新唯識論》、《讀經示要》、《十力語要》、《論六經》、《原儒》、《體用論》、《明心篇》、《乾坤衍》等專著近三十種、單篇論文五、六十篇，量豐而質精。

　　由此看來，王船山與熊十力二人，他們同樣處乎世變，遍歷險難，終而專致學術，衛道之誠卻始終未曾移易；他們同樣遍覽群籍、識見精博，深於子、通於史，又精於《易》、達於《詩》、明於《詩》、審於《禮》、嚴於《春秋》，又同樣曾出入於《佛》，並對歷代學術發展及特質提出詮解及批評，而在學術精神上也同樣深得尼山大旨，並奉之為歸趨。

二、生命精神的全幅踵效

　　熊十力奉船山為「同參」，並不是一句偶來的玩笑話，從熊十力的自白及書中的發言，可以驗證這樣的語言是發自內心真切的崇仰。1908 年，年方二十四的熊十力認真讀起船山的《周易內傳》、《周易外傳》，對船山易學的精思察識給予高度評價，認為超越漢

宋群儒。其後又讀船山的《讀通鑑論》，認為船山悲憫衰世之人沉
淪於物欲，泯滅了族類意識，似是傷感太過。[1]1913 年，發表〈翊
經錄緒言〉，推崇濂溪、橫渠、船山三人對《易》道的發明：

> 周元公濂溪作《太極圖說》、橫渠張子作《正蒙》、船山王子
> 作《正蒙注》、《思問錄》，皆本隱之見，原始要終，於《易》
> 學有所發明，余故輯三子書為《翊經錄》。翊經，謂可以扶
> 翊聖經云爾。

> 濂溪、橫渠、船山，實三代後聖人也。其學之大者，在以道
> 器為一元、形上形下為一體，有無虛實聚散為一貫、晝夜古
> 今為一致、平陂順逆為一途，旁行而不倚、圓神而不流，所
> 謂窮神知化，德之盛也。非天下之至精，奚足以語此。[2]

由上述徵引文字，可見此時熊十力於船山學術已別有會心，而
於其道器一元等亦有適切的掌握。1918 年，熊十力彙集 1916 年以
來筆札二十五則，編為《熊子真心書》，雖其內容有限，卻能藉以
呈現其個人三十年來心行所存，且又慨於船山有言：「惟此心常在
天壤間」，[3]因而定名為《心書》。《心書》中列居篇首的即是〈船山
學自記〉一文，文中明言對船山學的領悟與偏愛：

> 乃忽讀《王船山遺書》，得悟道器一元，幽明一物。全道全
> 氣，原一誠而無幻，即幽即明，本一貫而何斷？天在人，不

---

[1] 詳參郭齊勇：《天地間一個讀書人——熊十力傳》，頁 13。
[2] 〈翊經錄緒言〉刊於《庸言》，第 1 卷第 24 號，1913 年，此係轉引自郭齊
勇：《天地間一個讀書人——熊十力傳》，頁 17-18。
[3] 〈自序〉，《心書》，頁 4。原出〈序〉，《靈夢》，《船山全書》（長沙：嶽麓
書社，1996 年 10 月）第十四冊，頁 549：「吾老矣，惟此心在天壤間，誰
為授此者？」

遺人以同天，道在我，賴有我以凝道。斯乃衡陽之寶筏、洙
泗之薪傳也。船山書凡三百二十卷，學者或苦其浩瀚，未達
旨歸。余以暗昧，幸值斯文，嘉其啟予，爰為纂緝，歲星一
週，始告錄成，遂名《船山學》，故記其因緣如此。[4]

此時的熊十力已更能掌握船山學要旨，而輯錄船山學，更得以
反映他對船山通貫天人、道器統一說的透悟，這對熊十力體用架構
的建立形成最佳的啟蒙。

專探歷史文化，嘗親炙熊十力教誨，而確立終生定向的徐復
觀，初拜謁熊十力時，曾向他請益該讀什麼書，熊十力推薦船山的
《讀通鑑論》，徐答以早年已經讀過，熊以不悅神氣說：「你並沒有
讀懂，應當再讀。」俟讀畢後，熊問其心得，徐提出許多他不同意
的地方，遭熊怒聲斥罵：「這樣讀書，就是讀了百部千部，你會受
到書的什麼益處？讀書是要先看出他的好處，再批評他的壞處，這
才像吃東西一樣，經過消化而攝取了營養。」徐自承這對他而言是
起死回生的一罵。[5]由此看出熊既善為經師，而其慧識更堪為人師，
此外亦顯見船山論上下古今興亡得失之故的史學著作，熊給予高度
的評價，而其影響亦由是可見。

在顛沛流離之際，船山孜孜矻矻所致力的仍在於聖賢學脈的傳
衍，「六經責我開生面，七尺從天乞活埋。」正道出了他拒仕異朝，
留得血肉之軀於人間的真正動能無二，即在奮竭其力保得傳統文化
脈搏而已！其宏願悲懷中所底蘊的孤往精神，發酵為熊十力所念茲
在茲的強力感召，熊十力願躍步效隨船山，其心跡已在下列文字中
表露無疑：

4　〈船山學自記〉，《心書》，頁5。
5　徐復觀：〈我的讀書生活〉，《徐復觀文錄選粹》（台北：台灣學生書局，1980
　　年9月），頁315。

> 船山孤往、有著書遺後。吾當衰世、云何自靖。念此炫然、仰屋嗟語。[6]

> 船山竄身猺洞以沒世、尤為卓絕。余少無奇節，然服膺船山，常求所以守拙而淪於孤海，深懼夫力之不勝也。[7]

> 王夫之詩曰：「六經責我開生面」吾將持此以援世人。庶幾塞吾悲乎！[8]

　　在熊十力眼中，凡有志於學術者所未可或缺的，即是船山此般的孤往精神，「船山正欲為宏學而與世絕緣，百年之後，船山精神畢竟貫注人間。」[9]船山心跡透過熊十力的準確言詮已然表露無遺。至於一向痛惡浮慕時風、虛假習性的熊十力，也常落入外界孤冷而未能諧和於世的主觀評騭。卓然獨立、矍然孤行的熊十力之所以能奮其孤衷，遍歷險難而不減衛道之誠，王船山的確扮演了引領的重要角色，現代學者蔡仁厚也看出熊十力便是船山孤往精神的具體實踐者，因言：

> 自大明覆亡，船山老死，學絕道衰者近三百年。非有深心之悲願、生命之大慧與夫原始之真力如熊先生者，其孰能暢通華族生命之大流，光顯古今聖賢之慧命，以承續斯學，弘大斯道！[10]

---

[6] 《十力語要》卷一，頁 81；另頁 481 亦提及船山的「孤往精神」。
[7] 《讀經示要》卷二，頁 263-264。
[8] 同前註，卷一，頁 86。
[9] 《十力語要》卷四，頁 481。
[10] 蔡仁厚：〈附錄——黃岡熊十力先生百周年〉，《熊十力先生學行年表》（台北：明文書局，1987 年 8 月），頁 95-96。

我在敬悼熊先生逝世文中，有云：「通船山之孤懷，接宣聖
之慧命，江漢以濯之，秋陽以暴之，皜皜乎不可尚已！」今
天我仍願用這句話，來表達我對熊先生的崇仰之情。[11]

如是看來，一句簡賅的「薑齋千載是同參」，其背後所烙印的
的確是一條千迴百折的心路歷程，當孤傲的熊十力遇上了孤往的王
船山，一句「同參」便如實看出了他們的遙契與冥會，看出熊十力
對船山的惺惺相惜，也看出踵繼船山的心志之所在。

第二節　船山思想的闡揚及推擴

一、援引船山之說以注《易》

船山治學，係以《易》為樞機。至於恢弘《易》教大義，創明
體用之學，則更是熊十力的根本趣向。熊十力的易學見地，雖羅布
於所著群書，而其系統闡《易》處，則僅見於《讀經示要》卷三，
然亦僅只詳釋〈乾〉、〈坤〉二卦，並節釋〈繫辭傳〉、〈序卦傳〉耳！
以下僅就熊十力《讀經示要》卷三所釋，與船山說法兩相覈驗比對，
以見熊十力說《易》實多參稽取資於船山。

---

[11] 同前註，頁103。

（一）明引船山之說

1.〈坤‧卦辭〉：「元、亨、利、牝馬之貞。」[12]

故坤有陰象，以柔順為德，謂其當順以從乾也。船山《易內傳》曰：「隤然委順之謂坤」，此從其德以彰名也。（《讀經示要》卷三，頁 679。）

案：熊十力於此引《周易內傳》卷一，頁74之「隤然委順之謂坤」，[13] 以申明坤的柔順之德。

2.〈坤‧大象〉：「地勢，坤，君子以厚德載物。」

船山曰：「勢，形之勢也。」按地形橢圓，故其勢委順。……此以地之順勢，象坤德之順也。……君子以厚德載物者，此言君子體坤之順，其德乃厚，而可以容載萬物也。王船山曰：「順以受物，合天下之智愚貴賤，皆順其性而成之，不以己之所能，責人之不逮。仁禮存心，而不憂橫逆之至。物無不載也。」（《讀經示要》卷三，頁 689-692。）

案：此處二度徵引船山語，原出《周易內傳》卷一，頁 78。前則藉所引以釋「勢」之字義，後則藉所引以明「順物之性」的重要。

---

[12] 因各家句讀有異，以下所引各則悉採行《讀經示要》的斷句方式。
[13] 以下各條徵引《周易內傳》，悉採行《船山全書》第一冊的頁次。

3. 〈坤〉初六〈象〉：「履霜，堅冰。陰始凝也。馴致其道，
　　至堅冰也。」

　　船山曰：「上堅冰二字，蓋衍文。《本義》按《魏志》作初六履霜，義較順。凝，聚也。霜，以喻陰之始凝。堅冰，喻陰之凝聚益盛。」（《讀經示要》卷三，頁695。）

案：所引原出船山《周易內傳》卷一，頁78-79。惟原文與熊十力所引略異，作「上堅冰二字，蓋衍文，《本義》按《魏志》作初六履霜，義亦通。凝，聚也。霜、冰，皆陰之凝聚而成。」

4. 〈坤〉六四〈象〉：「括囊无咎，慎不害也。」

　　船山曰：「欲退藏以免於咎，則無如避譽而不居。危言則召禍，詭言則悖道。括囊不發，人莫得窺其際，慎之至也。」按船山釋此爻之義甚精。君子處變不驚，有時不得不如此。然後世隱淪之士，守此為常，且以為藏身之妙術，則不達此爻之旨也。（《讀經示要》卷三，頁699。）

案：語出《周易內傳》卷一，頁81。熊十力引此以明君子處變之際當如括囊般謹慎。然又強調「有時」二字，意指情勢所致，不得不然，然終不宜引為常態。

5. 〈序卦傳〉：「泰者通也。物不可以終通，故受之以否。」

　　〈繫辭〉曰：「否之匪人，不利君子貞。大往小來。」此言否塞之世，人失其性，而不成為人，故曰匪人，謂非人道也。然人道衰絕時，亦非無孤陽之存，但孤陽為群陰之淫勢所掩，而無以行其志，故曰不利君子貞。王船山曰：「不利君子貞，非利於小人之不貞，亦非君子可不正而利，陰據要津，君子無所往而得利，貞且不

利，況可不貞乎？然君子雖不利，而固保其貞也。」(《讀經示要》卷三，頁 732。)

案：熊十力釋〈否卦〉之義，又引〈卦辭〉為釋，解釋〈卦辭〉「不利君子貞」，則引《周易內傳》卷一，頁 148 語，藉以明孤陽處群陰之際，雖然其志難行，但仍應固守其貞。

（二）暗用船山之說

熊十力釋《易》，除明引船山說法以加強言說效果外，另有雖未標明為船山之說卻仍本於船山者，或句、義近似；或句異而義近同；或本船山釋解而加以闡揚。試歸納如下，並同時列引船山及熊十力說解，藉以較其同異、明其宗本。

1.〈乾〉九三：「君子終日乾乾。夕惕若厲。无咎。」

船山曰：三、四皆人位，而人依乎地以立功，三尤為人事焉，故於此言君子之道。內卦已成，乾道已定，故曰「終日」。九二德施已普，而三尤健行不已，必極其至，故曰「乾乾」。然陽剛已至，安於外卦之下，雖進而不敢驟達於天，惟恐不勝其任，故曰「夕惕若」。(《周易內傳》卷一，頁 47。)

十力曰：三、四皆人位，故於此言君子之道。內卦已成，故曰「終日」。內卦三爻皆陽，九二德施已普，而三尤健行不已故曰「乾乾」。陽剛已極，而猶安於外卦之下，求進未止，日夕不懈而兢惕，若有危厲將至者。(《讀經示要》卷三，頁 639。)

案：針對〈乾〉九三爻辭加以釋解，熊十力詮解「終日」、「乾乾」、「夕惕若」等，無論所採文字或所釋句義，幾乎全仿自船山。

惟於爻辭句讀略有不同，船山作「夕惕若、厲无咎」，熊十力作「夕惕若厲，无咎」。

2.〈乾〉九四：「或躍在淵，无咎。」

船山曰：四，超出於下卦之上，故曰「躍」。居上卦之下，仰承二陽而為退爻，以陽處陰，故又曰「在淵」。或躍也，或在淵也，疑而未決。（《周易內傳》卷一，頁48。）

十力曰：四，超出於下卦之上，故曰躍。居上卦之下，仰承二陽，而為退爻，以陽處陰，故又曰在淵。或躍也或在淵也，疑於上下無常，進退無恆矣！（《讀經示要》卷三，頁642。）

案：熊十力釋「躍」、「在淵」等，其詞句、用語幾近全同於船山。

3.〈乾‧彖〉：「大哉乾元，萬物資始，乃統天。」

船山曰：在天謂之元，在人謂之仁。……其實一也，故曰元即仁也，天人之謂也。……謂人之仁即元者，謂乾之元也。……惟乾之元為至大也。（《周易內傳》卷一，頁51。）

十力曰：大哉乾元，贊乾元始萬物之道大也。按乾元者，乾即是元，故曰乾元。元者仁也。（《讀經示要》卷三，頁657。）

案：熊十力書中屢以「乾元」及「仁」替稱本體，如《讀經示要》卷一：「仁實為元，仁即道體」即是，此或係淵源於船山之言「元」與「仁」，然船山僅言「乾之元」，而熊十力則逕稱為「乾元」。

4. 〈乾‧彖〉：「雲行雨施，品物流行。」

船山曰：品物，物類不一而各成其章之謂。流形，理氣流行於中也。行焉施焉而無所阻，流於品物成形之終而無不貫，亨之至盛者矣！（《周易內傳》卷一，頁 52。）

十力曰：品物，物類不一而各成其章之謂。流形者，流，謂流行；形，即謂品物各成其形。乾元以其剛健之力，流行於品物成形之中而無不貫，所以為大亨也。（《讀經示要》卷三，頁 658、659。）

案：此條二人所釋「品物」義幾乎全同，至於「流形」一詞的詮釋也詞近義同。

5. 〈坤‧卦辭〉：「元、亨、利、牝馬之貞，君子有攸往，先迷。後得主，利。」

船山曰：凡言「利」者，皆益物而和義之謂，非小人以利為利之謂。……〈坤〉者，攸行之道也。君子之有所往，以陰柔為先，則欲勝理、物喪志而「迷」；以陰柔為後，得陽剛為主而從之，則合義而利。（《周易內傳》卷一，頁 75。）

十力曰：形不可以役心。心，乾也，陽也；形，坤也，陰也。心不能主乎形，而為形所役，則是坤不順從乾。……使形不得役心，坤守順以從乾也。欲不可以違理，違理之欲，邪欲也。邪欲，陰也，屬坤。理，陽德也，乾也。邪欲不守順而違理，人道絕矣！私不可以背公……，以私背公，則陰犯陽，大逆大亂之道也。……總之，萬惡之源，只是己私。……若以陰私為先，而障蔽固有之健德，人生便長溺迷惑之深淵。……反之，而能以小己軀殼之私為後，即陰私被抑，則障蔽不生，而健德常為一身之主，流行無間，故云後

126

得主。得主，即內部生活和諧，無不利。(《讀經示要》卷三，頁680-682。)

案：熊十力此處闡義甚為精湛，前人於此多以臣妾之道釋解，熊十
　　力斥之，而以心、理、公屬乾；形、私、欲屬坤，言形不得役
　　心；欲不可違理；私不得背公。熊十力之說實上承朱子《本義》：
　　「陽先陰後，陽主義，陰主利。」下繼船山以欲、形言坤；以
　　理、志言乾。[14]

6.〈坤・彖〉：「至哉坤元，萬物滋生，乃順承天。」

　　船山曰：陰非陽無以始，而陽藉陰之材以生萬物，形質成而性
即麗焉。相配而合，方始而即方生，〈坤〉之「元」所以與〈乾〉
同也。(《周易內傳》卷一，頁76。)
　　十力曰：坤之元，即乾元也。……坤者，乾之反，而乾資之以
成化，乾非坤，則無所藉以運行。……萬物資於乾以始者，理也；
資於坤以生者，材也。理健而主施；材順而主受。(《讀經示要》卷
三，頁684-685。)

案：熊十力於此特強調乾、坤係彼此相需，並以陽為理為性、以陰
　　為材。熊十力說法係本船山之義而予以推擴。

---

[14] 此係參稽黃師慶萱：《周易讀本》(台北：三民書局，1992年5月)，頁48：
「首先把〈坤卦〉從『臣妾之道』轉為『義利之辨』的是朱熹。《本義》云：
『陽先陰後，陽主義，陰主利。』船山《易內傳》擴大朱子的意見，云：『坤
者，攸行之道也。君子之有所往，以陰柔為先，則欲勝理，物喪志而迷。
以陰柔為後，得陽剛為主而從之，則合義而利。』於『義利』之外，更拈
出欲與理，形與志，對乾坤陰陽的道德哲學有進一步的發揮，從而更符合
了孔子以《周易》為寡過之書的觀念。熊十力以心、理、公屬乾，形、欲、
私屬坤，實本於船山。」

7.〈坤‧象〉：「牝馬地類，行地無疆，柔順利貞。」

船山曰：馬之行健，本〈乾〉之象，牝秉陰柔之性，則與地為類。地順承天，則天氣施於地之中，如牝馬雖陰而健行周乎四方。（《周易內傳》卷一，頁77。）

十力曰：取牝馬為象者，以其柔順而健行，與地德類也。地者，所以象坤，……古者以地承天之施，其德柔順，故坤象之。然坤不惟有地象，亦取象於牝馬，謂其柔順而健行，與坤德類也。（《讀經示要》卷三，頁687。）

案：此言地、馬為坤象，二者表義實同，唯船山之言簡、十力之言詳！又《正義》以「柔順利貞，君子攸行」屬下段；程朱以「柔順利貞，君子攸行」屬此段。今船山則以「柔順利貞」屬此段；「君子攸行」屬下段，而熊十力分段方式也同於船山，熊應是承襲船山而來。

8.〈坤〉初六：「履霜，堅冰至。」

船山曰：當純陰之下，非偶然一陰發動之象也。堅冰之至，霜所必致。履者，人履之，陰興必盛，自然之數也。（《周易內傳》卷一，頁78。）

十力曰：一陰初動於下，其勢將盛，如人履霜，而知堅冰將至，自然之數也。（《讀經示要》卷三，頁693。）

案：此處熊十力係師船山意而加以說解。

9.〈坤〉六二：「直、方、大。不習，無不利。」

船山曰：直、方，其德也；大，其體也。(《周易內傳》卷一，頁79。)

十力曰：大者，言其體也，坤與乾同體。直、方，言其德也。(《讀經示要》卷三，頁695-696。)

案：熊十力同船山以直、方言德，以大言體。

10.〈坤〉六三：「含章，可貞。或從王事，無成，有終。」

船山曰：六二柔順中正，內德固，而所以發生品物者備其美。六三居其上，成乎〈坤〉體，所含者，六二之章光，故雖以陰居陽，而可不失其正。(《周易內傳》卷一，頁79-80。)

十力曰：六二柔順中正，德足配乾，而光顯盛著。六三居其上，成乎坤體，所含者，六二之光也，故曰含章。章猶光也，雖以陰居陽，而有含章之美，不失其正，曰可貞。(《讀經示要》卷三，頁697。)

案：先儒釋此，多以六為陰爻，三為陽位，以六居三，有以陰包陽之美。此說起自三國吳人虞翻，《集解》引其言曰：「以陰包陽，故含章；三失位，發得正，故可貞也。」朱子受虞翻影響，於《本義》曰：「六陰三陽，內含章美，可貞以守。」然以陰居陽則失其位，何可以「含章可貞」言之？[15]至船山則提出如上的新解，以六三坤體成，坤德貞順，內含章光為釋，而熊十力也採行船山說法而加以充擴。

---

[15] 此係本黃師慶萱：《周易讀本》，頁59，釋〈坤〉六三以說之。

11.〈坤〉六四：「括囊，无咎，无譽。」

船山曰：括囊，藏之固也。……四與初同道，而初居地位之下，伏陰自怗，四處重陰之中而為人位。乃有意沉晦、退而自守之象，故不同於初之陰狠。（《周易內傳》卷一，頁80-81。）

十力曰：四與初同道，而初居地位之下，伏陰自怗。四處重陰之中，而為人位，乃有意沉晦，退而自守，故以括囊為象。（《讀經示要》卷三，頁698-699。）

案：熊十力於此條用詞釋義幾全本自船山。

12.〈坤〉六五：「黃裳，元吉。」

船山曰：黃者，地之正色，既異黑白之黝素，尤非青赤之炫著，於五色為得其中。衣在上而著見，裳在下而又有芾佩以掩之，飾在中，而與衣以文質相配者也。六五居中以處上體，而柔順安貞之德，自六二而已成。大順之積，體天時行，若裳已配衣，深厚而美自見，宜乎其吉矣！（《周易內傳》卷一，頁81。）

十力曰：黃者正色，於五色為得中。裳在下，而又有芾佩以掩之，飾在中也。六五雖以陰居尊，而處中故，有黃裳之象。夫二五皆中，大順之積，承乎前，而助乾之發，德配無疆，是以元吉。（《讀經示要》卷三，頁699-700。）

案：熊十力釋說「黃」、「裳」，詞意均本諸船山。

13.〈坤〉上六：「龍戰于野，其血玄黃。」

船山曰：陰亢已極，則陽必奮起。龍，陽物也。「于野」，卦外之象。陰陽各有六位，〈坤〉六陰畢見，則六陽皆隱而固在。(《周易內傳》卷一，頁82。)

十力曰：上六，陰亢已極，則陽必奮起。龍謂陽也。於野，卦外之象。〈坤〉六陰畢見，則六陽隱伏，而終不予陰之自專，必將破重陰之錮，而流通無礙，以顯其主宰之勝能。(《讀經示要》卷三，頁701。)

案：主申言「龍戰于野」之因，熊十力舉凡用詞、釋義均近同於船山，惟熊不言陰陽各有六位。

14.〈坤〉上六〈象〉：「龍戰于野，其道窮也。」

船山曰：六陰皆見於象，窮極而無餘，陽必起而乘之。(《周易內傳》卷一，頁83。)

十力曰：六陰皆見，於象窮極而無餘，陽必起而乘之。以人事言，如暴秦之專制已極，而陳勝、項梁、劉季始興。(《讀經示要》卷三，頁704。)

案：船山僅以三句為釋，熊十力承襲其說釋，又於人事多作發揮，列舉暴秦、蒙古、希特勒等中外古今事例以驗，闡義更精。

15.〈繫辭上傳〉第一章：「乾以易知，坤以簡能。」

船山曰：此言〈乾〉、〈坤〉者，指二卦之全體而言也。變「作」言「能」者，知作，其功；知能，其效也。(《周易內傳》卷五，頁511。)

十力曰：今變「作」言「能」者，作以功言，能以力言，其義一也。（《讀經示要》卷三，頁709。）

案：闡釋「坤『作』成物」變「坤以簡『能』」，其說解近同。

16.〈繫辭上傳〉第十一章：「易有太極，是生兩儀，兩儀生四象，四象生八卦，八卦定吉凶，吉凶成大業。」

船山曰：乃至一畫，以至八卦，自八卦以至六十四卦，極於三百八十四爻，無一非太極之全體。（《周易內傳》卷五，頁562。）

十力曰：六十四卦，三百八十四爻，無一卦一爻而非表太極之蘊也。即無一卦一爻而非明四德之流行也。（《讀經示要》卷三，頁713。）

案：其說釋詞義近同，且二人均認為此處「生」字非「出生」義，而為「發生」義。

由上引二類共二十一條，得窺熊十力釋《易》或明引、或暗用，均宗本於船山，亦得以驗證船山易說確為熊十力易學思想的重要資源[16]。

二、闡揚船山之四大思想樞要

船山著作堪稱浩繁，熊十力非僅深入其間，並提出四大綱領綜賅船山哲學思想，此即「尊生」、「健動」、「明有」、「率性」四大要旨，熊十力說道：

---

[16] 上引二類二十一條得參稽拙著：《熊十力易學思想之研究》，頁156-164，本文係以此為基礎，重予彙整說明。

其（指船山）學，尊生，以箴寂滅。〔《易》為《五經》之源。
漢人已言之。而易學，不妨名之為生命哲學。……〕明有，
以反空無。……〔船山以為，宇宙皆實也，皆有也，不可說
空說無。其於佛老空無二詞之本義，雖不免誤會，然以救末
流耽空之弊，則為功不淺。……〕主動，以起頹廢。〔此則
救宋明儒末流之弊，與習齋同一用意，但習齋理解遠不逮船
山。〕率性，以一情欲。〔船山不主張絕欲或過欲，而主張
以性帥情，使情從性，則欲無邪妄，而情欲與性為一
矣！……〕論益恢宏。浸與西洋思想接近矣！此所舉四義，
實已概括船山哲學思想。學者欲研船山學，不可不知此綱
要。[17]

上述四大要旨，確能準確涵攝船山的思想要義，而熊十力更汲
取之以為鴻歸，並多方予以發皇，他如是自我招認：

吾平生之學，窮探大乘，而通之於《易》。尊生而不可溺寂，
彰有而不可耽空，健動而不可頹廢，率性而無事絕欲。此《新
唯識論》所以有作，而實根柢《大易》以出也。〔……王船
山《易外傳》，頗得此旨。然其言散見，學者或不知綜其綱
要。〕[18]

以下即據上述熊十力的兩段文字為引線，首先鬠探船山此四大
思想的形成要因，以及熊十力的相關觀點；其次則試窺王船山的四
大思想要義；以及熊十力對此課題的承接、強化及開展。

<hr>

[17] 《讀經示要》卷二，頁 481、482。
[18] 同前註，卷三，頁 605。

133

（一）四大思想的外緣成因

1.張橫渠正學精神的承續

　　船山一生的心跡全然繫寫在劉琨與張載身上，自題墓石中以「抱劉越石之孤憤」，透顯其堅卓的民族節操及「命無從致」的無奈；以「希張橫渠之正學」，表白其學術上神往的對象及「力不能企」的自謙。學無師承的船山卻以私淑橫渠為畢生心志之所嚮，船山以為「張子之學上承孔孟之志、下救來茲之失，如皎日麗天，無幽不燭，聖人復起，未有能易焉者也」、「張子之學無非《易》也，即無非《詩》之志，《書》之事，《禮》之節，《樂》之和，《春秋》之大法也，《論》、《孟》之要歸也。」[19]道出橫渠為學方向上以繼承孔孟為職志；在立論內容上以《易》為旨歸，而這亦是船山孜孜矻矻的著力所在，因此船山以「正學」二字愷切道出橫渠之學足堪為效行的繩墨。

　　橫渠擅著述，作有〈東銘〉、〈西銘〉、《橫渠易說》、《正蒙》、《經學理窟》、《性理拾遺》等，今有《張子全書》刊行於世。其中東西二〈銘〉，為橫渠書室西牖的警言，義理純粹廣大。至其晚年的精實之作，則首推十有七篇的《正蒙》，此作條理暢達，旨趣豐贍，而其義理玄要，則歸本於《易》，其中〈太和〉、〈參兩〉、〈天道〉、〈神化〉、〈大心〉、〈中正〉、〈至當〉、〈有德〉、〈大易〉、〈乾稱〉等篇，尤其深繫《易》理，堪稱精妙，因此船山除以「張子之學，得之《易》者深」贊之外，[20]更主動為《正蒙》作註，以繼承和推擴橫渠的哲學思想，同時《張子正蒙註》也成為他心嚮橫渠的具體表

---

[19] 分別語出〈序論〉，《張子正蒙註》，《船山全書》第十二冊，頁 11、12。
[20] 同前註，〈大易篇〉，《張子正蒙註》，頁 272。

述。如就整體以觀，橫渠之學於天則言太虛之神、言太和之絪縕、言氣化、言清虛一大、言鬼神之良能；於人則合虛與氣而言性、合性與知覺而言心，並言心之盡性廓天等，凡此均對船山的立論萌生若干影響。尤其張橫渠以氣作為萬物本源，其「虛空即氣」的命題及「言幽明而不言有無」的見地，顯然影響了船山四大思想中的「明有而不可耽空」一題。在船山眼中，北宋五子的橫渠，其精神最為雄健，亦最不沾染佛家思想，甚且可援以對治佛老及陽明末學，因此船山說：「使張子之學曉然大明，以正童蒙之志於始，則浮屠生死之狂惑，不折而自摧，陸子靜、王伯安之蕞然者，亦惡能傲君子以所獨知，而為浮屠作率獸食人之倀乎！」[21]

　　至於熊十力於各作品中亦偶言及張橫渠，惟褒貶不一。雖然船山視橫渠思想為對治釋老的正學，但在熊十力看來，橫渠雖得覃思踐履於儒，但在其為學歷程中，卻曾遍訪道釋之書，其出入道釋既深，則書中固然有嚴斥佛老處，卻終不免又受其影響。因此橫渠雖倡萬物為實有，以矯正老子的「萬物生於有，有生於無。」但在殊多論述中，又難免有祖述老氏之處，例如《橫渠易說》釋〈乾〉九五中有「谷神能象其聲而應之」一語，「谷神」一詞即原出《老子》第六章。另熊十力亦言：

　　張子《正蒙‧太和篇》曰：「太虛為清，清則無礙，無礙固神。」云云，此乃祖述老氏「神生於虛」之旨。神生於虛，故曰谷神。[22]

　　橫渠思想，本出於老。……而未悟老氏混成之旨。……〈太和篇〉又曰：「太虛為清，清則無礙，無礙故神。」〈大心篇〉

曰：「成吾身者。天之神也。」舉此一、二條，亦以神氣俱
依太虛而有，但不謂神氣與虛，混然為一。是其所以求異於
老，而適乃自成其短也。[23]

如上所列，均見熊十力眼中的橫渠思想仍未盡純粹。至於橫渠
論《易》，雖倡言氣化，但仍以「太虛」一詞稱呼本體，如〈太和
篇〉曰：「太虛無形，氣之本體。」此與〈乾稱篇〉「氣之性本虛而
神」可謂同一旨要。「太虛」也稱「太和」，是「道」所以為創生的
真幾，也是氣的本體。氣之或聚或散，或攻或取，均有「太虛」此
一清通神用的本體妙運其中。近世或因橫渠言「氣」，即視為唯物
論者，熊十力對此則加以斥駁：

惟張橫渠《正蒙》，昌言氣化。近世或以唯物稱之，其實，
橫渠未嘗以氣為元也。〈太和篇〉曰：「太虛無形，氣之本
體。」又曰：「由太虛，有天之名。由氣化，有道之名。
合虛與氣，有性之名。合性與知覺，有心之名。」詳此所
云，固明明承前聖體用之分。太虛是氣之本體，氣是太虛
之功用，何嘗以氣為元乎？獨惜其虛與氣未嘗融而為一，
即體非用之體，而用亦非體之用，是其體用互相離異，無
可救也。[24]

在熊十力看來，橫渠既已指出太虛為氣之體，氣為太虛之用，
即非以氣為體的唯物論者，但依〈太和篇〉所論，則仍不免落入體
用離異，究竟未能融為一體的缺憾。至於〈參兩篇〉所云：「一物
兩者氣也。一故神，兩故化。」則最為熊十力所推崇：

---

[23] 〈原內聖〉，《原儒》卷四，頁 383。
[24] 〈原內聖〉，《原儒》卷四，頁 382-383。

張橫渠曰：「一故神，兩故化。」此六字，廣大無邊，深得
《易》旨。惜《正蒙》之書，未能善發此義。一者，兩之原，
故兩，非離一而別有。兩者，一之顯，故一，不外兩而獨在。
一，無形無象，其顯而為兩也，則以相反而成化，有化跡之
可循。……是故《易》之為書，以明兩為樞要。兩之用誠明，
則其體之一，自可不言而喻，用非憑空而起，必有體故，此
乃即用顯體之妙也。[25]

此所謂一，即是〈太和篇〉「清通而不可象為神」；兩者，即是
〈太和篇〉「散殊而可象者為氣」。一，即是太極，亦即是太虛神體；
兩，即指陰陽。一為體；兩為用。太極、太虛不離於氣，而陰陽二
者統而一之以「即用見體」，由一必說至兩，由兩必說至一，此為
即用之通以見體之實。大體說來，〈參兩篇〉的「一」、「兩」之說，
闡發體用相即之論，贏得熊十力的高度認同，但如〈太和篇〉等處
的體用觀，熊十力則認為未臻通透。雖然熊十力引船山為千古之同
參，船山奉橫渠為希企之正學，而熊十力又深知船山宗主橫渠，甚
至如前所引述，早年熊十力係同尊濂溪、橫渠、船山為三代後聖人，
但熊十力仍認為船山之學宏闊，究非橫渠可比。[26]

2.王學末流及佛老思想的深刻批判

明代中葉以降，陽明之學已然風行天下，對素來崇尚「正學」
的王船山而言，陽明學說與橫渠正學無疑是異質不相同調的，船山
作品中時見詆斥指責陽明的言論：「降及正嘉之際，姚江王氏出焉，
則以其所得於佛、老者強攀是篇（指《中庸》）以為證據，其為妄

---

25 《論六經》，頁 4。
26 《讀經示要》卷三，頁 602：「橫渠《正蒙》為船山易之所本，而船山宏闊，
   非《正蒙》比。」

也既莫之容詰，而其失之皎然易見者，則但取經中片句隻字與彼相似者以為文過之媒，至於全書之義，詳晷相因，巨細畢舉，一以貫之而為天德王道之全者，則芒然視之而不恤。迨其徒二王、錢、羅之流，恬不知恥，而竊佛、老之土苴以相附會，則害愈烈。而人心之壞，世道之否，莫不由之矣！」[27] 在船山看來，陽明藉攀附經典，以言良知心性，其末流援佛入儒、陽儒陰釋，罔顧經世大業，落入空疏之弊，尤大壞於世道人心。「王氏之學，一傳而為王畿，再傳而為李贄。無忌憚之教立，而廉恥喪、盜賊興，皆惟怠於明倫察物而求逸獲。故君父可以不恤，髮膚可以不顧，陸子靜出而蒙古興，其流禍一也。」[28] 於此船山對陽明後學發出了嚴厲批判，認為這些人以「無」為護符，廢實學，崇空疏，蔑規矩，脫離社會現實，目無髮膚君父，人倫道德因此解構不存。象山之學興而宋亡，陽明之學興而明亡，一如玄學興而致魏晉淪亡，其危害之烈可謂無以復加。大抵而言，船山對陽明的重言抨擊，表象上看來，似有其一偏的門戶之見，而其實是立基於玄虛之學熾盛導致貽害無窮的切身之痛下，所發出的憂患之音；再者陽明之學與船山眼中能正本清源的橫渠之學無異是相左背道的，船山朝夕縈索的是歷史命脈的遞衍薪傳，所積極致力的是華夏正統文化的維繫保衛，也因此他自然要對鑿空玩虛、無補世道、崩壞人心的陽明後學予以痛擊。

就熊十力而言，陽明與船山無疑是其學術上的重要導航，在本心良知的大源上，陽明提供了第一線的資源；在易學內涵、義理構成上，船山提供最直接的助成動力，因此陽明與船山在熊十力的天秤上是難分軒輊的。大抵而言，熊十力與船山因同處憂患之世，有關船山等對陽明的抨擊，熊十力由此得以深切了解其救弊用心，並

---

[27] 《禮記章句》卷三十一，《船山全書》第四冊，頁 1246。
[28] 〈可狀篇〉，《張子正蒙註》卷九，《船山全書》第十二冊，頁 371。

予以認同。至於陽明後學的歧出與迷塗，熊十力不假顏色，嚴詞譴責，與船山置同一陣線，已於前章敘明，不另贅述。但針對陽明的「致良知」、「知行合一」等主軸理論，熊十力仍堅持護衛，強申係紹述孔孟之學，切合孔仁精神。尤其船山抨擊陽明的良知說，認為良知只是孤明，陷於空洞、缺乏力用，熊十力認為其見地究竟未能融會通貫，非但誣陽明，且未徹孔子仁學大本。[29]此等堅持在熊十力作品中時可觀見，如「船山平生痛詆姚江，以為淫於二氏。其實，姚江於本原處確有悟，船山反之，適以自蔽耳」、「王陽明之學，以致良知立宗，船山譏其簡單，則未免以褊衷，而妄議先賢也。……船山攻之，亦何傷日月乎？」[30]總之，在體用之源的洞澈上，熊十力一貫首肯於陽明，認為受橫渠影響的船山究有未透處；但對於倡導實學以力矯王學末流空疏之病，熊十力對船山的孤詣深心，無疑是敬表支持，並效學其後的。

　　船山尊生等四大思想的蔚成，除肇因於對陽明之學的不滿及痛感於陽明後學的貽害外，更源自於對佛老思想的反動。曾深入探索佛老、繼而出離佛老、終至力闢佛老的船山，踵繼橫渠批判佛老的精神，以精緻豐富的內容，清晰緊密的架構，成為中國儒學史上批判佛老最具理論成就的一員，其間詮釋佛老理論的相關著作有《相宗絡索》、《老子衍》、《莊子通》、《莊子解》等，[31]至於《周易內傳》、《周易外傳》、《張子正蒙註》、《思問錄》等則呈現對佛老思想的觀點，且予亟力撻伐。船山摒斥佛老，認為佛老反人倫，以虛為教，離行以為知，終致立體以廢用、離器以言道，對於強調天地真實的化育流行、強調在真實世界尋求道德秩序的船山而言，當然會不假

<hr>

[29] 詳參《明心篇》，頁 142-143。
[30] 分別語出《讀經示要》卷一，頁 21；〈原內聖〉，《原儒》，頁 384-385。
[31] 詳參《船山全書》第十三冊。

辭色予以棒喝：「故老氏以兩間為橐籥，釋氏以法界為夢幻，知有之有而不知無之有，知虛之虛而不知虛之實。」[32]諸如此類的評斥甚夥，而評佛氏「輕物理於一擲，僅取歡愉光怪」、「荒遠苛酷」，其斥語可謂更重於老莊。要之，就本體論言，船山強調實有與生動等，藉以對治佛老的空幻虛寂；就人生論言，船山強調率性一情欲，不滿於佛老的離欲言理；就知識論而言，船山學思並重、分辨道心與人心，認為佛老不學不思、僅側重人心。

至於熊十力詬病空、有二宗之談體遺用、耽空滯寂，認為道家思想委心順化、蔽於天而不知人等，已述載於第一章，不另贅言。但毫無疑義的，熊十力是承繼船山之後，專力闡評佛老二家——尤其是佛家，成就極其耀眼突出的一名大將。

3.清初實學風尚的浸儒

學術與世變緊密相扣、彼此攸關，繫於葦苕的晚明時勢，舉凡政治、經濟、社會、國防，無不處於危疑飄搖之際，高談明心見性的王學非但無濟於救衰起敝，闊論玄理、放浪恣肆的狂禪流風，尤易遭致反彈與抨擊，知識分子們目睹偏頗時風與危墜國勢，痛心疾首之餘，亟思扭轉頹局歪風，於是倡導實學的風潮於焉展開，或申言拋棄束書不觀的鑿虛蹈空，肯定真切詳實的治學態度；或強調觀察探究社會實際問題，以利於國計民生為標的；或主張經世濟用，摒棄坐禪談玄，一時間學派蠭起，有注重儒學實用傳統的程朱派；有主張改造政治、端正民心的東林派；有強調通經致用、博覽典籍的考據派；也有側重實用精準的科學派等等；重心則或置於學術思想；或政治人心理；或工藝器械；或國防軍事等，總之，去迂腐、除蹈空、革浮言，以實用、實證、實學為本

---

[32] 〈可狀篇〉，《張子正蒙註》卷九，頁362。

的時代聲音正由四面八方不約而同的傳來，例如顏元明確申言「浮言之禍，甚於焚坑」、「救弊之道，在實學，不在空言。」[33]顧炎武提出「君子之為學，以明道也，以救世也」的主張，[34]而為了體現實學教育主張，他也不辭勞苦地以足跡考察「山川風俗，疾苦利病。」其後黃宗羲也開始強調學貴適用，踵繼響應，至於方以智也認為盈天地之間皆物，而胡渭、閻若璩等更致力於考據而有成。……明末清初這股勢必掃蕩舊有痼疾而引發的經世致用之風及實學思潮，無疑提供給船山一正向的鼓舞及有力的支柱，在這樣的時代風尚中，船山強調要尊經究理，以適時合用為宜，而其「明有而反空無」立論的形成，顯有其必然而合理的發展脈絡與軌跡，因此其子王敔綜賅船山的為學特色為：「明人道以為實學，欲盡廢古今虛妙之說而返之實」、「於《四書》及《易》、《詩》、《書》、《春秋》，各有《稗疏》，悉考訂草、木、魚、蟲、山、川、器、服，以及制度同異，字句參差，為前賢所疏略者。蓋亡考自少喜從人間問四方事，至於江山險要，士馬食貨，典制沿革，皆極意研究。讀史讀註疏，於書志年表，考駁同異，人之所忽，必詳慎搜閱之，而更以聞見證之。」[35]船山這種特重篤行踐履，疾惡空虛浮妄，究心國史與民生日用，辨考精詳、益於經邦濟世的的治學精神，正是明清之際實學風潮鼎盛發展的具體寫照。

　　前章已述及熊十力將宋學約分為五期：以伊川為代表的肇創時期；以朱子為代表的完成期；以陽明為代表的宋學初變時期；以船山為代表的宋學再變時期；以及宋學衰落時期。其間第四期宋學再變時期，所指即晚明諸子時期，此期學者能致力於學術思

---

[33] 顏元：《存學編》（台北：台灣商務印書館，1966 年 6 月）（王雲五主編，叢書集成簡編）卷一，頁 2；卷三，頁 38。
[34] 顧炎武：《原抄本日知錄》（台北：文史哲出版社，1979 年 4 月），頁 8。
[35] 〈大行府君行述〉，《傳記之部》，《船山全書》第十六冊，頁 73。

想的改造，恪守程朱心性之學；矯正王學末流狂放之弊，最為熊十力所推崇，而以「嚴毅而不至拘礙；廣博而備極深厚；崇高而不失愷弟；是其矯往而無或過正」賅美之。[36]如若臚列其特色，則標舉「為學尚實測」、「民族思想的啟發」、「民治思想之啟發」、「反佛教精神」、「留意考據」等五大優點，[37]尤其針對此間的實測精神，熊十力贊曰：

> 王學末流，不免流於鑿空，故船山、亭林、習齋諸儒之學，皆注重實用，其為學態度，皆尚經驗。言治化得失，必徵諸當代實情，而復考歷史，以推古今之變。（如船山《讀通鑑論》、《宋論》等，其政治及社會思想，乃漢唐以來諸儒所不能發。亭林《天下郡國利病書》皆周流各地參訪，而山川險要，每詢諸老卒。）窮義理之奧妙，必本諸躬行實踐，而力戒逞臆談玄，諸儒注重實用與實測，乃王學之反響。[38]

此期實測學風除導正王學末學空疏狂放之弊、成為西方科學輸入的援手外，更是培育船山積極奮進，孕育船山四大思想臻於成熟的最佳助力。至於熊十力，則對明末清初學風與學者高度稱揚，認為他們能勇於揭露封建專制主義，並繼承了孔子大道之學的真正精神。對時人忽思維、輕實測深有感慨，因而論學兼重哲學與科學、內聖與外王的熊十力而言，明末清初重視經世致用、格物窮理的實學風潮，以及強調積極入世、精進不已的人生態度，無疑地為他的思想內涵帶來激盪之力及助長之功。

---

[36] 《讀經示要》卷二，頁 473。
[37] 詳參《讀經示要》卷二，頁 473-493。
[38] 《讀經示要》卷二，頁 474。

（二）四大思想樞要的闡揚

1.尊生而不可溺寂

　　宇宙懷有生生之大德、具備生生之大道、蘊藏生生之大理，而《易》則特重「尊生」之學，藉以闡揚此德、此道及此理。在《易‧繫辭上傳》第五章：「生生之謂易」，已一語綜括《易》是一本窺探天地生生之機的智慧叢書，至於《易》經傳中「生」字凡四十三見，其內涵由形上至形下、由宇宙論至人生論，確能呈現出一套豐盈而完整的生生哲學。《易經》中所謂「生」，其義蘊至少有三：其一，「生」代表「變動日新」：宇宙是生命系統的無限拓展，大化流行非但充塞蒼冥，而且創進無窮，其間的營育成化可謂前後交奏、更迭相酬，持續而不輟，而「生」的創化作用，即在「動」與「變」的過程中漸進完成。其二，「生」意謂「終始反復」：萬事萬物的發展，由始而壯而窮，循此進程生生不息，終始不絕，因此生生之道即是終始之道。所謂「物有本末」、「事有終始」，「終始」，即是流變不息，終而復始。在終而復始的不斷循環中，萬物遂能日進日生。其三，「生」意指「開物成務」：「開物」，代表天地生生之德的成果；「成務」，代表聖人崇德廣業的績效，在延續不絕的時間之流中，透過個體與族類的綿延，使生命不斷賦予嶄新的形式、嶄新的使命，生命的意義即在此創造過程中益加豁顯。

　　有鑑於《易》尊生之理的恢弘廣大，後代學者於此主題多所契悟並廣為推擴，如船山與熊十力即屬之。船山對《易》生生不息的宇宙觀與生命觀也多所著墨，如：「『天地之大德曰生』，天地生於道，物必肖其所生，是道無有不生之德」、「天地之間流行不息，皆其生焉者也，故曰『天地之大德曰生』」、「天地，一誠無妄之至德，

生化之主宰也。」[39]他肯定宇宙化生萬物為天地的大德，天道化成萬物，正所以顯明天德。所謂道，即《易》之太極，它是宇宙生化的根源，宇宙的生生系統，便由此開始建構。它也是陰陽渾合時的一種狀態，《易‧繫辭上傳》第五章：「一陰一陽之謂道」，有了一陰一陽的交感變化，才能發起生化之實，此間陽為主動、陰為隨順，陽成性、陰成形，陰陽彼此相需密合，生生大務始克奏功，因此船山說：「陰非陽無以始，而陽藉陰之材以生萬物，形質成而性即麗焉。相配而合，方始而即方生」、「唯道之日新，一陰一陽，變化之妙，無有典要，而隨時以致其美善也。在道為富有，見於業則大。在道為日新，居為德則盛。」[40]在陰陽變化、陽施陰受的縝密配合下，品物流形，成就了一個生機盎然、富有日新的大千世界。此等陰陽交感的生化，並非肇致於天道有意識的刻意作為，而係出於無思無為的自然變化。至於船山釋〈繫辭傳〉：「太極生兩儀，兩儀生四象」時則特別申言：「生者，非所生者為子，生之者為父之謂」、「生者，於上發生也，如人面生耳目口鼻，自然賅具，分而言之，謂之生耳！」[41]此處所謂「生」，並非傳統所習知的「父生子」之「生」，而釋之為「發生」，此係一不斷發展、變化的歷程。在他看來，「太極即兩儀，兩儀即四象，四象即八卦，猶人面即耳目口鼻，特於其上所生而固有者分言之，則為兩、為四、為八耳。」[42]太極即寓於陰陽之中，通過陰陽而呈現，並非先有太極來生出兩儀等，一如並非先有人面而後才有耳目口鼻。

---

[39] 分別語出《周易外傳》卷四，《船山全書》第一冊，頁 953；卷六，頁 1042；《周易內傳》卷五上，頁 507。

[40] 分別語出《周易內傳》卷一上，《船山全書》第一冊，頁 76；卷五上，頁 529。

[41] 《周易稗疏》卷三，《船山全書》第一冊，頁 789。

[42] 同前註，頁 790。

　　在天道所呈現的神妙莫測的生生歷程中，人稟承上天好生之德居立其間，如何本天道以立人道，行人道以契天道，如何反身修持，不虧喪天道生生的美意，似乎也是船山時刻深切關注的要點。在船山看來，天地生化萬物，而人正是其間最彌足珍貴者：「天地之大德者生也，珍其德之生者人也。」[43] 人之所以為天之「珍德」，因人能善體天道大生廣生之德，思起而繼之，並致力於自我的實現，因此船山特別提出「珍生」觀念，以對治佛道「以生為妄」的觀點。當他晚年歸隱石船山，築工地，題名為「觀生居」，即是取《易‧觀卦》：「觀我生，進退未失道也」、「觀我生，觀民也」之義，一則修持個人生命，期能圓滿無虧；一則充擴天之生德，關懷群體生民，從大處著眼、從小我做起，船山無疑是實踐《大易》生德的最佳典範。

　　至於熊十力，在「尊生」此一要目下，除了領略船山的思想精華並予以肯定外，且在諸多作品中直探生化之源，為了行文方便以及順應流俗，他對於宇宙所以成之理，也就是事物的根本道理，亦即吾人所以生之理的「本體」，採取靈活通達、非固定一式的稱名方式，如「道」、「道體」、「真幾」、「本心」、「恆轉」、「能變」、「真如」、「法性」、「性智」、「仁」、「良知」、「太極」、「乾元」……，本體空寂而剛健，既動則現為大用流行，大化流行絕無一瞬一息的停滯，它是剎那剎那，纔生即滅，纔滅即生，所謂「生生之謂易」，宜深玩「生生」二字，剎剎未守其故、剎頃即是新生。另外他將大用流行設為二種相反勢力的消長，此即陰陽、乾坤、翕闢、心物。談陰陽，強調陰陽其勢相反卻又相融，二者相感生機即現；談乾坤，則申言乾元至神至健的作用，為萬物所資之以始，而乾的生化勢能，必得借坤為資具始克達成，萬物各稟乾而成性命，資坤而成形體，一元實體內必含有此二種複雜性，在乾陽坤陰二種運力的相互

43　《周易外傳》卷六，《船山全書》第一冊，頁 1034。

摩盪中生化萬物。談翕闢，強調翕是收攝凝聚的勢用，闢是開發升
進的勢用，翕有物化之勢，闢則是本體自性的顯發，剛健、自勝而
不物化，闢周遍運行於翕，終能轉翕從闢，翕闢的變動即是一個永
不止息的生化過程。至於談心物，心是精神，物是質力，物性固閉
墜退，心性則以生生剛健之德幹運於物，終能趨向保合太和，完成
大生廣生的德業。

　　如由天通貫至人，天的好生之德落於人便是仁便是善，貫於人
性即是四端，即是人人皆有的本心與真性，他言道：

> 宇宙只是一大生生不息真幾，吾人稟此生生不息真幾而生，
> 是為吾人之真性。
>
> 生生便是油然一團生機，充滿大宇、大生廣生。其在人，則
> 名之為仁。
>
> 元，始也。言其為萬物所資始也，始萬物者仁也。故〈文言〉
> 曰：「元者善之長也。」夫生生之謂仁，生生者備萬理，眾
> 善自此出，故是善之長。又曰：「君子體仁，足以長人。」
> 前言元者善之長，是尅就仁體言，此言君子體仁，則尅就吾
> 人分上而言。夫仁者體者萬物所資始，而以其在人言之，則
> 曰性。以其主乎吾身言之，則曰心。[44]

　　乾元天道下貫於人即是仁，即是吾人的本心本性，當勠力充擴
此仁心仁性，發皇上天的好生之德，不使私意私欲起而違碍，這始
終是他再三強調的課題。於此亦可見熊十力將船山及《易》的尊生
觀、陽明的本心、孔子的仁巧妙的冶為一爐。

---

[44] 分別語出《讀經示要》卷一，頁 403；〈原內聖〉，《原儒》，頁 313；《讀經
示要》卷三，頁 629-630。

　　總之，熊十力沿循著儒家《大易》以及船山的傳統，致力於生生哲學的表彰，強調尊生而不可溺寂，一方面彰顯宇宙為一生機洋溢，鳶飛魚躍的世界；一方面也強調了人參贊天地化育的責任。另外他也承繼了船山對《易・觀卦》的重視，要人總觀天地間萬物，體會其間生生不已、健動不息的力量：「夫義理之深遠至極者，莫如生生之蘊。《易》之〈觀卦〉曰：觀我生云云，蓋返己而自察生活內容，與我生之意義，為慧日歟？為濁流歟？為與萬物為一，遊無窮歟？為束於小己之形、昏昏狂圖，若飛蛾歟？此眾人之所昧然不省，而君子之所乾乾終日也。〈觀卦〉又曰觀其生云云，蓋總觀天地萬物，而體會其生生不已之健力，是乃無弛散，無窮盡者也。」[45]善觀者確應博觀天地萬物；洞觀時勢風潮；察觀生活內容；內觀自我施為，由觀天、觀人至觀己，均應用心以觀，如此方能深入體會天地生生之德，及吾人立處天地間無可旁貸的使命。

2.明有而不可耽空

　　萬象世界，是真抑或是幻？宇宙本體，是實抑或是虛？論者說法分歧而且多端，至於船山則強力主張宇宙自然非幻是真、非虛是實、非無是有。

　　太極是宇宙的本源，是無時不在、無物不在的最高實體。太極是陰陽的渾合，太極之實即是陰陽，陰陽二氣也是客觀的實有，因此船山說：「陰陽者，二物本體之名也。盈兩間皆此二物」、「夫陰陽之實有二物，明矣！」[46]對於強調氣化宇宙論的船山而言，太和、太虛常用作太極的代詞，他一貫主張宇宙本體——太和、太虛係為實有：

45　〈廣義〉，《乾坤衍》，頁 381。
46　《周易內傳發例》八，《船山全書》第一冊，頁 659、660。

> 人之所見為太虛者，氣也，非虛也。虛涵氣，氣充虛，無有
> 所謂無者。

> 太虛之為體，氣也。氣未成象，人見其虛，充周無間者皆氣也。

> 惟不能窮夫屈伸往來于太虛之中者，實有絪縕太和之元氣，
> 函健順五常之體性，故直斥為幻妄。己所不見而謂之幻妄，
> 真夏蟲不可語冰也。蓋太虛之中，無極而太極，充滿兩間，
> 皆一實之府，特視不可見，聽不可聞爾。[47]

名為「太和」，係因陰陽二氣絪縕於太虛之中，彼此渾淪無間。
名為「太虛」，係因吾人肉眼所見，呈現而出的是無限虛空的現象，
雖似無形，然並非無有，太虛中充盈了氣，氣雖無形無色無臭但並
非不存在，它是實有，不應以五官所不及感知即稱之為無。船山重
氣，其「太虛即氣」的見解傳承自橫渠，橫渠提出實有的氣本論，
船山踵繼之，亦以氣為宇宙終極的依托根據。除強調氣為實有，天
人之蘊即在於「氣」的思想外，他並未忽略「道」及「理」在傳統
觀念中所扮演的重要角色，他承繼程頤、朱熹諸賢，申言理氣相涵、
二者不離的觀點，如言：「理在氣中，氣無非理，氣在空中，空無
非氣，通一而無二者也。」[48]推而擴之，則認為「據器而道存，離
器而道毀。」[49]亦即道器一體、彼此相需，無論是理在氣中、理氣
合為一體，或道存器中，道器融為一體，在船山看來，「體用胥有
而相需以實」。[50]

---

[47] 分別語出《張子正蒙注》卷一，《船山全書》第十二冊，頁 30；卷九，頁
377；卷四，頁 153。
[48] 同前註，卷一，頁 23。
[49] 《周易外傳》卷二，《船山全書》第一冊，頁 861。
[50] 同前註。

　　船山既肯定宇宙萬象為一真實的存在，亦肯定大用流行中所顯示的道為一真實的存在，宇宙為一實有狀態，並無真正的空無。然而世人多落於主觀成見，常以散為無、以聚為有，船山斥之曰：「聚而明得施，人遂謂之有；散而明不可施，人遂謂之無。不知聚者暫聚，客也，非必常存之主，散者，返於虛也，非無固有之實，人以見不見而言之，是以滯爾。」[51]常人因聚因見則視為有，因散因不見而視為無，其實聚不能常存，必有消散之時，然消散並不等於消滅，消散終而復聚，不論散聚皆有，不當為耳目所囿。再者世人又多以幽者為無，明者為有，船山辨之曰：「明有所以為明，幽有所以為幽，其在幽者，耳目見聞之力窮，而非理氣之本無也。老莊之徒，於所不能見聞而決言之曰無，陋甚矣」、「釋氏以真空為如來藏，謂太虛之中本無一物，而氣從幻起以成諸惡，為障礙真如之根本，……妄欲銷隕世界以為大涅槃。」[52]或幽或冥，皆屬於有，既反對道家有生於無之說；亦反對佛家消礙入空之說。船山論證宇宙實有，言聚散、幽明、往來、屈伸等，卻不言生滅。在他看來，生既非創有，死亦非消滅，談生滅係釋氏之陋說。

　　除此之外，船山談「有」，常結合「誠」的概念一併申說，他喜以「誠」詮釋實有，如：

　　誠者，心之所信，理之所信，事之有實者也。

　　至誠者，實有之至也。目誠能明，耳誠能聰。思誠能睿，子誠能孝，臣誠能忠，誠有是形則誠有是性，此氣之保合太和以為定體者也。[53]

[51]　《張子正蒙注》卷一，《船山全書》第十二冊，頁 29。
[52]　分別語出《張子正蒙注》卷七，《船山全書》第十二冊，頁 272；卷二，頁 83。
[53]　分別語出《周易內傳》卷一上，《船山全書》第一冊，頁 62；《張子正蒙注》

對船山而言，成形成性在於誠，通達天人也在於誠，盡天地更在一誠字，「誠」與「實有」概念的結合可看出他注重務實，反對虛妄逸獲的思想性格。船山主張體用胥有、務求真實，除了發自於自我的真切體悟外，亦有其形成的助力、時代風氣及背後刺激等多項因素，始綰合出這樣的思想特質，而其重要成因，即如前所述，既有承接自張橫渠思想的部分；也有來自於王學末流的深刻批判；發之於佛老思想的反動；源自於清初實學風尚的濡浸等。

熊十力上承船山，認為宇宙是真實的彌滿、本體是絕對的真實、宇宙萬象都是實在非幻，他論及「體」、「用」及「無」、「有」的關係說：

> 夫大用流行，自無而有。……但切忌誤會，以為從無入有，可分先後二階段，先時是無，後時由無成有，若作是想，便成大迷謬。夫無者，言乎宇宙本體，所謂太極或太易是也。體則寂然無形，故說為無，非空無之無。有者，言乎本體之顯為大用，所謂乾元是也。[54]

宇宙本體的無只是寂然無形，這即是船山所謂「耳目之未覺未察爾」，並不是空無。他又認為：

> 夫體至寂而善動也，至無而妙有也。寂無者，是其德恆常而不可易也。動有者，是其化至神而不守固也。……體者，絕對的真實義，其德恆，其化神，所以為真實之極也。[55]

卷九，《船山全書》第十二冊，頁 360。

[54] 《讀經示要》卷三，頁 665、666。

[55] 〈功能下〉，《新唯識論》卷三，頁 434。

可見寂無與空無迥然不同，稱寂無是因本體無聲無臭、無方所、無時分、無形跡，然體非是一死體，它同時又是動動不已、健行無息，所以為妙有。熊十力之學，貴在見體，見體即徹見真實的存在，洞見那生生不息、絕對真實的宇宙本體。熊十力斥幻有、重真實，以為宇宙萬化、萬變、萬物、萬事，都是真真實實、活活躍躍，宏富無竭。此外他也屢屢引用《易》之〈大有卦〉，藉以彰顯實有之義。〈大有卦〉，乾下離上，乾為天，離為火，火在天上，則光輝被於萬物，擁有者富。〈大有・象〉曰：「大有，柔得尊位大中而上下應之，曰大有。其德剛健而文明，應乎天而時行，是以元亨。」乾德剛健，離德文明，剛健創生而不息，此內在之德性；文明富有致無疆，此外在之德業。熊十力屢引此卦，藉以彰顯實有之義，如言「《易》有〈大有〉一卦，萬物皆大有也。非空非幻，真真實實，富有不竭，故美之曰大也」、「《易經》有〈大有〉一卦，贊宇宙萬象之盛也。」[56]除肯定宇宙、萬物、人生的真實無妄、日新不已外，他也認同船山之說，認為佛老有耽空執虛之弊，他說：

> 宇宙間，萬變不窮，萬化不測，唯其富有而已，《易》之〈大有〉卦，明有者大，若為耽空者戒也。龍樹之學，遮有以明空，……其流極不免耽空。故乾坤變化，乃大乘所不言，而空教終有反人生之傾向。

> 惜乎老氏不悟乾元，而迷執有太虛。……若徹悟乾元，則周遍於六虛之一大環者，乃是真真實實，乾元性海，何有空洞處，可名虛空乎？[57]

---

[56] 分別語出〈廣義〉，《乾坤衍》，頁 349；〈佛法下〉，《體用論》，頁 210。
[57] 分別語出《讀經示要》卷三，頁 606；〈原內聖〉，《原儒》，頁 374。

在熊十力看來，佛家力言蕩相遣執，欲人不起執著，因此由內則言心法念念起滅非有實在；由外則言自然界諸物的變動均無其自性，此實泥空見太過。至於老子以虛無說道，則落入洞然無象、莽然無際之境。因此熊十力特彰實有之論，肯定世界之真實無幻，凡事重實用、崇尚經驗、徵諸實情，力戒逞臆談玄、強調躬行實踐的精神。

3.健動以起頹廢

如前所述，宇宙的營育成化係前後交奏、更迭相酬、新新不停、生生相續，然而「生」的創化作用，須在「動」、「變」的過程中始克完成，而宇宙的盈然大有，也勢得在「動」、「變」的歷程中呈顯。因此《易·繫辭下傳》第八章：「易之為書也不可遠，為道也屢遷，變動不居，周流六虛，……不可為典要，唯變所適。」第一章：「剛柔相推，變在其中矣！」第五章：「窮神知化，德之盛也。」等均強調變動神化的效能。船山針對此項課題也提出相應的見地，他認為宇宙的本體「太虛」、「太極」，其動是不息不滯的，因為太虛即氣，氣含蘊陰陽，在陰陽二氣一動一靜的激蕩、相摩、交感而動下，始能變化日新，而致萬物生焉、大業生焉。因此道的本質即在於「動」，所謂「太虛者，本動者也。動以入動，不息不滯。」[58]繁有萬物的生成關鍵也在於「動」。船山曰：

> 太極動而生陽，動之動也；靜而生陰，動之靜也。廢然無動無靜，陰惡從生哉！一動一靜，闔闢之謂也。繇闔而闢，繇闢而闔，皆動也。廢然之靜，則是息矣。「至誠無息」，況天地乎？「維天之命，於穆不已」，何靜之有？[59]

---

[58] 《周易外傳》卷六，《船山全書》第一冊，頁1044。
[59] 《思問錄》內篇，《船山全書》第十二冊，頁402。

　　太極由闔而闢，由闢而闔，而生發陰陽之大用，陰陽動力的作用雖有「動」與「靜」二種表現型態，但所謂「靜」，並非停息不動，其實動本是動、靜亦是動，其動固為動、其靜仍為動，所謂的「靜」，是動中之靜，絕非廢然之靜。在一動一靜、一闔一闢、一往一來的大化流行中，在至誠無息、健動不已的作用原理下，物日生日成，絕對真實無妄的宇宙由是展現。因此船山以「動者，道之樞，德之牖也。」[60]此關鍵性的語言道出「動」的重要。再者由於宇宙間係健動不已，變化日新、生生不息即成為宇宙間的自然規律與根本現象，因此昨日的風雷已非今日的風雷，今天的日月已非昨天的日月，由天地之化日新推及政治及人事，如何推故以致新，如何日新德行、如何革新政治，便成為船山思量致力的重心。

　　船山提出健動不息的世界實有論，由「太虛本動」進而強調「君子日動」，所謂「天下日動而君子日生，天下日生而君子日動。」[61]尚動是古來君子之所垂範，唯不畏艱難險阻、昂揚進取方有所成。他的立論仍是以破佛老等的瞽說為前提，他揚棄了老子所強調的「致虛極，守靜篤」、「歸根曰靜，靜曰復命」，朱子「靜者為主而動者為客焉」，[62]以及佛家雖動而常靜等主靜無為的說法，強調了人的主體性與能動性。

　　熊十力的宇宙論同於船山，也是一變化日新的發展論，而其體用觀也與健動不息的觀念緊密扣合。他認為實體內部隱含著兩股相反的勢用以成變化，宇宙生成變化的關鍵即在於此。而大化流行，其化機絕無一時停滯，一切萬物均處於蛻故創新的變化歷程中。他稱本體為「恆轉」、「能變」，因為它並非一成不變，而是一能生且

[60] 《周易外傳》卷六，《船山全書》第一冊，頁 1033。
[61] 同前註。
[62] 分別語出《老子》第十六章；（宋）朱熹：〈答徐彥章〉，《晦庵先生朱文公文集4》卷五十四，《朱子全書》第 23 冊，頁 2582。

無始無終、變動不已的萬物根源。而功用，即是就實體的變動不居來說，如以乾坤名用，則乾為流行的主力，其德以剛健為本，即至剛而不可折、至健而直行，進進而不止不墜。因此〈乾‧文言〉即美贊：「大哉乾乎，剛健中正，純粹精也。」以明其剛強勁健之德。乾以剛健之德化坤，而坤則以陰順之德承乾，萬物即資受陰陽之合而生。如以翕闢為言，則闢為剛健的勢用，所謂剛健，係包含清淨、純固、堅實、勇悍、升進、不可窮屈、不可退墜、無有竭盡等豐富義涵。以其至剛至健，因此得以成就萬化。除此之外，熊十力言天道的剛健流行，又喜借《易》下震上乾的〈无妄卦〉加以申說，震為雷為動，乾為天，雷行承天而動，其動至健，而鼓盪勃然的生機，因此〈无妄‧彖〉曰：「動而健，剛中而應，大亨以正，天之命也。」「動而健」即顯示本體的流行，健，是至剛義、純粹義，由於變動不居、於穆不已，因此才能生生而不窮竭、不留滯。

　　熊十力在本體論的健動之說，與船山見地固有相侔，而對釋老乃至宋儒的批評，更與船山有神契之處。他認為儒道相較，則儒體乾而貴剛健，道法坤而守虛靜；儒家是積極入世之學，老莊則未免流於悲觀厭世；儒申言行健不息，道則不悟真體流行、其德本健。對於佛家，則不滿其毀宇宙、反人生、抗造化，又以為宋儒受佛氏禪宗影響，趨於守靜寡欲，究竟疏於培養健動之力，而王學末流當然也有鑿空及流放之弊。因此他力戒逞臆談玄，宗慕講究實學的船山、亭林、習齋諸儒，論詆老莊等倡寂靜所導致的人性拘隘與頹廢世風，並歸嚮於《大易》的剛健之學：

> 《易‧无妄》之〈彖〉曰：「動而健」，此全《易》主旨也。天道人事，於此得其貫通。佛氏出世之道，以寂靜為主。宋以後儒者頓染其風，而誤解周子主靜之說，不免厭動喜靜，故言進修，則難語於有本有末；言治化，則不足以備物致

用。進退之節雖嚴，而胸懷拘隘，氣魄薄弱，不能勇往以當改造宇宙之任。蓋厭動喜靜者，必流於頹廢而不自知也。夫動而健者，天之化道也，而人體之以自強，所謂盡人合天是也。[63]

此外熊十力更道出他寫作《新唯識論》的苦心孤詣：

吾《新論》談本體，雖申陽明之旨，而融虛寂於生化剛健之中，矯老氏之弊，救陽明之失，於是上追《大易》，範圍天地之化而不過。人生毋陷於迷亂，毋流於頹廢，其在斯乎？[64]

《新論》談本體，雖受空宗空破相顯性「以空寂顯本體」的觸發，但為免流於滯寂溺靜，更融入《大易》健動的精神，於寂靜之中見生機流行。所謂「至寂即是神化」、「至靜即是謫變」、「夫至靜而變，至寂而化者，唯其寂非枯寂而健德與之俱也。健，生德也，仁，亦生德也。曰健曰仁，異名同實，生生之盛大而不容已，曰健。生生之和暢而無所間，曰仁。」[65]本體雖至靜而健以動，雖至寂而生化無窮，顯本體空寂正藉以識生化之妙。強調雙顯本體的空寂與生化義，正是熊十力援《大易》精進變動的本體觀以入佛的獨到領會。

《大易》剛健純粹、生化不息精神的弘揚，於〈乾・象〉：「天行健，君子以自強不息」一語最能賅要呈現。《易》以「天行健」、「剛健中正」、「動而健」、「變動不居」、「生生」等，言天道絕無停滯的健德，推之於人事則曰「自強不息」、「開物成務」、「裁成天地」、

---

[63]　《讀經示要》卷三，頁606-607。
[64]　同前註，卷二，頁472。
[65]　〈功能上〉，《新唯識論》，頁379。

「輔相萬物」，欲人體天之健德，竭智盡力以裁成天地、輔相萬物，以趨富有日新的盛德大業。對此，熊十力的體悟甚深：

> 君子以自強不息者，此言人當體乾元之健德，盡其在己，而無所虧也。天道不唯任運而已，要本之健德。……人道當體天德之健而實現之，積至剛以持之終身，百年之內，萬變之繁，無一息不在強毅奮發之中。智周萬物，而不敢安於偷以自固；道濟天下，而不敢溺於近以自私，立成器以為天下利，……盡人道而合天德，故曰君子以自強不息也。

> 天行健，明宇宙大生命，常創進而無窮也，新新而不竭也。君子以自強不息，明天德在人，而人以自力顯發之，以成人之能也。[66]

由天道推及人生及治化之道，欲吾人盡人道以合天德，以健動力挽頹廢，這些都是船山和熊十力極密合無間的用心所在。

4.率性而無事絕欲

《中庸》開宗即提出「天命之謂性」的哲學命題，船山對於「命」也多次闡釋其認知：

> 命之自天，受之為性。

> 性何所自受乎？則受之於天也。……是人道者，則天分其一真實無妄之天道以授之，而成乎所生之性者也。天命之謂性也。[67]

---

[66] 《讀經示要》卷三，頁 668-669、671-672。

[67] 分別語出《尚書引義》卷三，《船山全書》第二冊，頁 301；《四書訓義》卷二，頁 105。

　　大抵船山認為「性」與「命」此二概念原係一致之詞，如若由上而下的角度看，天之與人即是命；如若由下而上的角度觀之，人受之於天即是性。由於船山遙承橫渠，以「氣」為其形上理論的核心概念，因此詮釋「性」的概念時，也常與「氣」甚至「理」合併申說，如：

> 在天者，命也；在人者，性也。命以氣而理即寓焉，天也；性為心而仁義存焉，人也。

> 夫性即理也，理者，理乎氣而為氣之理也，是豈於氣之外別有一理以游行於氣中者乎！

> 性只是理，「合理與氣，有性之名」，則不離於氣而為氣之理。

> 天下豈別有所謂理，氣得其理之謂理也。氣原是有理底，盡天地之間無不是氣，即無不是理也。[68]

　　可見船山論性，除強調以氣為首要的「氣本論」概念外，也同時展現理氣的相互限定、通二為一的「理氣合一」觀。

　　船山論「性」的最大特點在於一反前人談性善、性惡、性無善無惡、可善可惡等趨於固定型式、無可移易的認知模式，而提出「命日降，性日生」的觀點，如：

> 命日降，性日受。性者生之理，未死以前皆生也，皆降命受性之日也。……成性存存，存之又存，相仍不舍，故曰「維天之命，於穆不已。」命不已，性不息矣。[69]

---

[68] 分別語出《讀四書大全說》卷十，《船山全書》第六冊，頁 1073、1076、1108、1058。

[69] 《思問錄》內篇，《船山全書》第十二冊，頁 413。

天日命於人，人則日受命於天，生命歷程中無一時一刻不是受命之時，人性是在不斷發展中趨於成形的，如何成就圓滿的人性，便取決於是否能積進有為、創造日新。

倘談及天理、人欲，宋明以來理學家，無論程朱或陸王，大抵都將天理及人欲相互對立、嚴加區隔，如朱子認為「學者須是革盡人欲、復盡天理、方始是學」、「天理存則人欲亡，人欲勝則天理滅。」陽明認為「只要去人欲，存天理，方是工夫。」[70]但船山卻認為「禮雖純為天理之節文，而必寓於人欲以見。……終不離欲而別有理也」、「隨處見人欲，即隨處見公理」、「天下之公欲，即理也。」[71]他認為一般人的共同欲望，如飲食男女等是符合人性需求的「公欲」，凡此不應加以滅絕，反而應遂其欲、達其情，通情達欲才能盡天之理。他所反對的是追逐聲色、貨利、權勢等過分的欲求，亦即所謂的「私欲」、「意欲」。

關於欲與性，熊十力認為：人受於道即為「性」，性即是本心，即是吾人所以生之理。人稟性而成形，形體與物交會時欲即由此萌生，此時如為物所化，則滅天理而窮人欲，舉凡悖逆詐偽、淫佚作亂、脅弱暴寡之事無一不興，因此欲不可使之氾濫，然而亦不可嚴加阻絕，應當欲其所可，而無欲其所不可。如擬使欲當於理，則必須有主於中，即所謂見性而後方能成。見性而後邪欲不復乘權，如此則欲皆當理，而欲即是性矣！此即是《中庸》所謂中節之和。如以本心言，本心的自明自了，即是見性。本心為吾人內在固有的權度，如能保任此權度，則邪欲不致妄興，欲皆能從心而不踰己，欲

---

[70] 前二則語出《朱子語類 1》卷十三，《朱子全書》第十四冊，頁 390、389；末則語出〈傳習錄上〉，《王陽明全集》卷一，頁 13。

[71] 前二則語出《讀四書大全說》卷八，《船山全書》第六冊，頁 911、912；後則語出《張子正蒙注》卷四，《船山全書》第十二冊，頁 191。

即成為性之欲。從以下的文字更可明確看出他所謂的「率性而無事
絕欲」的具體內容：

> 生生之本然，健動而涵萬理、備萬善，是《易》所謂太極，
> 宇宙之本體也，其在人則曰性。吾人率性而行，則飲食男女，
> 皆有則而不亂。推之一切所欲，莫不當理。如此，則欲即性
> 也，何待絕欲而後復其性乎？夫性者，生生之本然，其存乎
> 吾人者，即《大易》所謂「乾以易知」之知也，陽明子所謂
> 良知，吾《新論》所云性智也。吾人反己而識自性，凡生心
> 動念處，必皆有所不忍縱，不可亂者，必有不為物役，而恆
> 超然不容瞞昧者，此吾人天然自有之則也。誠能順此天則，
> 而無違失，則從心所欲，而皆天理流行，故曰欲即性也。凡
> 以絕欲為道者固甚謬，若反對絕欲，而不知性，不務率性之
> 功，則未有不殉欲而喪其生生之本然也。《易》之道，以率
> 性為主，故無事於絕欲。[72]

　　熊十力反對絕欲、遏欲，批評宋明儒「人欲盡淨，天理流行」，
將天理、人欲嚴加區隔的觀點。他肯定正當人欲，贊同有節而不妄
逞的「欲」，即是所謂「性之欲」，同時他也頗認同船山「性日生日
成」的觀點，時時克服染習、創起淨習，德行生命即在此歷程中不
斷趨向精進圓熟，此種觀點確與船山說法頗為靈契。總之，在「率
性而無事絕欲」此一課題上，他既遵循船山的路徑，同時也將陽明
的良知說攝取入內，強調保任本心不使悖逆詐偽、淫一作亂的「邪
欲」妄發，將二者的觀點巧妙地融為一體。
　　關於情與性，熊十力則認為：情、性之別在於性為本有，情則
為後起之妄，為緣形感物而生。舉例言之，自性以觀，愛人之親與

---

[72] 《讀經示要》卷三，頁 607-608。

己之親，本不當有別，因萬物本為同體；但如自情以言，則薄人親而厚己之親，此則為必至之勢。如《論語》中言從心所欲而不踰己，「矩」，即是性；不踰，則為情。又如《中庸》言中節，節，為性；中節，則為情。如能本性以率情，則情即順性而不淫。總之，他強調應反己求誠，本性以率情，則情不為之氾濫；率性以導欲，則私欲不為之障蔽，並鼓勵應教民以禮樂，使情欲能中節、合度、當理，如此即可返於天性。[73]

三、推擴船山之民族、民主、民治等思想

船山身處明末清初這個歷史大變革的時代，他既目睹明季政權的萎靡腐敗，也痛於漢族在與滿族爭競相鬥中列居下風，在歷經一場場紛亂、動盪、殺戮後，明末最後一絲抗禦力量也終告泯滅，清政權漸趨穩固，而曾試圖行動抗清的船山，在亡國的悲憤及現實的無力感中也不得不招認這樣的事實，轉以著述弘揚儒家道統及文化意識，但船山以前朝遺老自居所透顯而出的耿耿孤衷，似乎終其一生未曾移易。由自題墓碑「明遺臣王夫之之墓」及自稱「南岳遺民」、「亡國孤臣」等，其強烈的民族精神已表露無疑。至於其生平所著書，舉凡經義、史論，乃至稗官小說、詩詞歌賦，無不充分溢顯種族之戚、家國之痛。牟宗三先生曾云：「宋之亡與明之亡是天崩地裂驚心動魄之事。王船山云：『漢唐之亡，皆自亡也，宋亡則並堯舜禹湯文武相傳之道統之天下而亡之。』其言可謂絕痛，其心可謂絕苦，其情可謂絕憤。其說宋亡，即說明亡。……明亡，儒者之文化意識可謂達於極點。」[74]船山的絕痛、絕苦、絕憤，以及通體的

[73] 詳參《讀經示要》卷一，頁 53-55、91、93。
[74] 牟宗三：〈反共救國中的文化意識〉，載《幼獅雜誌》創刊號。

民族思想、滿懷的憂患意識具體印烙在歷史的扉頁上，對晚清及近代社會產生振聾發聵的啟迪作用，如譚嗣同即大力弘揚船山的思想精義，秉持船山的民族思想以反清排滿，標舉船山的民權觀點來批判君權，承繼船山的孤憤精神來獻身維新變法。由「萬物昭蘇天地曙，要憑南嶽一聲雷」的詩句中，可見譚嗣同對船山全心的敬重與寄託。[75]至於孫中山在〈中國同盟會本部宣言〉中言及「維我黃祖，桓桓武烈。……有明之世，遭家不造，覯此閔凶，蕞爾建虜，包藏禍心，乘間窺隙，盜竊神器。……蓋吾族之不獲見天日者二百六十餘年。故老遺民如史可法、黃道周、倪元潞、顧炎武、黃宗羲，王夫之諸人，嚴春秋夷夏之防，抱冠帶沉淪之隱，孤軍一族，修戈矛于同仇，下筆千言，傳楮墨于來世。或遭屠殺、或被焚毀，中心未遂，先後殂落。而義聲激越，流播人間，父老遺傳，簡在耳目。」亦以船山等人為民族的典範與象徵，欲藉茲以昂揚人心、凝聚民志。

　　船山的民族思想雖不免有其時代及感性下的侷限，但更有其開明與理性的呈現，代表作如《讀通鑑論》與《宋論》即屬之，而華夷之辨即是其間重要的課題。至於其民族思想的內涵，至少包含民族形成的原因、民族的分際、反對民族同化、防止民族混合的方法等課題，[76]而其立論旨在維護並釐正文化傳承，防止華夏文明的失落與中斷。至於其政治思想中的民主精神可在《讀通鑑論》中的「君相可以造命，……唯能造命者，而後可以俟命，能受命者，而後可以造命」中略窺，[77]他斷然斥破君權天授，而凸顯尊生重民的儒者胸懷及民本主義思想。至於《尚書引義》、《黃書》、《讀四書大全說》、

---

[75]　（清）譚嗣同：〈詩集・論藝絕句六篇〉之二，《譚瀏陽全集》（台北：文海出版社，1973 年 12 月）（沈雲龍主編，近代中國史料叢刊 285），頁 186。

[76]　參朱浤源等：〈王夫之民族思想重觀〉，載《哲學與文化》，第 20 卷第 9 期，1993 年 9 月，頁 905-922。

[77]　詳參《讀通鑑論》卷二十四，《船山全書》第十冊，頁 934。

《噩夢》、《宋論》等書中也談及君主地位、職責、條件、行為等，以及限制君權、主張君主之位可禪、可繼、可革，並且伸張民意，合乎民主精神的見地。

熊十力對晚明諸子的民族與民治思想予以高度認同，而作為其間代表的王船山，更是熊十力自青年時期起即一意效行的對象。他除能深切體會船山書中字字句句間均為悲心的流露外，亦嘆服於船山民族思想中的寬闊文化視野：

> 清季學人，都提倡王船山民族主義。革命之成也，船山先
> 生影響極大，然船山民族思想，確不是狹隘的種界觀念，
> 他卻純從文化上著眼，以為中夏文化是最高尚的，是人道
> 之所以別於禽獸的，故痛心於五胡遼金元清底暴力摧殘，
> 他這個意思，要把他底全書融會得來，便見他字字是淚痕。
> 然而近人表章他底民族主義者，似都看做是狹隘的種界觀
> 念，未免妄猜了他也。他實不是這般小民族的鄙見。須知，
> 中夏民族元來沒有狹隘自私的種界觀念，這個觀念，是不
> 合人道、而違背真理，且阻礙進化的思想，正是船山先生
> 所痛恨的。[78]

熊十力認為，自孔子作《春秋》，言內諸夏而外夷狄，即開始倡言民族主義，然孔子夷夏之辨的關鍵主繫於禮義之有無與文野的區分，唯後世談及民族思想，均陷入狹陋的種界觀念，至明末船山等始重為發揚光大，強調尊人道、抑侵略、伸正義、賤獸行、崇和平、除暴亂，因此其民族思想背後蘊藏的是恢弘的文化視野，而不僅止於種族或地域的區分。

---

[78] 《十力語要》卷四，頁 541。

　　就民治思想而言，熊十力認為船山《讀通鑑論‧晉論》中的「有
聖人起，預定弈世之規，置天子於有無之外，以虛靜統天下」等，展
現出虛君共和思想，而「預定弈世之規」則為主張制定憲法之說。[79]無
疑地，此等見地其實是熊十力融合西方政治思想，而將其理想的政治
模式寓於船山言論上。但船山承續先秦儒家尊生重民、民貴君輕的民
本思想，同時也欲圖戳破君權神授的政治神化，其政治觀中所蘊含的
進步精神，以及注重學風士習，成為民治的根源等，都受到熊十力的
稱許與認同。至於熊十力的政治思想，則倡言政治當以隨時更化為
權，他常以《易》之〈隨〉、〈鼎〉、〈革〉三卦來說明隨時革故取新之
義，[80]為君者應循民之需要，施其善政，隨時創進。如朝政蠱敗，民
不聊生，則必起而革命。此外也假托〈乾〉六爻以言民主及革命之義，
如初六潛龍為受統治者壓抑之象；二爻見龍表革命潛力已發展；九三
為大功仍未成；九四或躍在淵則幾於傾覆統治，但仍未能遽遂；九五
表大功告成、主權在民；上九明統治崩潰。[81]就實情論，〈乾〉六爻未
必應合熊十力所言確有舉革命、行民主的思想，而是熊十力感慨於歷
朝上位者的剝削及控制、有感於時局動盪及承受外來思想的激盪，外
加船山思想的直接啟迪與激勵，因此對民主平等的渴求益加殷切。要
之，熊十力談治道，以仁心仁政為治化之本，強調採人治、重德義、
輔刑法、隨時宜、重需養、厚民生，融會《周易》、《春秋》、《周官》、
〈禮運〉，採三世漸進之說，又倡導民主革命，主張除階級、廢統治、
行均聯，期達天下為公、群龍為首、萬國咸寧的太平盛世。這是熊十
力融會群經及當時政治、社會、經濟之後所發出的嶄新詮釋，此間船
山的民治民主等思想，自當有相當程度的啟蒙作用。

---

[79] 詳參《讀經示要》卷二，頁 477。
[80] 詳參《讀經示要》，卷一，頁 57；卷三，頁 817。《論六經》，頁 112。〈原學統〉，《原儒》，頁 88、115；〈原外王〉，《原儒》，頁 212、213、231 等。
[81] 詳參〈六經是孔子晚年定論〉，〈附錄〉，《原儒》，頁 563。

第三節 船山立論的質疑及商榷

從船山人格、行徑的直接美贊，到尊生、明有、健動、率性等思想的認同與發皇，熊十力無疑是船山跳脫時空的真正知己，但熊十力鑑於自我哲學思想的認知與體悟，仍不免針對船山所論發出如下的針砭。

一、有關乾坤並建落入二元論的質疑

船山一生治《易》，其易學見地可由如下文字賅要呈現：「大略以乾坤並建為宗，錯綜合一為象，彖爻一致、四聖一揆為釋；占學一理、得失一道為義；占義不占利，勸戒君子、不瀆告小人為用；畏文、周、孔子之正訓，闢京防、陳摶、日者黃冠之圖說為防。」[82]此間或言及其易學基本信念與主張，或簡評若干易家，並涉及治《易》綱領與方法。其中「乾坤並建」一詞，更是船山屢加申述的易學綱目之一，他於書中曾多處語及，如「乾坤並建，為《周易》之綱宗」、「《周易》之書，乾坤並建以為首，易之體也。六十二卦錯綜乎三十四象而交列焉，易之用也。純乾純坤未有易也」、「《周易》並建乾坤為諸卦之統宗，不孤立也」、「以全《易》言之，乾坤並建以為體，六十二卦皆其用，……舍乾坤無《易》」、「乾坤並建於上，時無先後，權無主輔，……然則獨乾尚不足以始，而必並建以立其大宗，知能同功而成德業。」[83]針對船山此項易學創說，熊十力從《新唯識論》、

---

[82] 《周易內傳發例》二五，《船山全書》第一冊，頁683。

[83] 分別語出《周易內傳發例》，《船山全書》第一冊，頁657；《周易內傳》卷一，頁1、74；《周易內傳》卷六上，頁607；《周易外傳》卷五，頁989。

《讀經示要》到《原儒》、《乾坤衍》等，曾多次質疑其有落於二元論的嫌疑，如「易家談陰陽二氣，有近二元論者，如王船山《易》內外傳極多精義，然其言『乾坤並建』頗近二元，根本處卻未透」、「王船山《易傳》主張乾坤並建。頗近二元論。此非孔子恉也」、「王船山《易》內外傳，不悟乾元坤元，是以乾坤之本體而言，乃有乾坤並建之說，頗有二元論之嫌」、「王船山屏棄漢易之唯乾，而主張乾坤並建，又不免二元之失。」[84]熊十力認為六十四卦以乾坤居首，而建乾元、坤元，乾元、坤元是就乾坤的本體而言，若就乾而明示其元則稱乾元；若就坤而明示其元則稱坤元，乾元、坤元其實僅為一元，而非乾坤各有本原，更不可以二元視之。

　　熊十力除就船山「乾坤並建說」屢發疑義外，並提出「乾坤互含說」，以釐清並強化乾坤實為一元。他認為乾陽為神、為心、為知，坤陰為質、為物、為能；乾主健，坤喜退；乾性為健，坤具墮性。雖然乾坤相對，但彼此卻也互含，〈乾卦〉中有坤象；〈坤卦〉中有乾象，他並舉〈乾‧彖〉：「雲行雨施，品物流行。」認為雲雨有形是坤象，但「行」、「施」都含動義，則是乾象。又乾有中正之德，中正即是順，順從眾志，不以私意私見獨行，這即是〈乾卦〉中有坤象。而〈坤‧彖〉：「牝馬地類，行地無疆。」牝馬行於地上，其健無疆，則坤也有健動，此即〈坤卦〉中有乾象。乾坤互含，即如人身的五官四肢，五臟百體，相互含受，成為一體。因此他在《乾坤衍》中如是申明：

> 乾幹運乎坤，是乾含坤也。坤含載乎乾，是坤含乾也。〈坤卦〉中有乾象，〈乾卦〉中有坤象。……互含者，誠以乾坤，本是完然全體之兩方面，不可視為各各獨立之兩物。變無獨

84　分別語出〈答問難〉，〈附錄〉，《新唯識論》，頁 649；《讀經示要》卷三，頁 684；〈原內聖〉，《原儒》頁 452；〈廣義〉，《乾坤衍》，頁 301。

起，化不孤成，……聖人立乾坤互含之例，發變化之妙蘊，
會陰陽為一元，大哉乾坤互含之例，一元之義定於是。[85]

熊十力除提出「乾坤互含」來修正船山的「乾坤並建」外，與
此命題相關的，另有「翕闢成變說」，認為本體為能變，以其變動
不居，因此顯現為萬殊的大用流行，而此大用流行即表現在「翕闢」
兩方面的對立統一。闢是剛健自勝、不肯物化的勢用，與翕勢有成
為形質及物化的傾向迥異，他們同時存在、勢用相反，翕以顯闢、
闢以運翕，二者為一體兩面、彼此相須，對立而又融合、相反而又
相成。無論「乾坤互含」或「翕闢成變」，熊十力都強調它們是一
個全體的兩面，強調一元實體內有此相反相成的複雜性，此二種勢
用終將歸趨於統一。乾坤絕非各自獨立的物事，說乾即含著坤，說
坤即包含乾，因此如以船山「乾坤並建」稱之，似可各自獨立，唯
恐有落於二元論之嫌。

其實船山雖提出「乾坤並建」說，卻未必即為二元論之主張者：
其一，船山旨在藉「乾坤並建」說，解釋《周易》宇宙的生成論，
強調《易》六十四卦的形成原理，係立基於〈乾〉、〈坤〉純陰純陽
的基礎上推衍而出，因此並建乾坤為體，而以〈屯〉、〈蒙〉以下六
十二卦錯綜成三十四象為用。其二，乾坤是太極在動靜變化中所顯
發而出的德能，即所謂陰與陽，二者彼此絪縕、相互含攝，無前後
主輔之分，因此船山言道：「乾純陽而非無陰，乾有太極也；坤純陰
而非無陽，坤有太極也。」[86]可見乾坤陰陽係相互依存、絕非可截然
分割，言乾坤並建，其實是將凝合為一的太極統體予以理上之暫分，

---

[85] 〈廣義〉，《乾坤衍》，頁 444、445。熊十力言「乾坤互含」，可另參《十力
語要》卷一，頁 100、101；〈原內聖〉，《原儒》，頁 457、460、470、483、
484、491、561。

[86] 《周易外傳》卷五，《船山全書》第一冊，頁 1024。

藉以顯著乾坤陰陽的性情功效。其三，船山不管言心言性或談天談理，俱必在氣上說，認為若無氣則一切俱無，無氣即一切都不存在，他也曾引朱熹語：「一陰而又一陽，一陽而又一陰者，氣之化也。」[87]來強調氣是最根本的存在，此一渾然實有之氣一旦發用則顯發為乾坤兩體及陰陽二用，但動靜陰陽並非可截然分開，必是動中有靜、靜中有動，如果「截然分析而必相對待者，天地無有也，萬物無有也，人心無有也。」[88]因此曾昭旭從氣體的活動義、創造原則及氣體的存有義、凝成原則來強調船山學說思想的乾、陽及坤、陰，認為船山坤元即是乾元，存有性與創造性不二，其乾坤並建，真正意義在於創生原則與凝成原則並重，以圓成真實存在之氣體流行。言乾坤並建，其實是在一體之用下，抽象的分解而言，並非二元論，其真實存在而流行者，仍是一實之氣體。[89]至於張西堂也直揭船山並非二元論，而認為其「心物一元論色彩鮮明」、「對於宇宙本體的看法為太極陰陽一元論」。[90]由上所述，可見船山雖重「乾坤並建」，然實無二元之必然，仍應歸屬為以氣為本的「理氣一元論」，然其強調「乾坤並建」，則藉此以矯佛、道、理學家等過分強調心學及漢易以來以乾為重的偏失。至於熊十力雖認為「乾坤並建說」恐有落於二元之嫌，但並非直指船山之說即屬二元論，他說：「船山亦承認有太極，是陰陽之本體，究非二元論。祇惜其解物有未透，理論欠圓明耳。」又說：「雖有二元之嫌，其猶白日有時而蝕，終無損於大明之光也。」[91]「究非二元論」一詞平允點出船山此說的根本精神。

---

[87]　《讀四書大全說》卷十，《船山全書》第六冊，頁1109。
[88]　《周易外傳》卷七，《船山全書》第一冊，頁1074。
[89]　詳參曾昭旭：〈論王船山之即氣言體〉（下），《鵝湖》第1卷第11期，1976年5月，頁22、23。
[90]　詳參張西堂：《明王船山先生夫之年表》（台北：台灣商務印書館，1978年7月），頁40-42。
[91]　〈原內聖〉，《原儒》，頁384；〈廣義〉，《乾坤衍》，頁271。

再者船山倡「乾坤並建」，旨在強調陰陽不孤行的實理，有陰必有陽，有陽即有陰，兩者係相倚不離，而太極即存於相對而又相成的陰陽之中，並非別有一太極高懸於陰陽之上，因此船山說：「道與陰陽為體，陰陽與道為體，交與為體，終無虛懸孤置之道」、「陰陽與道為體，道建陰陽以居，相融相結而象生，相參相耦而數立。」[92]「乾坤並建」其實即為張橫渠「一物兩體」思想的發展。船山嘗言「一之體立，故兩之用行」、「非有一，則無兩也。」[93]又言「天下之萬變，而要歸於兩端，兩端生於一致。」[94]以太極與乾坤陰陽為言，無太極即無乾坤陰陽，乾坤陰陽即是彼此相反相成、相摩相需、相互滲透而達統一和諧的兩端，而太極此宇宙生命體即是一。此種兩端一致說表達了合二為一、分一為二；若無一，則無兩；倘無兩，亦無一的觀點。同理以推船山談理勢、理欲、道器、性情、天理人欲等，也都是兩端一致觀的推衍。而熊十力談體用、陰陽、乾坤、翕闢、動靜、心物、理氣、理欲、天人、動靜時，鮮明標誌而出的「不二」觀點，除受《易經》、《老子》影響外，更是船山「乾坤並建」、「兩端一致」說的進層發展。

二、有關陰陽十二位嚮背說的質疑

有天即有地與之相應，有日即有夜與之輝映，同理有寒即有暑、有春夏即有秋冬、有生即有殺，船山見大自然的四時遞嬗、天象變化固有其全體總貌，然人身於一時一地，終未能綜觀全體，而

---

[92] 《周易外傳》卷三，《船山全書》第一冊，頁 903；《周易外傳》卷五，頁 992。
[93] 《張子正蒙注》卷一，《船山全書》第十二冊，頁 36。
[94] 《老子衍》，《船山全書》第十三冊，頁 18。

僅目見局部。推之乾坤陰陽，表象上或見陽、或見陰，其實陽中有陰、陰中有陽；〈乾卦〉中有坤象、〈坤卦〉中有乾象，二者實際上為一渾然之整體，未可截然裁割；為了強調個體的存在究非隔離孤立，而係與宇宙整體聲氣相通；為免於如常人落入一隅或侷限表象來看待事物，船山在「乾坤並建」外更提出「十二位陰陽嚮背，半隱半現說」：

> 陰陽之撰各六，其位亦十有二，半隱半見，見者為明，而非忽有，隱者為幽，而非竟無。天道人事，無不皆然，體之充實，所謂誠也。十二位之陰陽，隱見各半，其發用者，皆其見而明者也。

> 《易》之乾坤並建，則以顯六畫卦之理。乃能顯者，爻之六陰六陽而為十二，所終不能顯者，一卦之中，嚮者背者，六幽六明，而位亦十二也。

> 故陽節以六，陰節以六，十二為陰陽之大節而數皆備；見者半，不見者半，十二位隱見俱存，而用其見之六位，彼六位之隱者亦猶是也。故乾坤有嚮背，六十二卦有錯綜，眾變而不舍乾坤之大宗。[95]

此種「十二位陰陽嚮背，半隱半現說」在船山作品中時而可見，認為一卦六爻位表象上彰顯出陰或陽，其實每一爻位均存在顯隱二象，陰顯則陽隱，陽顯則陰隱，〈乾卦〉六陽的背後隱藏有六陰，〈坤卦〉的六陰背後也藏載了六陽，一卦實為六陰六陽所構成的完整卦體，唯或顯或隱而已，推之其他六十二卦，也都具足

---

[95] 分別語出《周易內傳》卷二下，《船山全書》第一冊，頁 225；《周易內傳發例》七，頁 658；《周易外傳》卷七，頁 1094。

六陰六陽，僅隱顯狀況不同而已，顯者六配合隱者六，方是一無有虧缺的整體。

　　對於船山的說法，熊十力僅表達部分認同，亦即他僅贊同船山「十二位」說中孤陽不生、獨陰不化，一言陽即有陰，一言陰即有陽的觀點，但仍質疑船山十二位之說，「徒以己意於每卦增益六爻，未有所據」、「船山無端於每卦加上六位，明明背經。」[96]其實熊十力強調「乾坤互含」，言〈乾卦〉中有坤象，〈坤卦〉中亦有乾象，與船山十二位陰陽嚮背說在實質內涵上是頗能兩相融攝的。船山於顯者六位外，提出隱者亦六位，由「乾坤並建」、「陰陽十二位」發展至「錯綜成象」等，開展出其易學體系完整且相環相扣的關係性原理，無疑地他是立論周延、創見十足的思想家，且他的創見仍能掌握著傳統易說的精髓，仍能洞澈易學的根本精神及宇宙全體俱在的事實，船山對易學的發明與開創之功，實未容輕忽。

三、有關道大性小等的質疑

　　如前所述，船山強調氣化宇宙論，船山就氣而言天，由氣的化育流行來呈顯天之道。然而天道的氣化結果不僅化成人，也化成物，因此所謂人道是指人所分於天道而成為性，船山由此而有「道大性小」、「道外無性，而性乃道之所函」之說。[97]至於談性與心，

---

[96] 分別語出《十力語要》卷一，頁 100；〈附錄〉，《原儒》，頁 561。

[97] 《周易內傳》卷五上，《船山全書》第一冊，頁 526：「道大而性小，性小而載道之大以無遺。道隱而性彰，性彰而所以能然者終隱。道外無性，而性乃道之所函，是一陰一陽之妙，以次而漸凝於人，而成乎人之性，則全《易》之理不離乎性中。」

則認為性為體、心為用。主因性之理具於心而為心所知，心之如何都必然循乎理，因此說性為體心為用。

熊十力對船山道大性小及心性之別，則未予首肯，他說：

> 性與天道，是一非二。孟子言知性則知天，是其徵也。……天者，無待之稱。道體本無待，故有時用一天字，有時合用天道為複詞。性則尅就此道在人而言。人之生也，道生之。故說此道為吾人所以生之理，而別名為性。性與道非二也。……王船山妄駁二氏同人於天，遂以性與天道，強分層級，此乃以褊心而誤解聖言，不可從。[98]

> （船山）反對陽明，而不悟心即是性，則功夫似無入處，由陽明之說，本心即是性，非心之外別有性也。[99]

熊十力認為，所謂「道」就是天地萬物的體原，也即是萬物所由成之因，它又是吾人所以生之理，因此名之為「性」。此萬化實體，隨意差別而有多名，但「道」與「性」究竟非是二物。在心性觀點上，他選擇貼近陽明，甚至在熊十力最具特色的體用不二之說上——含即用顯體、於用識體，攝體歸用，體用可分而不可分，即用即體、即體即用，證體知用，作用見性，即工夫即本體等，他也承受較多來自於陽明的影響。[100]

---

[98] 《讀經示要》卷一，頁 20、21。
[99] 《讀經示要》卷二，頁 484。
[100] 如〈佛法上〉,《體用論》，頁 105、106：「王陽明有言，即體而言，用在體；即用而言，體在用。此乃證真之談。所以體用可分，而實不可分。」另如〈明心上〉,《新唯識論》，頁 565：「善夫陽明學派之言曰：即功夫即本體，一言而抉天人之蘊。」

結語

本章以「薑齋千載是同參」一語為引線，由三大面向切入，藉以探究船山其人及學說對熊十力的影響，以及熊十力對船山人格的尊崇，思想的認知、繼承、修正與異議等課題：

其一，為生命的遙契與冥會：船山與熊十力同樣處乎世變，同樣置身天崩地解的時代，在憂患歷史中同樣備歷險阻，終乃轉研學術。此外二者也同樣出入各家而歸趨於儒，終而慎其孤衷以承接先聖慧命為首要，無所移易其衛道之誠。而船山的孤往精神及六經責我開生面的深心悲願，也讓個性上曠達不拘、熱烈激昂並力求移除俗累，「不得已」罵盡古今的熊十力，全心敬重起船山，並以效隨船山心志、承續弘大斯學斯道為歸趨。船山詩句「埋心不死留春色」，正為此做了最為真切的寫照。

其二，就思想的闡揚與推擴言：首先，熊十力注《易》言《易》，多有取資參稽於船山者，由文間所列二十一條，或明引、或暗引自船山可見一斑。其次船山思想中尊生、明有、主動、率性四大旨要，就外緣成因言，或得之於張橫渠正學精神的承續；或肇因於王學末流及佛老思想的深刻批判；或源之於清初實學風尚的浸濡。而熊十力作品中亦處處呈現此四大思想義涵：如熊十力頗喜引船山的「拔地雷聲驚筍夢，彌天雨色養花神。」[101]來強調天地間勃然的生機，並勉人涵養活力，熊十力並依循著船山的軌跡，從形上至形下、從宇宙論至人生論，著力於生生哲學的表彰。同時也接踵船山肯定宇宙的真實本體，對於王學末流的空談心性及佛老的尊崇虛無提出針砭，堅持以健動力挽頹廢。更強調本性以率情，則情不為之氾濫；率性以導欲，則私欲不為之障蔽，循此四大要旨建構起二人相當密

---

[101] 《明心篇》，頁 7；《新唯識論》，頁 452。

合的哲思慧見。再者熊十力也服膺於船山活躍的民族、民主思想，船山倡可禪可革之論，以及船山實際奔走欲圖大事等，都對熊十力造成實際且深切的影響，熊十力甚至以「東方的孟德斯鳩」一語尊美船山。[102]

其三，就立論的質疑及商榷言：熊十力對船山思想究竟並非全盤吸收，在相關議題上熊十力仍提出其質疑，表達不同的見地，例如船山的「乾坤並建」說，熊十立即屢次表達其流於二元論的懷疑，為強調乾坤並非獨立的物事，而是一個全體的兩面，說乾即含坤、說坤即含乾，強調乾坤為一元實體內有此相反相成的複雜性，因此熊十力提出「乾坤互含」、「翕闢成變」說加以修正釐清，而作品中所在遍是的「漚水之喻」，目的也主在彰顯「體用不二」此根本大義，他認為船山究竟未悟得此層。[103]不過平實而論，船山的「乾坤並建」，其實是在一體之用下，抽象的分解而言，並非即可以二元說衡定，渾然實有之氣仍是一最根本的存在，且船山的「乾坤並建說」與「兩端一致說」對熊十力「不二觀」的形成亦萌生一定影響。另外熊十力也對船山陰陽十二位嚮背說、道大性小說等表達了不同的看法，雖然如此，但船山由「乾坤並建」、「陰陽十二位嚮背說」及至「錯綜成象」等，開展出精闢、周延的易學體系，對易學發展仍深具發明與開創之功。

總之，本文從三大面向切入，雖然在部分議題上，熊十力表達了有別於船山的看法，但綜彙文間的蛛絲馬跡，從熊十力對船山其人的直接褒譽，到熊十力對船山相關思想的肯定、承接與發揚，顯然地，「薑齋千載是同參」一語，的確是熊十力發自肺腑的真誠告白。

---

[102] 〈鉤王〉，《心書》，頁 23：「船山固東方之孟德斯鳩也。」

[103] 如〈附錄〉，《新唯識論》，頁 689：「《新論》根本大義在體用不二，船山亦未悟也。」《讀經示要》卷三，頁 605：「晚明王船山作《易外傳》，欲振其緒。然於體用之義未融；情性之分莫究；天人之故，猶未昭晰。」

第四章 熊十力學術思想的理想歸嚮： 洙泗孔聖

　　「天不生仲尼，萬古如長夜。」在誇飾的文句背後，亦點出孔子在中國歷史文化中所扮演的樞機角色，不僅文化長河的流向操持於此，斯國斯民的精神亦穩立於此、安頓於此。孔子之學所開展而出的豐盈內涵與躍然生機，不但使弟子顏淵喟然嘆以「仰之彌高，鑽之彌堅；瞻之在前，忽焉在後。」對歷代後學影響尤為深遠。至於陽明崇本心、言良知，正是以孔子之仁為其源頭活水；船山所憂戚關注的亦不外聖學學脈的衍續，所孜矻致力的更在於聖學的發皇與光大。及至熊十力，一句「余平生之學，宗主孔子。」[1]更無所粉飾的道出孔子即是其為學的理想歸嚮，而其畢生職志，亦在於以聖人精神的重建及顯揚為要務。此等強烈企圖，透過熊十力的經學系列作品：《讀經示要》、《論六經》、《原儒》、《乾坤衍》等，已然清楚明揭、表露無疑。至於其他論涉體用思想之作，如《新唯識論》、《體用論》、《明心篇》等，亦均本聖人之志而發。今姑毋論熊十力作品中顯現的究竟是真實中的孔學風貌或轉化過的孔子形象，但孔聖為其重振華學的理想依托；為其學說論著的主源要脈，則為不爭的事實。

---

[1] 〈自序〉，《明心篇》，頁4。

悠然有會於聖心的熊十力，藉《易》之〈乾〉九四〈文言〉中
對大人德用的描述道出對孔聖的衷心禮讚：

> 與天地合其德者，言孔子大公至正之心，無偏、無私，其德
> 如天之無所不覆，如地之無所不載也。與日月合其明者，言
> 孔子之明智，如日月之大明、遍照，無有私智，無有障蔽。
> 與四時合其序者，言孔子精於格物，身察大自然與人群之
> 變，得其規律而掌握之，足以司大造之權、開物成務。……
> 與鬼神合其吉凶者，此中義旨深遠至極。漢宋諸儒皆誤解，
> 余按鬼神，陰陽也。……聖人與陰陽合德，遇吉，則無心於
> 獲吉；遇凶，則無心於避凶，惟有揭天地以趨新，鼓萬物以
> 捨故，直合德陰陽，惟變所適已耳。大哉孔子，其德用無得
> 而稱焉！[2]

孔子的生命境界同於天地、日月、四時、鬼神，高妙淵深，難
以文字具體表述，雖然如此，熊十力卻仍一意效行、一心踵繼：

> 以聖人為人倫之至，吾對之，有高山仰止之思，則嚴畏自不
> 容已，由於聖人起嚴畏故，則精神一於向上，胸懷日以沖曠，
> 神智開豁，而德充於內。[3]

畏憚聖人、致其恭謹，是一種動於惻悱，自不容已的自然反應，
不但畏於聖人，且亦畏於聖人之言：

> 夫畏聖言，則必虛心以體之；深心以玩之；困心以窮之，
> 盡此三心，而後其於聖言也，有所變通，而非叛也；有所
> 致疑而不輕，將以求真也；有所發揮，而深嫉夫竊也；有

---

[2] 《明心篇》，頁 175、176。
[3] 《讀經示要》卷二，頁 280。

所創見，而不甘墨守也。此由畏而能虛心，能深心，能困心之效也。[4]

　　克盡三心——虛心、深心、困心，對聖言有所變通、有所致疑、有所發揮，更有所創見，此三心四所，正是熊十力貼近聖人、詮解聖言、發皇聖學所採行的體認方式。就熊十力而言，其心中的巨人，洙泗孔聖無疑拔得了頭籌地位。

第一節　儒學學統的尋繹與釐定

　　一國的學術思想，雖龐雜多端、遞嬗多變，但必有一核心思想，本此核心思想發展、充實、圓成，終蔚為風格鮮明、獨樹一幟的學術特質思想內涵。此核心思想如以「道統」稱之，則無疑地，在熊十力心中，儒學立居於諸子百家之正統地位，而孔子則為此間宗師，至於以《易》為首出的群經，所開展而出的內聖外王之道，則成為中國學統的具體內涵。因此，熊十力說：

> 夫儒學之為正統也，不自漢定一尊而始然，儒學以孔子為宗師，孔子哲學之根本大典，首推《易傳》。……儒學淵源，本遠自歷代聖明，而儒學完成，則又確始於孔子。

> 孔子上承遠古群聖之道，下啟晚周諸子百家之學，其為中國學術界之正統，正如一本眾幹，枝葉扶疏，學術所由發展也。

---

[4]　同前註，頁 286。

中國學術，導源鴻古，至春秋時代，孔子集眾聖之大成，巍然為儒學定宏基。[5]

奉孔子為中國學術發展的宗師及根本，此等觀點，在《讀經示要》及《原儒》等書中反覆出現，為熊十力所再三申言。

一、述作於孔子的經學觀

對於孔子與儒家經學的認同，熊十力歷經了入而後出、出而後復入的曲折歷程：「余傷清季革命失敗，又自度非事功才，誓研究中國哲學思想，欲明瞭過去群俗，認清中國何由停滯不進，故余研古學，用心深細，不敢苟且，少年時讀五經，訾孔子為宗法思想、封建思想，便捨之弗顧，後來專心佛學多年，又不敢苟同，而自有所悟，回憶《大易》一經，早已開我先路，于是又回到孔子六經。」[6]回歸六經的熊十力，益能領受經學的廣大悉備、無所不載，而對宣闡道體，極盡深微的《大易》觸悟尤深。此後在熊十力眼中，經學即是哲學的極詣，極深微、至廣大，可以治人心、立人紀。以科學為主的知識之學雖看似萬能，然倘無以探究德慧為主的經學為其根柢，則恐淪於破碎殘缺，無所依歸。有鑑於經學為萬世準繩，無一時、一地、一人可或離，因此熊十力特於《讀經示要》綜言經學，並及治經態度與六經大義，以期於衰亂之世，士人習於浮淺之際，為思想界闢拓一嶄新途徑。至於《論六經》一書七萬餘字，略涉諸經綱領與旨趣，而於《周官》申之尤詳，藉以抒發聖人的微言本義。而《原儒》一書則為《大易廣傳》的縮減代本，撰此以為儒學粗具

---

[5]　分別語出《讀經示要》卷二，頁 328；〈原學統〉，《原儒》，頁 148、23。
[6]　〈辨偽〉，《乾坤衍》，頁 15。

提要，由〈原學統〉、〈原外王〉至〈原內聖〉，所涉亦不外經學範疇。又《乾坤衍》一書，由《易》之〈乾〉、〈坤〉而推演開擴，目分〈辨偽〉及〈廣義〉，藉以考訂儒學源流，弘廣《大易》之義。凡上著作，無不循經學方向加以抉擇拓展。

　　如上所述，儒家六經已儼然成為熊十力心中的根本巨典。至於群經的作者，熊十力明揭「六經皆孔子創作」，[7]而《原儒》末並附有〈六經是孔子晚年定論〉一文。以居群經之首的《易經》言，熊十力認為係孔子五十學《易》之後所作，「《易經》之卦辭、爻辭，大概為上古卜辭，孔子乃別為〈彖〉、〈象〉、〈文言〉、〈繫辭傳〉、〈說卦〉、〈序卦〉等，以發揮己之哲學思想。」[8]就《春秋》言，「其經文則魯史之文，其事則魯國與列國之大事皆載焉，孔子則借魯史所記之事，而發揮自己對於政治社會之高遠理想」、「孔子作《春秋》，雖因魯史記而論次其行事，但其取義，則純由孔子發抒己意，以制萬世法。」[9]就禮經言，則判定傳統三禮中的〈儀禮〉始制於周公，非孔子所作，自當別為一書。至於《周官》，「蓋孔子於《春秋》外，更發明升平世之治道，以為太平開基，其書以職官為經，以事為緯」、「《周官》本孔子所作，以為《春秋》羽翼。」[10]熊十力認為《周官》是孔子繼《春秋》之後，發揮革命改制理想的又一力作，由於內容宏闊豐富，熊十力於《論六經》中特詳為申述闡揚。而《禮記》則定為孔子七十弟子及其後學載記的作品，另由《禮記》中抽離出〈禮運〉一篇，視為《春秋》、《周官》的輔成之作，具體勾勒出孔子理想大同世界的風貌。由是看來，熊十力修正了傳統三禮，改置為《周官》、〈禮運〉、《禮記》三部，而認為禮經中由孔子創作

7　〈原學統〉，《原儒》，頁96。
8　同前註。
9　〈原學統〉，《原儒》，頁96；《讀經示要》卷三，頁757。
10　〈原學統〉，《原儒》，頁97、98。

的，則僅《周官》、《禮運》二者。就《尚書》言，則認為是孔子借古代帝王的行事，以發揮一己所懷抱的理想，其間漢武帝時孔壁出土的《尚書》，應是孔子所修定的真本，惟現已亡失，並斷伏生二十九篇，為秦時偽書。就《詩經》言，認為現今三百零五篇為孔子依古詩三千餘篇而予以刪定，原孔子必作有詩傳，惜現已亡殆。如深玩三百零五篇，並取《論語》相關線索，予以疏通體會，即可窺孔子於社會政治面的理想所在，及《詩》可以興、觀、群、怨之所由。就《樂經》言，樂可以導人以和樂，孔子既作禮經，則自應有專章以作樂，然已無可考。綜上所述，熊十力認為《書》、《詩》、《樂》，或亡佚，或殘存，或難考，尚可略窺風貌、梳理頭緒者，僅《易經》、《春秋》、《周官》、《禮運》三經四部，因此熊十力對孔子經學的釐探，亦循此為主線而加以推擴開展。

二、淵本於儒家的諸子學派觀

雖然諸子思想在熊十力的學術版圖中僅偏居次要地位，但熊十力對晚周諸子仍發出一定論衡。在九流十家中，熊十力認為「其最偉大者，當推六家。曰儒、曰墨、曰道、曰名、曰農、曰法，儒家宗孔子，為正統派，自餘五家，其源均出於儒。」[11]又云：「諸子之學，皆原本六經。名家者流，自《易》《春秋》出。……墨家者流，自《春秋》、《尚書》出。……法家者流，自《禮》與《春秋》出。……道家者流，自《大易》出。……農家者流，自《詩》出。……凡此數大學派，皆出於六經，諸家思想脈絡，的然可尋。」[12]由《讀經示要》至《原儒》，一貫地將晚周諸子歸根儒家，視為六經的支脈發展。

---

[11] 〈原學統〉，《原儒》，頁40。
[12] 《讀經示要》卷二，頁329-331。

　　先就墨家以言，熊十力認為墨家卓絕的格物之學如雲梯與木鳶的製作，係資本於孔子藝教的啟迪，惜相關著述已散失；至於《墨子・大取篇》等邏輯觀念精湛，源出《春秋》正名之學；而其兼愛兼利，或本於孔子仁道，至於墨子非儒，在於未能真正領略儒學內涵。次就道家而言，認為道家有無之學，由《大易》乾坤脫胎而出，又老子本《易》之三畫卦而言「一生二，二生三」。此外道家只求證會本體，忘卻本體即是吾人自性，於體用不二處，仍未明澈，因此道家之學在攝用歸體，與孔門於用識體、即體即用、即用即體究有其分殊。就人生論而言，道家蔽於天而不知人，強調委心順化，導致耽於虛靜，而其缺乏自主自動的消極人生觀，更造成社會停滯不進。再就名家而言，強調思維及側重觀察與判斷是其特色。熊十力由《易・繫辭下傳》第三章：「彰往而察來，而微顯闡幽，開而當名辨物，正言斷辭，則備矣！」及董仲舒《春秋繁露》：「春秋辨物之理，以正其名」，而斷此二家為「名家大祖」，至於與莊子進行魚樂之辯的惠施，深具科學家的風度與熱情，在晚周諸子中罕有其匹，是名家中的巍然巨子，此外如公孫龍、墨子、荀卿均屬之，而晚周名家碩師猶多，惜古籍淪喪，已難查考。四為農家，向來言晚周學術者，鮮論及農家，而熊十力則特為表彰，因農家主張君臣並耕，破除上下之序，欲使人類均能平等互助，建立共同生活制度。末為法家，法家學術與《春秋》升平與《周官》之旨相通，期使人類離據亂世之陋，而臻於法治。此間輔佐齊桓公，以法整飭臣民，使肅守法紀並勤其職事而匡正天下的管仲，被熊十力奉為法家代表人物。而《管子・牧民》：「政之所興，在順民心；政之所廢，在逆民心。民惡憂勞，我佚樂之；民惡貧賤，我富貴之；民惡危墜，我存安之；民惡滅絕，我生育之。」即切合《易》之「吉凶與民同患」，因而認為此書應為法家巨典，〈漢志〉置於道家之列，未妥。再者

《管子》一書雖能尊重民意，然尚乏民主思想，熊十力推斷法家眾多分派中，當有提倡民主者，惜古籍已亡佚難考。[13]

由上見知，熊十力梳理晚周諸子各家思想，仍結合現實趨勢與需求，將各家特色與格物、民主思想相互綰合，並視儒家六經為各家思想的總出，倘汰各家之短，匯眾家之長，即蔚為一精萃的儒家之源。此間雖然缺乏客觀細密精詳的考據，但仍可感受其「恢弘的文化願力」，以及其「根源於本心所證會的理想之原始」。[14]

三、樹立於孔子的學統觀

熊十力既以《易經》為統領，以《春秋》、《周官》、《禮運》等為輔翼，完成孔子經學的理論建構。同時又認為孔子係眾聖大成的匯集者；儒家根基的奠定者；諸子百家學派的開展者；內聖外王之學的完備者。因此《原儒・序》中開宗明義提揭寫作此書的三大要旨：

> 其一，上推孔子所承乎泰古以來聖明之緒而集大成，開內聖外王一貫之鴻宗。其二，論定晚周諸子百家以逮宋明諸師與佛氏之旨歸，而折中於至聖。其三，審定六經真偽，悉舉西漢以來二千餘年間，家法之墨守、今古文之聚訟、

---

[13] 熊十力言晚周諸子各家，詳參《讀經示要》卷二，頁 324-332；〈原學統〉，《原儒》，頁 40-74。

[14] 林安梧：〈熊十力先生的孤懷弘詣及其《原儒》的義理規模——代序〉，《原儒》，頁 4-5：「熊先生這部《原儒》巨著，並不是餖飣考據的去探儒家之源，亦不是通過客觀的材料分析去勾勒儒家的原型；他是通過其恢弘的文化願力，穿透歷史社會的表象，而以其真實的生命去契接吾族華夏的原儒典型的。換言之，《原儒》之為原，不是時間的原始，而是根源於本心所證會的理想之原始。」

漢宋之囂爭，一概屏除弗顧，獨從漢人所傳來之六經，窮治其竄亂、嚴覈其流變，求復孔子真面目，而儒學之統始定。[15]

由此得悉，熊十力《原儒》乃至經學系列諸作，均將孔子置於核軸，以期積極貞定孔子在中國文化中的正統地位與樞紐角色。

在《原儒》、《乾坤衍》中，熊十力跳脫了傳統對孔子的詮解，也捨離了傳統對六經的認知，大刀闊斧地為孔子與群經重新檢視、審覈與定位。首先，他劃分孔子之前所謂鴻古時期的學術為如下二派：其一是堯舜至文武之政教等載籍，足以垂範後世的「實用派」；其二為伏羲初畫八卦以來，具窮神知化與辯證法傳統的「哲理派」，而孔子正居處此二派思想的會通點。[16]並以孔子五十知命之年為界，五十歲之前的孔子專注於切合實用的詩、書、藝、禮四學，並祖述堯舜、憲章文武，崇尚小康禮教、維護統治，其弟子如執守早年之教而不變的，即成為小康學派；自五十學《易》之後，參透天命，因此思想突變、別開天地，始作六經，盛倡內聖外王之道，欲期貶天子、退諸侯、討大夫，以消滅統治。務使天下之人人均具有士君子之行，達致群龍无首、天下一家，所謂大道之行、天下為公的極境。而凡弟子宗孔子晚年之學而不襲早年舊說的，即成為大道學派。[17]及至孔子歿後，儒學雖發展分歧，派別繁多，然終不脫大道、小康二派，大道派的革命之儒雖世守六經真本，然於呂政焚坑之禍後即衰微不彰；小康派則改竄六經，迎合時主，淪為帝王專制、宗法封建服務的帝制之儒。在熊十力眼中，漢初以來所盛行的三綱

---

[15] 〈序〉，《原儒》，頁 1。
[16] 詳參〈原學統〉，《原儒》，頁 23。
[17] 詳參〈原學統〉，《原儒》，頁 23、31、32、34；〈附錄〉，《原儒》，頁 568、569。

五常論、天人感應論、陰陽五行論均是漢世儒生為擁護帝制所倡，[18] 至於由漢人傳至今日的六經，係採用小康派的經本，並經全面竄亂，以切合忠君思想。如《易・乾》九二、九五的「利見大人」，熊十力即斷言為增竄，非孔子《易經》原本所有；又如〈禮運〉中「大道之行也，與三代之英，丘未之逮也，而有志焉」一段，「與三代之英」五字亦斷為後人攙偽。他認為二千年來，中國在封建專制主義下，真孔的面貌已然隱微不彰；真儒的精神已遭嚴重扭曲，也因此他要在《原儒》中進行學統的溯源；在《乾坤衍》中進行辨偽；在《大易》、《周官》等經書中清理分辨，試圖還原孔子之學的「本來面目」。

先遑論熊十力此等苦心孤詣的重塑孔子形象、重為孔子定位，其所贏得的迴響究竟是穿鑿比附、純粹虛構的荒謬？抑或終極永恆、美好理想的依托？倘換個角度，先行檢視熊十力所置身清季民初的時代背景，以及前此的學術風尚，或更易貼近熊十力所言所思。首先，熊十力面對的是中西文化激烈衝激對撞的時代：菲薄固有、破除錮疾，捨棄自家無盡藏，全面向西方看齊似已成為無可避免的走向，又其時後生遊海外者，常以「無科學思想」、「無民主思想」、「無持論系統」詆議國學。[19] 在此時局困阨、環境劇變、根本動搖的當下，憂時憂國的熊十力，勇毅地挺身承擔起傳統的護衛修持工作，重新塑造切合時需的孔子形象；重新打造六經的現代意義，讓秦漢之後斷送了的科學根苗、民主思想、系統理論「起死回生」，也透過《大易》、《春秋》、《周官》諸經的梳理、揀擇、批判與重建，展現內聖外王之大體，架構出理想的儒學學統，並銜接起原已疏離的傳統與現代。因此熊十力《原儒》以下諸作，雖因過度

---

[18] 詳參〈原學統〉，《原儒》，頁 87-96。
[19] 詳參〈緒言〉，《原儒》，頁 19。

引申，脫離舊有認知而遭致學術界的殊多撻伐，然亦有冷凝靜思如林安梧先生者，認為「熊先生所謂的『原學統』並不是要釐清中國儒學之統的源流，而是要去樹立一個真實而理想的儒學之統」、「他告訴我們當封建瓦解，宗法殘存，並趨向於帝皇專制時，原來空曠而自由的言說境域，隨之一變而成了緊縮宰制的狹小格局。做為開顯中國民族心靈之源，點出人生命的德性亮光，大膽肯斷『人皆可以為堯舜』的儒家孔孟之學是否亦因此而被控制羈縻，致其奄奄一息呢？」等既能體貼熊十力時代處境，又儘量立居於歷史原點上而發出了深邃省思。[20]其次，清季以來今文經學的復甦，代表人物如廖平、康有為等的思想，也對熊十力產生若干的激盪：如康有為於《新學偽經考》中視古文經學為劉歆所偽：「始作偽亂聖制者自劉歆；布行偽經篡孔統者成於鄭玄。」[21]康借指斥偽經以剷除述而不作的古文經學，另於《孔子改制考》中，視孔子為制法之王，亦即所謂「素王」，言六經作於孔子，而三代盛世則是孔子托之以言其盛。康又將公羊學張三世與微言大義之說兩相綰合，視「微言」為升平世、太平世之法，「大義」為據亂世之法；「微言」即〈禮運〉大同之說，「大義」即是小康禮教。

　　康有為筆下的孔子，既成為神明聖王、改制教主，亦成為變法維新的祖師。對清末以來康有為所開啟的公羊學派，熊十力在《原儒》中時發異議，[22]如：「有為以為《春秋》張三世，而有太平世，此微言也。〈禮運篇〉有大同義數條，亦微言也。於是雜亂抄書，而言孔子改制，不問孔子所欲改者，是何等制。言《春秋》有大義、

[20] 林安梧：〈熊十力先生的孤懷弘詣及其《原儒》的義理規模——代序〉，《原儒》，頁8。
[21] （清）康有為：〈序〉，《新學偽經考》《康有為全集》（上海：上海古籍出版社，1987年10月）第一集，頁572。
[22] 詳參《原儒》，頁169、170、172、201、557、561等。

微言，不悟大義、微言，根本兩不相容，孔子何至渾亂一團。」[23]
除否定康說，視大義、微言為劉歆誣聖之詞外，二人論點互有其異
同，已申述於第一章。大抵而言，二人均表彰孔子，而康有為以達
成變法的政治實踐為目的，熊十力則以締結一理想的儒學系統為依
歸；康有為雖摒斥古文經學，但仍首肯今文經學，熊十力則二者一
併否定，質疑現存經典的可信度。雖然熊十力對康說未予認同，並
且屢發斥言，但其對經學的詮釋、對孔子形象的塑造，無疑是受今
文經學復興的薰染，並立基於康有為之上而加以發揮開展的。

四、薈萃於孔子的內聖外王觀

　　始見於《莊子‧天下》的「內聖外王」一詞，不但是儒家人格
理想與社會政治理想的代稱，更是歷代封建統治者所企及的目標。
以道德修養袪除氣質生命中的蕪雜，同時致力於社會政治等外在事
功，所謂「正德、利用、厚生」、「立德、立功、立言」、「進德、修
業」、「修己、善群」等詞，均兼備內聖外王之義。至於孔子言「修
己安人」、「己立立人」、「己達達人」等，已為儒家內聖外王之學立
下具體綱領；孟子強調「窮則獨善、達則兼濟」、「不忍人之心、行
不忍人之政」等，亦強調內外兼備；荀子「聖也者，盡倫者也；王
也者，盡制者也；兩盡者，足為天下極矣。故學者以聖王為師。」[24]
點出能盡倫盡制者始得奉之為聖王。而《大學》八條目「格物、致
知、正心、誠意」、「修身、齊家、治國、平天下」，更系統點出入
聖由外而內的過程，以及外王由內而外的方法。及至漢唐，原先秦

---

[23]　〈原外王〉，《原儒》，頁 169-170。
[24]　〈解蔽〉，《荀子》。

時代「人皆可以成聖」的觀念，在現實政治需求考量下，遞變為「惟王者方為聖人」的信念，原注重道德本體的內聖之學，一變而成聖王以禮義治人的教化之學。又至宋明理學，原已萎縮的內聖之學又再度活躍起來，從張橫渠、二程、朱子、陸九淵到王陽明，無不側重修身工夫及心性之學，外王事功的講究相對顯得黯淡。明清之際，顧炎武、黃宗羲、王船山等，鑑於亡國之痛，深切反省民族文化的走向後，欲圖以內聖開出外王事功。再者五四以來，內聖能否開出外王、如何或應否融通西方民主科學等話題方興未艾，而熊十力便是此中勤力於探究內聖外王課題的一員。

關於熊十力的內聖外王觀：首先，他簡賅論定「內聖外王」的關鍵地位：

> 一切學術，一切知識，必歸本內聖外王，始遵王路。[25]

其次，他為內聖外王下如是定義：

> 云何內聖外王，答曰，成己說為內，成物說為外，其實，成物即是成己，本無內外之分，乃隨俗假設耳！聖者，智仁勇諸德皆備之稱；王者往義，物皆向往太平，其願望無已止也。

> 內聖則以天地萬物一體為宗，以成己成物為用；外王則以天下為公為宗，以人代天工為用。[26]

由上述得知，由成己而成物，以達天下為公的太平治世，正是熊十力深心之所嚮。再者，熊十力的內聖外王觀全然繫附於孔子身上，以孔子為其理想典範，並具體落實於六經中：

---

[25]　〈原學統〉，《原儒》，頁82。
[26]　〈原學統〉，《原儒》，頁34；〈原外王〉，頁172。

《莊子‧天下篇》，以內聖外王稱孔子，卻是囊括大宇，孔子與儒學之廣大在此。

孔子晚而作六經，倡明內聖外王之道。[27]

又六經中熊十力最推尊《易》，以其賅備內聖外王，於熊十力啟導良多：

孔子五十學《易》，既有明徵，其享年七十有四，七十猶大進。學之大成，當在學《易》後之二十餘年。此二十餘年中，蓋融通古代聖王實用與哲理之兩派，而神明變化，以創開內聖外王之學統。聖人作《易》，創明內聖外王之道，而內聖實為外王之本。[28]

此外《讀經示要》、《原儒》中以《易》為本，以《春秋》為輔，旁及諸經的內聖外王觀可謂所在皆是：

仲尼祖述堯舜，憲章文武，其發明內聖外王之道，莫妙於《大易》、《春秋》，《詩》、《書》、《禮》、《樂》，皆與二經相羽翼。

孔子之道，內聖外王，其說具在《易》、《春秋》二經，餘經皆此二經之羽翼，《易經》備明內聖之道，而外王賅焉；《春秋》備明外王之道，而內聖賅焉。

《易》備內聖外王之道，《春秋》特詳外王，而根源在《易》。[29]

---

[27] 〈原學統〉，《原儒》，頁 37；〈附錄〉，頁 538。
[28] 〈原學統〉，《原儒》，頁 39；〈原內聖〉，頁 291。
[29] 分別語出〈自序〉，《讀經示要》，頁 5-6；卷三，頁 774 及〈原學統〉，《原儒》，頁 96。

　　熊十力對六經內聖外王課題的關注，並由《讀經示要》、《原儒》持續至《乾坤衍》，姑舉二例以驗：

> 《易經》廣大，雖內外皆備，而內聖為宗，五經同出於斯，《春秋經》繼《易》而作，成萬物者王道，雖以聖學立本，而王道特詳，《禮》、《樂》、《詩》、《書》四經，皆《春秋經》之羽翼也。

> 內聖學為外王學之本，而外王與內聖又確為一貫，自伏羲畫卦，而術數家利用之，以為卜筮之書。至孔子出世，讀伏羲之卦，而感發興起，董理其平生仰觀、俯察、遠取物、近取身，以及周流列邦種種經驗，始作《周易》，創明內聖外王之大道。[30]

　　由上徵引，見知熊十力「內聖外王」觀的特色正在於薈萃於孔子、見證於六經、聚焦於《易經》，以下二節即就其所寄託於孔子的內聖、外王觀點分別釐探，以詳其豐富內蘊。

第二節　內聖思想的萃煉和豁顯

　　古今通貫、中西兼攝、儒道佛並納──熊十力獨樹一幟的哲學體系，或謂之「新儒學」，或號為「新陸王學」，或稱名為「新佛學」。然如由《新唯識論》及至《原儒》、《乾坤衍》作品的發展脈絡加以檢視，由《新論》的「根柢《大易》」；及至《原儒》索探群經內聖

---

[30] 〈辨偽〉，《乾坤衍》，頁 5、181。

外王之道而匯歸於《易》；再至《乾坤衍》分辨真經與偽經、真孔與假孔，廣衍《易》〈乾〉、〈坤〉二卦之義，凡此莫不聚焦於《易》。由此看來，將熊十力之學稱為「新易學」，或更為貼切。熊十力通過對《易》的辨偽與改鑄，以六經注我的態度，企圖重新演繹出一套完整的本體論哲學思想，藉以重新驅動儒學的生命能量，並重新復活僵死的傳統文化。《周易》既成為他返本以求的重要思想資源，也是他開新以創的主要經學憑藉。雖然《周易》經傳的時代、作者、歷程等說法多端、考辨複雜，而熊十力單純地將《周易》經傳作者全然托於孔子，似失之主觀臆斷，但揆諸熊十力思想，正是以孔子為主軸，架構出一套完整而理想的學術體系，內含有體用不二思想，外括有民主革命思潮，為周全完善其立論，持孔子撰作《周易》的說法，自是不得不然的必要關鍵性安排。而在《原儒》及《乾坤衍》中，熊十力更是處處標舉著孔子，立足於孔子招牌下，建構出一套全新的「保內聖」、「開外王」思想內涵。

內聖是外王的根蒂，外王是內聖的自然擴張，內聖落空，休談外王。熊十力在《原儒・原內聖》中係以中學在本體論中的天人不二義及中學在宇宙論中的心物不二義為基礎，進而推闡孔子的人生論與宇宙論。熊十力以為哲學的主要任務，即不外在解決宇宙人生諸大問題，而本體的探究，尤為此間根柢。因此本節將以《原儒》、《乾坤衍》等為主線，旁及《新唯識論》、《讀經示要》、《體用論》等，略探熊十力在以孔子名義為支拄下，所闢拓而出的易學體用觀、天人觀、以仁為主的人生觀等內聖思想。

一、寓托於孔子的易學體用觀

（一）乾元本體觀

1.乾元性海

　　欲深入解析宇宙生化的奧妙；欲真切探勘人性的根源；欲徹底窮索哲學的底蘊，凡此均有賴於本體論的建構與確立，所謂「本體」，即萬有的本源，而本體論則主在探尋現象界包括宇宙、人生等的本原，並加以闡釋的學問。熊十力畢生孜孜矻矻，傾注其全幅生命以研探此人類及宇宙的終極根源，欲借此重整現實、挽救文化。於其殊多作品中，對本體義涵屢發見地，而為行文之便及順俗故，於本體名稱，則不一其辭，或稱「本體」、「實體」、「體」；或名「道」、「天道」、「天」；或曰「理」、「性」、「命」、「真理」、「道體」、「真幾」、「性體」；或云「本心」；亦有稱為「能變」、「恆轉」、「功能」者；兼有名為「真如」、「法性」、「性智」者；更有逕稱「仁」、「仁體」或「良知」、「明德」、「至善」者，然如專由易學角度而言，傳統以「太極」為本體名稱，[31]而熊十力則持其獨到體悟，以「乾元」一詞作為其易學本體觀的主要稱謂，如：

───────────────

[31] 茲各舉一例，以見熊十力於「本體」稱名之廣：
　　稱「本體」者，如《讀經示要》卷二，頁 514：「汝與天地萬物所以生成之理，是謂本體。」
　　稱「實體」者，如〈廣義〉，《乾坤衍》，頁 281：「實體，是萬物之真實自體。不可逞空想或幻想，以為實體是在萬物各各的自體以外。」

稱「體」者，如〈功能下〉，《新唯識論》，頁 432：「本論不盡沿用實體和現象，或法性和法相等詞，而特標體和用。」

稱「道」者，如《讀經示要》卷一，頁 41：「天地萬物之體原，謂之道。」

稱「天道」者，如〈緒言〉，《原儒》，頁 14：「《易》云與天合德。天道，謂本體。」

稱「天」者，如〈原學統〉，《原儒》，頁 60：「《荀子‧解蔽篇》曰：『莊子蔽於天，而不知人。』【天者，宇宙實體之名。】」

稱「理」、「性」、「命」、「真理」者，如《讀經示要》卷二，頁 304：「窮理、盡性、致命，見《易‧繫傳》，理、性、命只是一事。皆斥指本體而目之也。本體者，萬化之大源，是名真理。但以其在人而言，則曰性。以其賦予人而言，則曰命。」

稱「道體」、「真幾」者，如《讀經示要》卷一，頁 94：「儒家從道體上，見得是個生生不息真幾，乃就其在人而言名之為性。」

稱「性體」者，如〈明心上〉，《新唯識論》，頁 562：「性體渾然至真，寂然無相。」

稱「本心」者，如〈成物〉，《新唯識論》，頁 488：「生天生地生人生物，只是一理。此理之存乎人者，便名為本心。」

稱「能變」者，如〈轉變〉，《新唯識論》，頁 314：「把本體說為能變，這是從功用立名。」

稱「恆轉」者，如〈轉變〉，《新唯識論》，頁 317：「本體是顯現為萬殊的用的，因此，假說本體是能變，亦名為恆轉。」

稱「功能」者，如〈佛法下〉，《體用論》，頁 161：「本論從用識體，故說本體為能變，亦名功能。」

稱「真如」者，如〈功能下〉，《新唯識論》，頁 412：「真如是一切法真實性故，猶云宇宙的實體，故名萬法真理。」

稱「法性」者，如〈明心上〉，《新唯識論》，頁 548：「佛家法性心，則相當於道心。法性，猶云一切物之本體。」

稱「性智」者，如〈附錄〉，《新唯識論》，頁 676：「性智是本心之異名，亦即是本體之異名。」

稱「仁」者，如《明心篇》，頁 162-163：「宋明儒以仁為本體，甚失孔子之旨。仁是用，而究不即是體，謂於用而識體可也。」

稱「仁體」者，如《讀經示要》卷三，頁 835：「吾人之本性，即此仁體。但拘於形骸，蔽於私欲，則人乃成為頑物，而不獲其本有之仁體。然人能反而求之，則仁體未嘗不在。」

稱「良知」、「明德」者，如《讀經示要》卷一，頁 127：「陽明之良知，即本心，亦即明德。」

《易》明萬化之宗，而建乾元。

太極寂然無形，而其顯為作用，即說萬物資始，故曰乾元。
蓋言此至神至健之作用，乃為萬物所資之以始，故稱之曰乾
元也。乾元即太極也。

乾元是用，太極是體。體用不得無分，而云乾元即太極者，
以即用顯體故，得名太極耳！

乾元性海，是吾人與天地萬物所共同固有之也。

《易》贊乾元曰：「元者，善之長也。」此善字義廣，乃包
含萬德萬理而為言。……萬德萬理之端，皆乾元性海之所統
攝。【……乾元者，乾之元，非乾即是元，勿誤會。乾元即
是本體之名，以乾元之在人而言，則名之曰性。以乾元統含
萬德萬理之端，則譬之曰海。海至深廣，寶藏富故。】[32]

　　淵本自〈乾‧彖〉：「大哉乾元，萬物資始」的「乾元」一詞，
以即用顯體而作為「太極本體」的代稱，因其含藏豐富的萬德萬理，
在《原儒》中更時以「乾元性海」稱之。至於建置乾元的功臣，熊
十力則統歸於孔子一身：

稱「至善」者，如《讀經示要》卷一，頁157：「夫明德與至善，異名同實
也。同實者何？皆目本心也。亦即陽明所云良知也。」
稱「太極」者，如《讀經示要》卷三，頁919：「《易》建太極為本。【太極
為萬有之本體】……」
如上臚列，猶未完全賅備熊十力之「本體」稱名，如於〈原內聖〉《原儒》，
頁304：「本體之名甚多，如《易》之乾元、太極、《春秋》之元、《論語》
之仁、《中庸》之誠，皆是也。其在後儒，如程朱分別理氣之理，又云實理，
陽明所云良知，亦本體之目。」因應行文所需，稱名各異，是其特色。
[32] 分別語出《讀經示要》卷一，頁118；卷三，頁626、627。〈原內聖〉，《原
儒》，頁321、305。

洪惟孔子之內聖學，明示吾人皆固有其與天地萬物所共有而
各足之大寶藏。【乾元性海，統含萬德萬理萬化之端，故稱
大寶藏。】

及至孔子，始建乾元，以統天，……孔子則廢除天帝，而說
乾元為萬物實體，故曰統天。

孔子之學，不妨總分為兩方面，兩方面者，十五至四十，
孔子用力處，大概屬於人生論方面。從五十學《易》，而知
天道，則由人生論，而進入宇宙論，窮大極深，沛然充實
不容已。……至五十學《易》，窮徹乾元性海，即於小體而
識大體。

乾元性海，是孔子所親證而後言之也。

孔子《周易》，始明白廢除天帝，揭示乾元。

孔子《周易》的實體論，確然肯定有一元。【一元，即是萬
物之實體。……】但又堅決主張一元，是萬物各各自有的內
在根源，同時亦是萬物彼此共有的根源。[33]

　　熊十力借助〈乾·彖〉及〈坤·彖〉的「乾元」、「坤元」，建
立其一元本體論的思想。乾元、坤元，實為一元，此乾元即是產生
健動妙用的宇宙本體，亦即是天道，更是萬物的內在根源，由其顯
發為作用，則必有二方相反的力量呈顯，即所謂「乾神」、「坤物」
或「翕」、「闢」。熊十力即在其所認知的孔子易學中著根「乾元」，
作為其本體論的立足起點。

---

[33] 分別語出〈原內聖〉，《原儒》，頁 321、366、403、450、451；〈廣義〉，《乾
坤衍》，頁 331-332。

2.本體義涵

如上所述，乾元本體論的建構，是熊十力由所謂孔子易學中擷取而出的思想精髓。然而熊十力眼中的本體究為何種物事？何種性質？則須通觀其相關著作始能瞭然。熊十力曾於《體用論》中說以四義：

> 一、本體是萬理之原、萬德之端、萬化之始。二、本體即無對即有對、即有對即無對。三、本體是無始無終。四、本體顯為無窮無盡的大用，應說是變易的。然大用流行，畢竟不曾改易其本體固有生生、健動，乃至種種德性，應說是不變易的。[34]

熊十力於《新唯識論》及諸作中時或探及本體性質，而多本上述四義而更予闡發，綜述如下：其一，本體賅備萬理：本體圓滿至極，德無不全、理無不備、寂然無相、渾然至真、即靜即動、即止即行、即體即用，為萬理賅備的全體，因此涵具諸多潛能。[35]其二，本體具有複雜之性：萬變萬化的大原，倘為單純性，則其內部即無分化的可能，遑云變化發展？因此《易》以〈乾〉、〈坤〉二卦明本體具複雜之性，而熊十力更時以「翕闢」闡說本體並非

---

[34] 〈明變〉，《體用論》，頁9。另〈轉變〉，《新唯識論》，頁313-314則言「一、本體是備萬理、含萬德、肇萬化、法爾清靜本然。……二、本體是絕對的，……三、本體是幽隱的，無形相的，即是沒有空間性的。四、本體是恆久的，無始無終的，即是沒有時間性的。五、本體是全的、圓滿無缺的，不可剖割的。六、若說本體是不變易的，便已涵著變易了，若說本體是變易的，便已涵著不變易了。……」兩處相較，可見《體用論》之〈明變〉將本體絕對更為本體即無對即有對、即有對即無對，並刪去《新唯識論》之〈轉變〉六義中第三、五兩條。

[35] 詳參〈成物〉，《新唯識論》，頁536-537。

單純性。本體複雜性質中的對立統一、相反相成，正是變化發展的決定根源。[36]其三，本體具有變動之性：本體並非靜滯而係變動不居、剎那剎那捨故生新，無一時暫停的。更精確以言，本體兼具變易與不變易，若由不變的角度觀之，本體清淨剛健、無染無滯，恆守自性而不變；若由變的角度以觀，本體隨時變動而顯為無量無邊的作用，因此稱本體為能變，是由功用而立名。[37]其四，本體空寂真常而能生化：熊十力認為本體冲寂無形，然而寂非枯寂，而是生生不住。易言之，體雖無形可睹，但卻含藏萬有，絕對真實，生化而不容已。而舉凡剛健、誠、生化等均為本體真常諸德，因此得以肇萬化、成萬物。[38]其五：本體非離心而外在：各人的宇宙，均是本體直接的顯現，體非外在，吾人本心即是吾身與天地萬物同具的本體。本心之義，已詳申於第二章。其六，本體非理智所行境界：學問之途有二，一是科學一是哲學，科學憑以發展的工具，即是理智。理智惟向外探尋，且所言為客觀獨存的事物，而哲學所窮究的是本體，即在於闡明萬化的根源。單憑理智，難覓本體。[39]其七，本體唯是實證相應者：因本體是實證相應者，因名為性智。性智，即是真的自己底覺悟，離此覺悟，即無真己。性智義涵已申說於第二章。

「中學歸極見體」，[40]此體既是生生不息的宇宙本體，亦是吾人道德行為內在的價值源頭；既是一切存在的基礎，亦是吾人的真

---

36 詳參《明心篇》，頁 14-16；〈廣義〉，《乾坤衍》，頁 244-245、333 等。

37 詳參〈轉變〉，《新唯識論》，頁 314；《明心篇》，頁 19。

38 詳參〈功能上〉，《新唯識論》，頁 410-411；〈功能下〉，頁 433、463、467-468；《體用論》，頁 94-104。

39 詳參〈明宗〉，《新唯識論》，頁 248-249。

40 〈附錄〉，《新唯識論》，頁 678。

宰，因此「見體」正是熊十力哲學的核心，也是其歸宗孔子的首要課題。然而體不離用，有用始有體，因此以下繼體而談用。

（二）乾坤作用觀

　　所謂「用」，係因「體」而得名，本體空寂而剛健，生化不息，即依實體的生生化化而說為流行，即依實體的變動不居、現作萬行，而名為功用或作用。熊十力於「用」，稱名亦不限一詞，或云「作用」、「功用」、「勢用」、「變動」；或稱「功能」、「勝能」；亦有稱「法相」、「形下」、「器」、「氣」、「現象」等。用不孤起，必有二面，熊十力於書中或稱「乾坤」，或云「翕闢」，或曰「心物」，或言以「精神物質」等。其中推衍「乾坤」之義，則時歸本於孔子，如：

> 孔子內聖學之綱要，特詳於《大易》之〈乾〉、〈坤〉二卦，而二卦中之骨髓，又在兩〈象傳〉。

> 〈乾〉、〈坤〉兩〈象辭〉，尚保存孔子《周易》綱要。

> 聖人所謂乾者，乃生命心靈之都稱耳！聖人所謂坤者，乃物質能力之總名耳！

> 孔子內聖之學，要在解決宇宙人生諸大問題，其義旨悉見于〈乾〉、〈坤〉二卦。而〈乾〉、〈坤〉兩〈象傳〉，辭約義備，允為大寶。

> 孔子《周易》本以乾陽坤陰相反相成，為其根本原則。但與此原則，密切相關者，更有乾陽統坤陰、坤陰承乾陽之

最大原則，我認為此是《周易》辯證法之最特殊而又最精
密處。[41]

熊十力認為〈乾〉、〈坤〉二卦〈象傳〉中尚保留孔《易》原本
面目，並於《乾坤衍》、《原儒》中反覆推衍其義，以下即綜會熊十
力作品中的乾坤觀，藉以了解其如何在原經基礎下，為乾坤加入新
的元素，呈現豐富多姿的義涵。

1.乾坤的性質

乾，是乾元流行的主力。熊十力於《原儒・原內聖》及《乾坤
衍・廣義》中，時以乾神及生命心靈稱「乾」，乾為神，神即指精
神或心。神，並非超越天地萬物而獨在，而是周徧潛運於萬物之中，
而恆不失其渾一的特性。又《易》之所謂乾，代表大生的強盛勢力，
即依此勢力而稱為生命或心靈，生命心靈本不二，唯如就其生生不
已之德言，則稱生命；如就炤明無闇之德言，則稱心靈。熊十力又
以〈乾〉六爻為喻：初爻為潛龍隱藏之象，以譬生命、心靈隱而未
現，然其後發展根基卻奠立於此；二爻見龍，出潛而見於地面，以
喻生命始出，生命心靈由閉塞的物質層中出潛而著明；三爻乾乾，
以喻生命心靈健動而進，無有止息；四爻或躍在淵，以喻生命的躍
進不無障礙；五爻飛龍在天，以喻生命心靈的發展臻登峰造極之
境；六爻居上，不復言生命，以生命永無窮進之時。[42]此外熊十力
於「乾」又屢申其具有剛健、生生、炤明、升進、亨暢諸德，而剛
健則為其根本。所謂剛健，指其至剛而不折、至健以趨前、進進不
息、永不退墜；生生，指蓄然萬物，變化密移，於每一瞬間，捨故

---

[41] 分別語出〈廣義〉，《乾坤衍》，頁 231、234、235、371、400。
[42] 熊十力以生命心靈的發展狀態詮解〈乾〉六爻，詳參〈廣義〉，《乾坤衍》，
頁 322-323、362-364、390、391 等。

生新；炤明，指宇宙開闢，物質層成就時，生命力已運於其間，故無迷闇；升進，指生命心靈，同為向上以進，勇於創造；亨暢，指其和暢開通，無有鬱滯。[43]綜上可觀，由陽明、健動、開發無窮、升進不已，至精神、生命、心靈、心體等，熊十力的確活潑多元地拓展了「乾」的範疇。

「坤」，為乾之對反，以〈坤卦〉六爻皆陰，因此稱為「坤陰」，又〈繫辭上傳〉第一章言「坤作成物」、「坤以簡能」，熊十力因而稱「坤」為物、為能，又言坤有柔順、迷闇、堅結、閉塞、下墜諸性，而以柔順為本。所謂柔順，指須順承乾剛健中正之德；所謂迷闇，以人生言，即是依軀殼作主，如臨財苟且貪得、臨難苟且避害，如此則無往而不迷闇。凡坤諸性，均與乾相對為言，如《讀經示要》中以心、理、公屬乾，而與此相對者，即以形、欲、私屬坤。[44]

2.乾坤的關係

其一，乾坤相對：簡別之，乾陽為神、為心、為知、為大明；坤陰為質、為物、為能。析言之，則乾性為健，而坤具墮性；乾主進，坤喜退；乾主創造，坤樂因循；乾知來，坤藏往，乾至精而常為未來開端，坤則藏往而載眾理；乾為精神、坤為材質。至於《易緯·乾鑿度》卷下言「陽動而進，陰動而退。」熊十力則釋為乾上升而不沉墜，開發而不蔽錮；坤則分凝而閉錮，粗濁而沉墜。至於人之生，則稟乾以成性，資坤以成形，離乾坤無有萬物，離萬物亦無乾坤。[45]

---

43 言「乾」之殊多德用，詳參《明心篇》頁9；〈廣義〉，《乾坤衍》，頁239、291、450。

44 《讀經示要》卷三，頁680：「形不可以役心。心，乾也，陽也。形，坤也，陰也。……欲不可以違理，違理之欲，邪欲也。邪欲，陰也，屬坤。理，陽德也，乾也。……私不可以背公。……以私背公，則陰犯陽。」

45 詳參〈原內聖〉，《原儒》，頁 458、468、471、472、481；〈廣義〉，《乾坤衍》，頁 242、367 等。

其二，乾主坤承：乾為乾元流行的主力，坤為乾元流行的翕斂；乾運坤，坤載乾；乾道主動以導坤，坤不獨化，須承乾起化而成物；乾以剛健中正之德統坤，坤以永貞之德順乾；乾化坤，坤承乾，陰陽和，萬物乃資受陰陽之德而成性成形、成始成終。熊十力又認為所謂「乾統天」，表心靈統御物質，唯有坤陰順承乾陽退居於後，奉乾陽為主，方能無往而不利，因此〈坤‧卦辭〉言：「君子有攸往：先，迷；後，得主，利。」然而乾坤變動，雖然以乾為主，坤承之，然所謂主，並非先時而動；所謂承，亦非後而有，二者實一齊同時俱有。[46]

其三，乾坤互含：乾坤，名為相對，實為互含，〈乾卦〉中有坤象；〈坤卦〉中有乾象，熊十力藉乾坤互含定一元之義，並以此修正船山之乾坤並建，已申述於本書第三章。

其四，乾坤相反相成：熊十力認為宇宙開闔，必因實體內部隱含矛盾，有此相反相對的性質，蘊伏動機，始能成其變化，因此乾坤互反以成變，此為必至之勢。然而乾元發用時內部所呈二方的矛盾失調，終非恆久，乾以健統坤，坤以順承乾，乾神以剛中之德開發坤物，坤物以永貞之德承乾神，終究相反而相成，臻至乾坤統一、保合太和之境。

乾元即是宇宙本體，乾坤大用則代表一元實體內部所涵載的複雜性，然其非可各自獨立，而是一體兩面、彼此相須，對立而又融合。熊十力在《乾坤衍》中反覆論述此種「乾坤不二」的一元實體論，至於前此的《新唯識論》中，則多以「翕闢成變」表述，如翕闢的勢用相反，翕具成形及下墜的趨勢，闢則代表向上、伸張、猛進、剛健不物化的動勢。再者由於翕的勢用為凝聚，有成為形質的趨勢，即依此而假說為物；闢的勢用剛健，運行於闢

---

[46] 詳參〈廣義〉，《乾坤衍》，頁 351、365、396、398、406、409、410 等。

中，即假說為心。又翕闢同時存在，有翕即有闢，有闢必有翕，有此二面方成變化，二者並非異體，而是不可剖析的一體二面。此外闢主施、翕主受；闢為主、翕為從，彼此對立融合、相反相成等。由此看來，「翕闢成變」與「乾坤不二」概念相近，由翕闢成變至乾坤不二，亦可看出熊十力學術思想逐次回歸《易經》、皈依孔子的發展脈絡。

乾坤不二、翕闢成變亦可推衍至心物關係上，如：

> 《易·大傳》曰：「乾知大始，坤化成物。」據此說乾為知，說坤成物。則心物同為乾元本體之功用。易言之，即心物同為乾元之流行，此是孔子《周易》綱要，學者須深切體認。

> 余宗《大易》乾坤之義，說心物是大用之兩方面，不是兩體。此兩方面元是生生不已、變動無竭之大流。從其性質不單純，說為心物兩方面，從其剎那剎那、捨故生新、無斷絕、無停滯，說為大流。[47]

以心物為言，乾心坤物，心性剛健，恆保本體之德；物性退墜，不守本體之性。心因具剛健之德，因此能認識物、解析物、體察物、改造物、統治物，而物則須順從心，以順從其德用，終至相反相成，歸於統一。所謂心物，即是精神物質，精神有統御天地萬物之德，精神運行於物，統御了吾人的五官百體。在易學作用觀上，熊十力由乾坤不二，靈活推擴至翕闢成變、心物統一、精神物質的統一等，他一方面強調二者的不可或離、彼此相須；一方面卻又高揚乾、闢、心、精神的主導地位，使健德成為一身之主，發揮生生不息的創新精神，如此方能和諧通暢、无往不利。

---

[47] 分別語出〈原內聖〉，《原儒》，頁 454-455；〈佛法下〉，《體用論》，頁 221-222。

（三）體用不二觀

以上就乾元、乾坤分言體用，然而體用究非二事，亦非二重世界，應合併以觀，方見其全。熊十力對體用問題的開發、闡述、闢析可謂不遺餘力，而代表其學術成就的體用不二觀係綜會諸家、借鏡中西、取捨佛道，歸宗於《易》而成，因此他如此自招：

> 余之宇宙論，主體用不二，蓋由不敢苟同於佛法，乃返而遠取諸物，近取諸身，積漸啟悟，遂歸宗乎《大易》也。

> 平生遊乎佛家兩大之間。卒歸乎自由參究，遠取諸物，近取諸身，積測日久，忽然悟得體用不二，自是觸發《大易》之蘊，乃知先聖早發之於古代。從此研《易》，以及《春秋》、《禮》、《樂》諸經，遺義偶存者，沛然有六通四闢、大小精粗，其運無乎不在之樂。余之學自此有主，而不可移矣！[48]

藉體用不二論，以修正佛家空有二宗之偏，已略述於本書第一章。至於《大易》於熊十力體用不二觀觸啟尤深，所謂「易」，既有不易之義，謂宇宙基本原理為不易；又有變易之義，言宇宙係剛健不息、時時變易，而宇宙的終極真實即是新新不已的大化流行，一切現象均是此終極真實的具現，《大易》言不易變易之理，實已洞燭宇宙奧蘊於機先。熊十力認為《繫辭傳》的「顯諸仁，藏諸用」及「神无方而易无體」等，已發明體用不二之義，以前者為例，熊十力云：

---

[48] 分別語出〈明變〉，《體用論》，頁59；〈佛法下〉，頁215。

顯仁者何？生生不息，為之仁。此太極之功用也。藏用者何？
用，即上文所言生生不息的仁。藏者，明太極非離其功用而
獨在，……余讀《易》，至顯仁藏用處，深感一藏字，下得
奇妙。藏之為言，明示實體不是在其功用之外，故曰藏諸用
也。藏字，只是形容體用不二。[49]

　　突破前賢諸說，在舊瓶中裝載新酒、在古籍中活釀新意，以為
時需，是熊十力學術習常的表現。即使是熊十力慧識獨闢的體用不
二觀，他仍然一貫地貼上孔子首創的標誌：

聖人作《周易》，反對古帝王所利用之天帝，而創明體用不
二之論。此論既出，不獨天帝無可迷信，而古今哲學家談本
體之種種錯誤，皆可避免。

孔子洞見體用不二，即實體不是離開現象而獨在，余在本
書，隨處重複說明此意。

余玩孔子之《易》，是肯定現象真實，即以現象為主，可以
說是攝體歸用。

孔子作《周易》，創明體用不二之論。不許立一元，以超脫
于萬物而獨在，以主統萬物。[50]

　　《乾坤衍》類似如上的言論隨處可見，也由此得窺熊十力晚期
作品中歸嚮孔子的心志益堅，此等深切的用心，自然也反襯出他對
傳統文化在時勢激盪下無處著根的憂慮。在孔子名義寄託下，他以
全副心神開展出其體用不二說的豐富內涵。

---

[49] 〈佛法下〉，《體用論》，頁216-217、220。
[50] 分別語出〈廣義〉，《乾坤衍》，頁235-236、303、305、343。

1.即用顯體 於用識體

本體無方所、無形相，求之而不可得，難以直揭，因此不妨由用以識體，即流行而識真宰，由現象而把握實體，此即是熊十力所謂「即用顯體」、「於用識體」之謂。其要旨依原著歸納如下：其一，體雖不可直揭，但體卻可顯為無量無邊的大用，用有相狀詐現，因此不妨即用顯體。其二，用，為體的顯現，無體即無用，離用則無體。其三，體雖至無而顯萬有，雖至寂而流行無滯礙，因此離萬有不可覓至無；離流行不得覓至寂，必須於萬有識至無，於流行識至寂。其四，用固然不即是體，然不可離用以覓體，因本體全成為萬殊的用，即在一一用上，都具有全體，因此即用顯體，即是推見至隱。其五，以心為本體，是即用而顯體，言恆轉之動而闢，此「動」即是舉體以成用，可知體非在用外，離用不得覓體。[51]此外熊十力更將即用顯體的思想遙寄於《大易》，認為「即用而識體也，乃《大易》之遺意」、「即用而識體，是故即於變易而見不易，此《大易》了義也」、「《周易》不於功用或現象之外，建立實體。而收攝實體以歸藏於功用或現象。易言之，即以實體為功用或現象之內在根源，故說即用顯體。」[52]用為體之顯、體為用之體、無體則無用、離用亦無用，此為即用識體之意，擴大而言，於流行而識主宰、於化跡而悟真實、於無常而識永恒、於變易而識不易、於相對而識絕對、於現象而識絕對、……均是於用識體之義。

---

[51] 詳參〈唯識下〉，《新唯識論》，頁 301-302、304；〈功能上〉，頁 387；〈明心上〉，頁 550-551。
[52] 詳參《讀經示要》卷二，頁 405、433〈廣義〉，《乾坤衍》，頁 480-481。

2.攝體歸用

所謂攝體歸用，即是肯定現象真實，以現象為主，收攝實體而歸藏於現象中。熊十力認為昔賢多於用外求體、物外求道，不悟道在物中、體於用見，因此離析體用為二，而以實體為主，攝用而歸體、攝相而歸性、攝俗而歸真。[53]所謂攝用歸體，即是只求證會本體、皈依本體，忘卻本體即是吾人自性，不悟本體無窮德用即是吾人自性德用，如佛家歸於寂滅、老子返於虛無，將實體由吾身外推而出，說為絕對等即屬之。有鑑於此，熊十力因言攝體歸用，認為實體自身全變為萬物或現象，萬物外無獨存的實體。換言之，道即是物，物即是道，所以人生不應遺世以求道，而應於現實世界以闡道，其體用觀與人生觀係兩相密合為一。

3.體用可分而不可分

即指體用不一而不異。所謂體用可分，因體原無差別，而顯現為蕃然妙有的萬殊之用，萬化皆由真宰而來。體無差別，既現為用，則宛爾差別；體無形相，至現為用，即宛爾有相；體本至虛，至顯為用，則不可窮屈。體不得道說，用卻可言詮，因此言體用不一、體用可分，然體用可分，究為順俗假設耳！體用雖不妨分說，實際卻無可分，如二者可分，則用即是別於體而獨存的物事，而體亦將成為無用之體，因此體用實不異而無可分，熊十力更由即體而言用在體、即用而言體在用二義，來申說體用若不一實不二的道理。[54]體用不一不異的關係，熊十力以冰水為喻：如水非堅凝，俟現為冰，

---

[53] 攝用歸體，詳參〈功能下〉，《新唯識論》，頁 446；〈原學統〉，《原儒》，頁 46；〈廣義〉，《乾坤衍》，頁 304、306、308。

[54] 詳參〈功能下〉，《新唯識論》，頁 434、435。

即成堅凝，因此水與冰非一；而水即冰之體，冰即水之顯，非異於水之外而有冰的自性，因此二者不異。以漚水為喻，則大海水全成眾漚，非一一漚各有其體，因此眾漚與大海水不二；然雖不二，而有一一漚相可說，因此漚水畢竟有分。[55]體用不二的深蘊即在此體用可分而又不可分、體用不一而又不異的微妙關係上呈顯。

4.證體知用

用，即於體的顯現而取名，如不證體即不識大用。何謂證體？當本體呈露時，即自明自證，此即是證體。用由體變現，終將回歸本體自身，而回歸方法即在於透過證體工夫，即藉由本心的自明自覺，而付諸行動加以實踐，方能與本體合一。因此證體知用，當知「即工夫即本體」此一竅門。

5.作用見性

性即是吾人與天地萬物同具的本體，但以其為吾人所以生之理而言，則謂之性；以其主乎吾身而言，則謂之心。而作用即是本体的流行，凡見聞覺知等均屬之。性體渾然至真，寂然無相，不可言見聞覺知等作用，即是性體，因此僅稱「作用見性」，然亦非離作用外，別有性體，而必於作用見性。所謂作用見性，即於流行而直見性體，性體、流行，不一不異。[56]

6.即工夫即本體

禪家言作用見性，儒者闡揚即工夫即本體，二者實即體用不二義。工夫，自本性而出，非離本體而別有物，亦非離卻本體別有一心

---

[55] 冰水及漚水之喻分見〈功能下〉，《新唯識論》，頁 466；〈附錄〉，頁 646。
[56] 作用見性義詳參〈明心上〉，《新唯識論》，頁 557-564。

來用工夫，因而工夫即本體的發現。未知工夫即本體，則工夫皆屬外鑠者，如無工夫而言本體，則必不得實證本體。工夫誠至，則本體呈顯，唯有真切下過工夫，方能實證本體即是吾心。然工夫重在保任，並非於體外有所增益，而重在不被習染所縛，不順驅殼起念，使本心恆為主於中，焂然至明。如不能當下自識本心，即不能回歸主體；如失卻道德實踐工夫，即未能見得真宰，因此人能弘道，而非道弘人。

　　熊十力說：「吾平生談本體，原主體用不二。」[57]自謂體用不二論係觸發於《周易》、淵本於孔說，而實由諸家說法簡別蘊釀而成，至於其申言體用不二，則由於用顯體、即用識體、攝體歸用、稱體起用、體用不一不異、即用即體、即體即用、證體知用、全體成用、全用即體、用外無體、體外無用、作用見性、即工夫即本體等多重面向反覆申說。《原儒》一書為其宇宙論括以十六句義，首四句為「一為無量，無量為一，全中有分，分分是全。」並自注云：「一，謂本體，無對故名一。無量、謂用，用乃萬殊，故名無量。全與分，亦謂體用。」[58]如加以轉換即是「本體為用，用為本體，體中有用，用中是體。」體用不二之旨已於此中簡賅彰顯。[59]

二、定位於孔子的天人觀

　　熊十力學術思想以體用不二為中心，由此推衍成一內容完整、體系嚴謹的「不二」系統。如其自稱：

[57]　〈明心上〉，《新唯識論》，頁583。
[58]　〈緒言〉，《原儒》，頁12。
[59]　本章言體用、天人、科學格物、治化等課題，得並參拙著《熊十力易學思想之研究》第五、六章相關處。本章係以彼為基礎，結合熊十力孔學思想，重行彙整及發揮。

於宇宙論中悟得體用不二，而推之人生論則為天人合一。
「天，謂本體，非天帝也。尅就吾人而言，則天者，乃吾人
之真性，不是超越吾人而獨在也。故天人本來是一。」……
推之治化論，則道器為一。裁成天地，曲成萬物，所以發皇
器界，即所以恢弘大道也。[60]

由天人不二及至道器不二、理欲不二、知行不二、動靜不二、
成己成物不二等，均是立基於體用不二基礎上推擴而得。所謂天，
即是道、天道，亦即宇宙的本體、萬化的大原，為吾人與萬物之所
從生，在《易》即稱太極、乾元。熊十力的天人觀，強調人與天道，
本為一體；天與人間，實無間隔；人之生因於天，天之顯恃乎人，
天人實不二。而善言天道者，必應乎人事以順天；必驗諸人道以合
天；必盡乎人能以法天。舉凡其強調孔子仁體思想、陽明良知本心、
《易》及船山生生、健動思想，甚至治化觀等，無不是體用不二、
天人不二思想的推衍及發皇。

熊十力著力闡發天人思想，並強調天人思想早發於群經之中：
「天人之蘊，【天，謂宇宙本體。人，謂人生真性，其實一也。】
神化之妙，與夫人生日用之當然，《六經》之所發明，寓極玄於極
近，窮幽微於甚顯，體至精於至粗，融形上、形下而一貫，至矣盡
矣！高矣美矣，無得而稱焉！」[61]天不遠離，在吾人本性上即可體
現天道、在生活日用間即可應證天道。熊十力於《原儒》、《明心篇》
中淋漓發揮了其天人思想，而天人思想的創發，熊十力仍一貫地標
舉孔說及《大易》，以作為其思想的啟蒙導師：

---

[60] 〈佛法下〉，《體用論》，頁 215。
[61] 《讀經示要》卷一，頁 7。

孔子言天道，又曰人能弘道，天人二義，實為孔子內聖學之綱領。

惟孔子，窮宇宙之原、究生人之性，體大生廣生之德於日常生活之中。成己成物，通為一體。

孔子曰：人能弘道，非道弘人云云，誠以天道既是人之所由生，不在人之外，則即人即天，何可將天推出於吾人之外去，遂至尊大天之權威，而以人為其玩具乎？

《易》道廣大悉備，其綱要在天人，不明天人之故，不可讀《易》也。天道成萬物，而萬物以外無有天，此理根也。……宇宙萬有，不是如幻如化，不是從空無中忽然生有，是故言天道；天道成萬物，萬物以外無有天，是故尊人道。

孔子作《大易》，體用不二之真理始彰；天人合一之大道遂著。[62]

以下即循熊十力的孔《易》路線，彙整其各書相觀論點，以見其天人不二觀之概略。

（一）人得天而生

天是人類的造生者與世界的化成者，因此《易·序卦傳》：「有天地，然後有萬物。有萬物，然後有男女。」而由〈乾〉、〈坤〉二〈彖〉更可推見萬物之始與生，均源本於天，天地生化之功，及大生廣生之德，《易》屢讚之，因此〈繫辭上傳〉第五章言「生生之

---

[62] 《明心篇》，頁 159、164、169、176-177、181。

為易」。另〈乾・彖〉則云：「乾道變化，各正性命。」以乾道指謂具化育功能的天道，人與萬物的性命稟受天道的命賦而來，是以人性的內涵，遂由天道所全幅規定，而人性自亦兼具天道的內容與意義。除《易》之外，他如《詩・大雅》之〈蒸民〉言：「天生蒸民，有物有則，民之秉彝，好是懿德。」《中庸》云：「天命之謂性」等均透顯出相近思想。天有元亨利貞諸德，而人也有仁義禮智諸善，人之善係本於天之善，因此人得天而生，人本天而立。熊十力引揚雄「人不天不因」，以明無天則吾人無所因而生，並申之曰：

> 何言乎人不天不因？人生非幻化，乃本乎一誠而立。誠者，天道也。若不有天，則人將何所因而得生乎？[63]

天以生而不有、為而不恃、長而不宰為其盛德，縱任萬物互相比輔、各得以遂生、各得以有為、各得以自主，而人道亦因之而成。因此如能反求諸己，深察萬物的內蘊，則必能明晰吾人固有與天地萬物所同具的大寶藏，此大寶藏即是天、道或稱乾元，而凡人均具有此大寶藏之全，皆得天之全以為其本體，如同每一漚皆具大海水之全。人不天不因，點出天為吾人與萬物之所自出，人絕非憑空而起，而是以天為其內自本因、為其大寶藏及根源。

（二）天恃人而成

天道性命本一體二面，而實行者則恃於人，因此《論語・衛靈公》言：「人能弘道，非道弘人。」熊十力並藉此強調反觀自省，克治迷妄，以識本來面目，並存養擴充，則日用之際，真性熾然流行，此即

---

[63] 〈原內聖〉，《原儒》，頁308。又「人不天不因」句，（漢）揚雄《法言》（北京：中華書局，1991年）卷七，頁30，原作「人不天不成」。

人能弘道之謂。[64]至於《易》之〈乾・象〉：「天行健，君子以自強不息。」〈坤・象〉：「地勢坤，君子以厚德載物」等，〈大象傳〉由內外二卦卦象，衍言德行的修養，即是寄天道於人事。又〈泰・象〉：「裁成天地之道，輔相萬物之宜。」裁成輔相，非人莫可為，亦惟有人始能即物以窮理，反己以據德，實現天道、發揚天道，因此善言天者，必徵驗於人道，熊十力引揚雄「天不人不成」以明此理，釋曰：

> 何言乎天不人不成？天有其理，而充之自人。不有人充之，
> 則理亦虛矣！天有其德，而體之自人，不有人體之，則德不
> 流矣！然則，天若不有人，其理虛。其德不流，是天猶未能
> 成其為天也。故曰天不人不成。[65]

此即《論語》「人能弘道」及〈泰・象〉輔相裁成之意，凡此均旨在強調人未可恃天、天實恃人以成，因此吾人不應自餒自棄，而應以自力發展本體的潛能、充擴所稟受於天的德能，以完成天恃人成的使命。

（三）天人不二

如前所述，天道不存，則人失卻生存依據，而天道之成亦繫於人，天道賴人道以為徵驗，人能廢則天道亡。然天人二者豈無差別？熊十力點出其相反處有二：

> 一曰，天道高明悠久無窮，而人生陷於有對之域，不得無窮，
> 其異一。二曰，天道鼓萬物，一切任物之自然，非為斯人之

---

[64] 詳參〈緒言〉，《原儒》，頁 8；〈原內聖〉，頁 302-303。
[65] 〈原內聖〉，《原儒》，頁 308-309。又「天不人不成」句，揚雄《法言》卷七原作「天不人不因」。

樂利而始生物也。萬物誠有可資益於人，其為害於人者，則尤多而且屬，天人之不相為謀也彰彰矣！其異二。[66]

天人雖相反，卻又相通無間、未有判隔，天道、人性一以貫之，吾人的真性即徧為天地萬物的本體；天地萬物的本體即是吾人的真性。因此天人雖有分而實不二，一言乎天，即對人而得名；一言乎人，即對天而得名。天仗人以成天道，而人以天為其內自本因，天人雖對立而實相融，因此熊十力曰：

人生論中，天人、相反也。而人道統攝天道，乃反而相成。[67]

熊十力又引《莊子‧天下》：「不離於宗，謂之天人」以言，所謂「宗」，即是天、道，即是萬化根源。人之生因受限於形氣，而漸乖離其宗，如能使不離，則即是即人即天，[68]而識得萬物自性即道，道不離物而獨在，道即一一物，而一一物即道。至於《大易》綱要尤在天人，由乾元始物，萬物各正性命處，即明示天人本不二、物我為無間。而《孟子‧盡心上》則言「上下與天地同流」、「形色，天性也。」盡性所以踐形，踐形即是盡性，因此孟子的人生觀在於集義、養氣，以究於至大至剛、充塞天地之盛，此亦是即人即天、即世間即乾元性海之意。[69]

熊十力反覆論申一切學術思想，以融貫天人為依歸，進而盡人以合天，《十力語要初續》更由此申言：

於器而見道，於氣而顯理，於物而知神，於形下而識形上，於形色而睹天性，而相對而證入絕對，於小己而透悟大我，於肉

---

[66] 〈緒言〉，《原儒》，頁7。
[67] 同前註。
[68] 詳參〈原學統〉，《原儒》，頁75。
[69] 詳參《讀經示要》卷二，頁268；《十力語要初續》，頁58、64。

體而悟為神帝。微乎此者，不獨無生死海可厭離，實乃於人間
世而顯天德。人生日新盛德富有大業，一皆天德之行健不息。[70]

　　要之，熊十力闡論天人關係，上承孔子、六經及先哲融形上形
下為一貫的傳統，作品中反覆申論即人即天、即天即人；人不天不
因，天不人不成，天人不二的思想，而於《新唯識論》體用不二之
旨，黃艮庸亦言其係「融貫天人，繼《大易》而有作。」[71]天人雖
不二，而熊十力所致力的，則在凸顯人的價值，賴我以凝道、盡人
以合天。其以人為主的人天觀，強調主體的能動功能與改造力量，
以人為宇宙的主宰，倡導積極入世的人生觀。

三、根柢於孔子的仁學思想

　　孔子之言，金聲玉振；孔子之道，萬古常新，而驅使孔子成為
儒家精神典範的總綱領，端繫於一「仁」字。《呂氏春秋・不二》
曾以一字賅舉春秋戰國時十家之所貴，於孔子則標舉「貴仁」；至
於《莊子・天道》則載老聃問孔子學說之要，答曰「要在仁義」，
孔子與仁已然緊密綰合，二而不一，一而不二。自從孔子提出此一
樞機，歷經孟子以下的各代諸賢，傾力推擴、積極闡揚，仁的義蘊
已更趨精贍。而熊十力論學，亦以推闡孔聖仁學為本務，在他看來，
仁是理、是道、是心；是眾德、是百善；是道德根源、也是價值淵
本，不論在《新唯識論》、《讀經示要》或《明心篇》、《原儒》中，
「仁」永遠是他屢發的先要課題：

<hr>

[70] 〈《新論》平章儒佛諸大問題之申述（黃艮庸答子琴）〉，《十力語要初續》，
頁 69。文雖為熊十力弟子黃艮庸所書，然曾由熊十力改定，因此雖非語出
熊十力，然仍可見一家之學，註 69 亦同此。
[71] 同前註。

儒家則遠自孔子已揭求仁之旨。仁者本心也，即吾人與天
地萬物同具之本體也。至孟子提出四端，只就本心發用處
而分說之耳，實則四端統是一個仁體。後來程伯子〈識仁
篇〉云：「仁者渾然與物同體，義理智信，皆仁也。」此則
直演孔子《大易》「元者善之長也」意思。《易》以乾元為
萬物之本體，……元在人而名為仁，即是本心，萬善自此
發現，故曰「善之長」。逮王陽明作〈大學問〉，直令人反
諸其內在的淵然而寂、惻然而感之仁，而天地萬物一體之
實，灼然可見。羅念菴又申師門之旨，蓋自孔孟以迄宋明
諸師，無不直指本心之仁，以為萬化之原，萬有之基，即
此仁體。

仁實為元，仁即道體，以其在人而言，則謂之性，亦名本心，
亦名為仁，以其生生不已，備萬理、含萬德、藏萬化，故曰
仁。《大學》所云明德，亦仁之別名也。

元，始也。言其為萬物所資始也。始萬物者仁也，故〈文言〉
曰：「元者善之長也。」夫生生之謂仁，生生者備萬理，眾
善自此出，故是善之長。又曰：「君子體仁，足以長人。」
前言元者善之長，是尅就仁體言，此言君子體仁，則尅就吾
人分上而言。……詳孔子以乾具元德，直釋為仁體，證之《論
語》弟子多問仁，可見孔子學術之本源確在《易》。[72]

　　仁是儒家倫理思想的核心，而熊十力卻將仁提升至本體的地位。
仁本是用，不即是體，但由即用識體、即工夫即本體以言，則稱之為
仁體亦無妨。此仁是吾人存有的源動處，也是宇宙本體的動源處，熊

---

[72] 分別語出〈明心上〉，《新唯識論》，頁 567-568；《讀經示要》卷一，頁
　　115-116；卷三，頁 629-630。

十力將此吾人心體與宇宙道體通合為一；又將孔子的仁、《易》的乾元及生生健動思想、大學的明德、宋明儒的本心、良知及性智等，冶為一爐，精湛提煉出其縱橫通貫、上下交融的思想系統。

熊十力闡揚孔仁，仁既是吾人與天地萬物所同具的本體，也是人生的總德及生命實踐的內容。仁等同於本心，本心涵備諸德，而總括為仁德，唯有踐仁方足以知天，因此熊十力言得天在於得仁：

> 人之所以生者，得天而生也，其所以立者，得天而立也。得天者，求仁而得仁也。……夫仁心之存乎人者，剛健、炤明、生生而能愛，不畏小己之之私欲所縛，常流通於天地萬物而無間隔，此乃根於實體之德性，而為一切德行之源泉也。……仁心是人所本有，反己而求之即得。求仁而得仁，不致陷於不仁，仁心以天為其根，故曰得仁即即得天也。仁心，即是實體之德用，故說仁心以實體為其根。[73]

唯有得仁才得以立人極、盡人能、弘天道。孔子畢生行事重在踐仁，年至五十，始云知天命，因此孔子踐仁實為天命的印證。牟宗三先生亦言，仁有「覺」、「健」二大特質，其作用便是遙契性與天道。[74]至於踐仁之方，夫子答顏淵以「克己復禮為仁」；答仲弓曰「己所不欲，勿施於人」；答樊遲以「愛人」；答司馬牛則曰「仁者，其言也訒。」[75]因仁備萬德，是眾理之所歸宗，孝、弟、忠、恕、恭、順、儉、讓等無不是仁，因此，孔子依弟子才器而隨機指點行仁之方。至於熊十力上承孔子，其人生論的重心即在於踐仁返本，而求仁之法，則側重日新、日損的工夫：

---

[73] 《明心篇》，頁 161-162。

[74] 詳參牟宗三：〈孔子的仁與「性與天道」〉，《中國哲學的特質》（台北：台灣學生書局，1984 年 4 月）第五講，頁 31-36。

[75] 夫子答仲弓語，原出〈顏淵〉及〈衛靈公〉，《論語》，餘三則均出自〈顏淵〉。

日損之學，要在一生之中，時時在在、於生心動念，舉手下足，乃至履萬變、當大艱，恆不忘反己照察，肅清內伏之一切雜染惡根，直以猛力殲滅，無俾遺種。

孔子洞徹人生之本性，其道以敦仁為宗，專向至善發展。慎獨功夫，固以擴充善幾為主，而謹防非幾之萌，有礙於仁的發展。此聖人敦仁日新之學。

返己法門，是聖學骨髓，《論語》曰不違仁，即返己之實功也。

儒學返己之道，以敦仁日新為主，而克制小己之私欲，無令妨礙仁德發展。[76]

日損之功在精察冥闇、照見私欲、克盡雜染；日新之學在日日弘實吾人性命，使固有善端、明睿之智、惻隱之幾均能日新日擴，由此二工夫以篤厚人性，回復本心，而天道亦因之得以恢弘。

要之，熊十力將孔子仁學作了多方而靈活的運用，如強調融佛之寂以會通《易》之神、儒之仁；又側重本心之仁的彰顯，以此通貫孔孟、群經以迄宋明諸儒的思想要義；而凡言諸德，如義禮智信、公忠誠恕等無不是歸本於仁；於政治，主張本仁心以立治體，化民以仁，以仁育民，使臻大同之境，將另詳述於下節；於知識問題，則主仁智兼修，以達智周萬物、道濟天下之功，已略述於第二章。誠如其所言：「孔子之學，歸本求仁，蓋無疑義」、「孔子為道之學，以求仁為主。」[77]而熊十力蹈循孔子腳步，卯其全力彰顯孔聖此軸心思想，亦殆無疑義。由求仁、體仁至踐仁，熊十力始終秉持堅毅執著的定向，在返本體仁的課題上鉤深探賾，呈現了其對孔聖的耿耿孤心。

---

[76] 分別語出《明心篇》，頁 28、44、192、194。
[77] 《讀經示要》卷二，頁 449；《明心篇》，頁 34。

第三節　外王理想的勾勒及繪製

一、植基於孔子的科學格物觀

　　民初以來，在中西文化的交流衝激下，競尚科學新知已蔚為時風。熊十力除吸納求實事、具條理的西方科學精神外，並力圖於傳統文化中覓尋可以嫁接的理論根據，以驗證科學日益之學，固然盛於西方，而中國古代亦早有相關思想軌跡，如本書第二章所言的《大學》格物之教、朱子格物窮理之說等即屬之。另熊十力遠溯天文、算術、地理、醫藥、機械、水利等，認為漢之前已然賅備，而儒家孔、孟、荀、名家惠施、《周官》等也具相關思想，至於《大易》一經，尤能呈現孔子格物精神。

　　熊十力認為古代科學思想，自伏羲畫八卦時即已萌芽，而天算、音律、藥物之學，於五帝之世已興。指南針或云黃帝或周公，此隸屬物理學；《周官》有壺涿式掌除水蟲，此為微生物學；木鳶則墨翟、公輸皆有製作，此為飛機之始；秦李冰已精通水利工程學；漢世煉丹，係屬化學；東漢張衡的地震儀，關涉天文學。另地圓之論，已言於《周髀算經》；五洲之說，鄒衍已先言於戰國時。……由此觀來，言中國古代無科學思想實為自我菲薄。又《尚書・皋陶謨》言「天工人其代之」，鼓勵發揮人力、克盡人能、改造環境，此間已含蘊科學精神。[78] 至於先秦諸子亦時見相關思想，如《孟子・梁惠王上》言養民德，自制產始，[79] 由此可知孟子頗重視民生；而

---

[78] 詳參《讀經示要》卷二，頁 418；〈緒言〉，《原儒》，頁 20；〈答某生〉，《十力語要初續》，頁 40。

[79] 原出〈梁惠王上〉，《孟子》：「是故明君制民之產，必使仰足以事父母，……

《荀子‧天論》言制天裁天，強調以人智裁物質，以與天地參的思想，與今日西洋重科學格物的精神，尤相繫合。[80]又認為名家惠施雖忽於返己之學，但其偏尚逐物，專向知識一途發展，深具科學家的熱誠與風度。[81]

至於孔子的科學格物觀，熊認為於《論語》中即可見其端緒，如〈子罕篇〉載孔子之言：「吾少也賤，故多能鄙事」、「吾不試，故藝。」由此得見孔子因應生活之需而備有格物的知識與諸多技藝；又〈為政篇〉言：「知之為知之，不知為不知，是知也。」〈八佾篇〉言夏殷之禮，而以杞宋的文獻不足徵為憾，凡此均可見孔子探察事物，必博求證據等。[82]再者孔子倡導科學格物的識解，尤可由《大易》一書中具體呈現，因其所探勘的範疇，廣大至賾，舉凡天文、地理、人倫、物理、事理無不賅舉，除豐厚的哲學思想外，也呈現豐盈的科學精神。

《易經》由卦爻構成至經傳思想，隨處呈現著深具系統與條理的科學方法與內容。如其以陰陽的符號及數理邏輯來象徵宇宙人生的萬物、萬象、萬變：「─」為陽、「－－」為陰，一陰一陽而推擴為八卦、六十四卦、三百八十四爻，藉以擬議神秘的自然，象徵萬物的情狀，其理至簡，卻能賅備所有。由簡趨繁，此屬演繹之學；以簡馭繁，此為歸納之學。又如六十四卦區分為上經下經，上經多言天理、下經多闡人道人倫，而其列卦順序，〈序卦傳〉視為後卦與前卦或相因或相反的因果系列；孔穎達《周易正義》則認為六十四卦乃二二相偶，非覆即變。由此可知就《易》的卦序排列言也兼

今也制民之產不足以事父母，……奚暇治禮義哉」一段。
[80] 詳參《讀經示要》卷二，頁347-349。
[81] 詳參〈原學統〉，《原儒》，頁63-65；《明心篇》，頁68、69、98、99。
[82] 詳參《讀經示要》卷二，頁338；〈原學統〉，《原儒》，頁25；《明心篇》，頁23。

具科學方法。再者如因應爻位不同，其用字遣詞也各有定則，如初
爻多以趾、足、履、尾取象；二、五爻多用中、黃等；五爻常用天、
君、帝王、公、大人、君子等，以見其尊；三、四爻多用或、往來、
憂、嗟嘆；上爻多用首、頂、角等取象，隨處俯拾，無不見科學方
法的運用。熊十力明格物之學，實為治化之具，而《周易》對先人
格物之功，載之尤詳，因此於《原儒‧原外王》及相關著作中均屢
申《大易》的格物精神，下即引《易》經傳中的相關章節加以推擴，
並略申熊十力之意。

　　其一為〈繫辭上傳〉第四章的「知周乎萬物而道濟天下，故不
過。」萬物之理，固然深廣無盡，而人類知能，也無可侷限，如能
尊重知識的價值、發展求知的愛好，全力索探，則庶幾可臻於周知
之境。熊十力認為於此可見孔子尊知的精神，與《老子》第十八章
「智慧出，有大偽。」第十九章「絕聖棄智，民利百倍。」第六十
五章「民之難治，以其智多，故以智治國，國之賊；不以智治國，
國之福」等，欲人絕巧棄智的觀念迥異。老子認為機智生則巧詐起；
智慧出則虛偽生；奇物起則嗜欲盛，因見其弊而因此反知，熊十力
則認為大偽雖隨智慧而生，但作偽畢竟不是智慧；盜雖隨難得之貨
而生，但盜與難得之貨，究竟非相依不離；亂雖隨可欲之物而生，
但亂與可欲之物，其間的關係亦並非必然。因此智慧不可錮蔽，而
去偽也可另謀他法，如能興禮樂，本天下為公之道，以建立制度，
則民雖多智慧仍易治，且可以民智利濟天下。[83]

　　其二為〈繫辭上傳〉第四章的「範圍天地之化而不過，曲成萬
物而不遺。」熊十力由此二句而申言人類當為自然之主宰，藉人功

---

[83]　主參〈原外王〉，《原儒》，頁173-180。另《讀經示要》卷二，頁269、333、
　　419；卷三，頁803，以及〈原外王〉，《原儒》，頁186、260等處亦語及「知
　　周而道濟天下」句。

利用、操縱萬物的性能，使其性能發揮盛大，如大禹去水患以利百姓；如江河難涉，先民即造船行水；又如辨土宜以利農事、採金木以製器具、操縱雷電以盡能備物、變化動植物品種使日進優良等，均為範圍天地、曲成萬物之例。與此相通者如〈繫辭上傳〉第五章之「富有之為大業，日新之為盛德。」人能體天行之健，而富有創造力，則一切政制、器械的發明，將能日新不窮。[84]

其三如〈繫辭上傳〉第十章的「以制器者尚其象」，「制器尚象」為聖人之道四者之一，餘三者為「以言者尚其辭」、「以動者尚其變」、「以卜筮者尚其占」。制器尚象強調取象自然，制器以為利用的重要，亦即《尚書‧皋陶謨》「天工人其代之」之意。〈繫辭傳〉言及器用處仍多，如〈上傳〉第八章：「負也者，小人之事也；乘也者，君子之器也。小人而乘君子之器，盜思奪之矣！」此以車騎為君子所用的名器；〈上傳〉第十一章「見乃謂之象，形乃謂之器，制而用之謂之法。」此以具體成形者以言器；又〈上傳〉第十一章「備物致用，立成器以為天下利，莫大乎聖人。」聖人制器創物，發揮萬物功用，以利天下之需，則側重格物之學由此可見；[85]〈上傳〉第十二章「形而上者為之道，形而下者謂之器，化而裁之謂之變，推而行之謂之通。」強調依形下之器以把握常變之道，取象自然以代行天道，進而化裁事物、創制事物，進而施布於天下萬民以享其利。〈下傳〉第五章「弓矢者，器也。射之者，人也。君子藏器於身，待時而動，……是以出而有獲，語成器而動者也。」強調君子工於制器、善於藏器、宜於用器。〈下傳〉第十二章「象事知器」，此亦明取象自然、創事知器的重要，凡上所言，均與「器」

[84] 詳參〈緒言〉，《原儒》，頁9-10；〈原外王〉，頁181-183。
[85] 熊十力書中引「備物制用，立成器以為天下利」二語，詳參〈原外王〉，《原儒》，頁183、186、193、260、262；《讀經示要》卷三，803。

220

有關。至於言及「象」者，如〈上傳〉第八章「聖人有以見天下之
賾，而擬諸其形容，象其物宜，是故謂之象。」此說明聖人擬象議
爻而繫辭，以窮盡宇宙人間諸多事物。《易》以象為教，因象而窮
理，法象而推其變化，科學精神即興發於其間。

　　再者如〈繫辭上傳〉第十一章的「子曰：夫《易》何為者也？
夫易開物成務，冒天下之道，如斯而已者也。是故聖人以通天下
之志，以定天下之業，以斷天下之疑！」言《易》能揭開事物內
在的道理，以成就各種外在的事務，此亦是古代著重科學之一證。
熊十力因此由「開物成務」而申言聖人格物之學，以期為萬世開
太平。[86]

　　又如〈繫辭下傳〉第二章的「古者庖羲氏之王天下也，仰則觀
象於天，俯則觀法於地，觀鳥獸之文，與地之宜，近取諸身，遠取
諸物，於是始作八卦，以通神明之德，以類萬物之情。」舉凡認識
事物事理，其發端即在於「觀察」，《易》理顯示萬象，亦多藉觀察
而得。〈繫辭傳〉中更時申觀察之要：如〈上傳〉第二章「聖人設
卦觀象」、「君子居則觀其象而玩其辭，動則觀其變而玩其占。」第
四章「仰以觀於天文，俯以察於地理。」天地萬物，無不可觀，藉
由觀察天地萬物，得以知情明狀，彌綸天地之道。

　　另如〈繫辭下傳〉第六章的「夫《易》，彰往而察來，而微顯
闡幽，開而當名辨物，正言斷辭，則備矣」，「彰往察來」即〈上傳〉
第十一章的「神以知來，知以藏往」，「微顯闡幽」即〈上傳〉第十
一章的「探賾索隱」。熊十力以為彰往察來，即是據所明著已知之
理，以考察所未知者；微顯闡幽即是藉分析之術，以明至微難窮之

[86] 熊十力書中語及《易》「開物成務」者，詳參《讀經示要》卷二，頁 333；
卷三，頁 803、823。〈原外王〉，《原儒》，頁 186、193 等。

理；開而當名辨物，即指精於辨析術，則物理將無所遺。[87]至於第七章「復小而辨於物」，同樣指出物理世界繁賾至極，必待分析術始能察其奧，所以〈復卦〉也指出格物學分析之法。

熊十力談《易》格物之學，多由〈繫辭傳〉擇例以言，然亦有由他處揀擇以言者，如〈泰‧大象〉：「天地交泰，后以財成天地之道，輔相天地之宜，以左右民。」裁成，指明於物理而製作工具，以改造自然；輔相，指自然界經人工開發、陶鑄、改造、制作、操縱，天地宇宙即因之改觀、擴張，而能厚利於萬民。[88]

綜上所述，可見熊十力於《原儒》、《讀經示要》屢引《易》「知周萬物」、「範圍天地」、「曲成萬物」、「富有之謂大業」、「制器尚象」、「備物致用」、「開物成務」、「仰觀天文」、「俯察地理」、「彰往察來」、「微顯闡幽」、「復小而辨於務」、「裁成輔相」等以倡言格物之學早興於《易》，並賦舊說以新詮，同時藉茲證明「孔子倡導科學之識解，可謂深遠至極。」[89]惜先秦原籍以利用厚生的格物學，已毀於秦火，或經漢人改竄，孔子博學於文的精神由是不彰。然而格物之學正是由內聖通往外王的必然學術，而「治化之器」亦在於此，因此接續孔子精神、重覓經學中的格物思想、開拓科學知識，正是熊十力置身於時代風潮，汲汲努力的方針所在。而格物之學，也是深入熊十力外王之學的首要環節。

---

[87] 熊說「彰往而察來」詳參〈原學統〉，《原儒》，頁 61-62；「復小而辨於物」詳參〈原外王〉，《原儒》，頁 180-181。

[88] 熊言「裁成輔相」，詳參〈原外王〉，《原儒》，頁 217、218；《讀經示要》卷二，頁 267、269、294、296、349 等。

[89] 〈原外王〉，《原儒》，頁 184。

二、推原於孔子的社會、經濟觀

（一）重需養，厚民生

　　科學所重，在於開物成務，在於以人力制天，而其旨則在於厚惠民生。熊十力眼中的群經，均能關心民生、重視物用，如「《周官》一經，於民生、物用，計慮周詳，可謂大無不包、細無不入，然其敷教以立治本，則在以鄉三物教萬民。鄉三物者，六德六行六藝是也。六藝，皆實用之學，其在今日，相當於科學知識。利用厚生，必講求科學，而後可期，此固近代思想所專注，而經義實已包舉之。」[90]此外如《尚書・大禹謨》云：「正德、利用、厚生」，固以正德為本，然而民生物用亦屬大事。而《論語・顏淵》：「足食，足兵，民信之矣！」說明倉廩實的重要。另《易・序卦傳》：「有天地然後萬物生焉！……物穉不可不養也，故受之以需。需者，飲食之道也。」〈需・大象〉：「君子以飲食宴樂」，在熊十力看來，飲食養育，為民生之要，而社會發展，則以需養為主。「〈需卦〉明飲食之道，民群繁殖，則需養之事急，《尚書》言民生，厥惟食貨，義與此通。」[91]未有百姓困頓缺乏飲食，猶可為治者；也未有遺忽養欲給求之事而得以言仁義者，因此重需養、厚民生，正是執政率先應解決的課題。

　　民群既首重需養，因此即未可輕忽生產資具的發明與改進。〈繫辭下傳〉第二章即透顯相關訊息：「作結繩而為網罟，以佃以漁，

---

[90]　《讀經示要》卷一，頁 58。
[91]　〈原外王〉，《原儒》，頁 186、187。

蓋取諸〈離〉。庖犧氏沒，神農氏作，斲木為耜，揉木為耒，耒耨之利，以教天下，蓋取諸〈益〉。日中為市，致天下之民，聚天下之禍，交易而退，各得其所，蓋取諸〈噬嗑〉。神農氏沒，黃帝、堯、舜氏作，通其變，使民不倦；神而化之，使民宜之；易窮則變，變則通，通則久，是以自天佑之，吉无不利。……上古結繩而治，後世聖人易之以書契，百官以治萬民以察，蓋取諸〈夬〉。」由〈離〉、〈益〉、〈噬嗑〉、〈乾〉、〈坤〉、〈渙〉、〈隨〉、〈豫〉、〈小過〉、〈睽〉、〈大壯〉、〈大過〉、〈夬〉等十三卦，以言古代制器尚象之事，由網罟至於書契，均是觀其窮而變、變而通之後所發明。熊十力由此而論定：「據此，則孔子演《易》，以生產資具之發明與改進，為群道變通之所由，其天才卓絕，前識遠燭，萬世無以易也，豈不奇哉？」[92]發明資具，便民需求，重視民生，藏富於民，正是熊十力遠承孔子思想，續予發皇的外王課題之一。

（二）究均平，廢私有

所謂「均平」，熊十力立其定義為「本仁以理財立政，則務求兩利，毋私一人以害全群，毋私一國以害世界，是謂均平。」[93]《論語・季氏篇》云：「不患寡而患不均」，社會貧富懸殊，易遭致民怨沸騰；《大學》亦強調「仁者以財發身，不仁者以身發財。」點出不仁者殖禍而亡身，仁者則散財而得民，因此應以義為利，不應以財貨為利。舉凡社會事務與經濟問題，當重視均平，並力避商賈來壟斷民貨、慎防貪官來吞噬民膏。熊十力即借《易》之〈損〉、〈益〉二卦，以闡述其均平思想：《易》之〈損〉、〈益〉二卦，

---

[92] 〈原外王〉，《原儒》，頁 189。
[93] 《讀經示要》卷一，頁 116。

明兩利為真利。損己益人，非利也。損人利己，亦非利。損上益下，非利也。損下益上，亦非利。國家與人民之利益，必斟酌以得其平。一國與他國之利益，必斟酌以得其平，此〈損〉、〈益〉之宏恉。」[94]他當是有慨於當時的國際間、社會上，強者橫肆剝侵、弱者淪為魚肉的失衡狀態，尤其帝國主義者、資本家最為窮兇惡極，而風紀敗壞的碩鼠官僚，奪民脂膏、貪污中飽，尤易肇致失均不平。因此熊十力以〈損〉、〈益〉二卦，強調經濟制度未可失均，專利於剝削者，而民與民、民與國、國與民間更應達致均平、務求兩造皆利。

　　熊十力《論六經》一書，凡七萬餘言，其間約有五分之三篇幅論及《周官》。熊十力將《周官》視為孔子所作，並以其直覺證悟的方式，闡論了《周官》的政治、經濟及教育觀。經濟方面，尤為要項，而強調均平，則為此間主軸觀念。因此熊十力說：「《周官》有大部分，皆言理財之事，即是解決經濟問題」、「此經大旨，不外一均字」、「《論語》患不均三字，是一部《周官》主旨。」[95]熊十力認為《周官》側重均平，而私有制的廢除則是達至均平的不二法門。廢私有的要項如：其一，土地納歸國有，「古稱民以食為天，土地問題，最為重要，《周官》主張土地國有，而為因地計口授田之法。」[96]其二，重要生產事業及金融機關等，收歸國營，「《周官》為社會主義，其振興產業，既以國營為主。人民私營之業，當受限制。」[97]熊十力理想政治的前提，正在於解決經濟，達成財富的平均分配，以期使民生均富樂利，而在他看來，《周官》發揮的正是「大均至均的精神」，與「《書‧洪範》所謂王道平平。《大學》以

---

[94] 同前註，頁 44、45。
[95] 分別語出《論六經》，頁 29、24、25-26。
[96] 同前註，頁 37。
[97] 同前註，頁 38。

理財，歸之平天下」相互發明，因此見知，「群經一貫，皆本孔氏之傳也。」[98]

三、完備於孔子的民主政治觀

（一）治化根基：本仁心，行仁政

「修己以安人，修己以安百姓」為孔子所強調，「以不忍人之心，行不忍人之政」為孟子之發言，由內聖修為推擴至外王事功，是自然且必然的發展路徑。熊十力發揮孔子仁教，亦沿循由內而外的進層，逐步延伸開展。首先，言體用，則強調返識吾人固有的仁體；言天人，則強調得人即得天；而就人生論言，則強調敦仁而日新、反己以合人。至於其治化論，也順此脈絡，力主推其仁心，以發為仁政。

儒家言治，多根柢於仁，化民以仁，人民方能自識本性，而發惻然不容已之幾；興物我同體之量；動民胞物我之懷，如此便能節私欲、行互助、同和樂，日進而均安，終而群固而國治，因此真正的王道在於以德行仁。仁道既行，即如甘霖普降、雨露滋潤，人民均受其福佑，大同盛世即可以引領而俟。所以熊十力視仁政為治化的根基，仁道既行則人治、禮治、德治、富治無不含眙其間。《讀經示要》中就群經言治眙為九義，而以仁為先：

> 誠恕、均平、道德、禮讓、中和，乃至萬善，皆仁也。仁之隨事發現，因有種種名目。……格物通變，仁之用也，制禮作樂，是仁術也。政刑之施，與一切利用厚生之計，若皆原於道德禮

---

[98] 同前註，頁 35。

讓之意以為之，則亦莫非仁術也。以人治人者，人之性，莫不同故也，莫不同者，同此仁體故也。治道必極乎萬物得所，而蘄向群龍无首之盛者，則亦仁體自然不容已之幾也。[99]

　　熊十力言治化之道，以孔子仁政為根柢，由此可明。至於仁政的實施、仁道的實行，端俟一君之仁，因此《孟子‧離婁上》言：「君仁莫不仁，君義莫不義，君正莫不正，一正君，而國定矣！」《大學》則曰：「堯舜率天下以仁而民從之，桀紂率天下以暴而民從之，其所令反其所好，而民不從。」能以身作則，所發皆仁，則民無不相從。再者《大學》言明明德於天下，始於修齊，及於國治而天下平，是為仁的推擴。《中庸》言成己成物，由盡己性而盡物性，亦為仁的發顯。由此看來，先哲大作無不認為理想的執政者，應推擴生生不息的仁心，應發揮天地一體之量，化民以仁。熊十力以治化之原在於仁，既合於孔子以下的傳統治道精神，亦符合人性的本然。

　　除此之外，熊十力於《讀經示要》卷三詳論《春秋》之治，闡述三世之義，認為《春秋》雖隨世改制，而皆本仁以為治。又發揮存三統之說，認為三統實為一統，一皆以仁為統，而《春秋》之義，即在期於天下歸仁，[100]推之他經亦然，推之歷朝聖王，亦莫不以此為施政指標。在其筆下綜合詮解了以仁為體的治道精神：

> 中華民族，自昔歷聖相承，皆以仁道統天下。仁者，生生不息也、厚愛也、虛寂也、健以動也。從上聖哲，以求仁為學，即以行仁為治。天下之人人，皆能保任其本有之仁體，而無蔽於私欲，則皆有天地萬物一體之量。有天地萬物一體之量，則其共同生活之組織，與一切施為，皆從物我一體處著

---

[99] 《讀經示要》卷一，頁 116、117。
[100] 詳參《讀經示要》卷三，頁 743-910。

想，自無有私其一身或一國家一族類者。而國內之階級，乃
至國與國，種與種之界畛，早已不存。全人類共同生活之一
切機構，皆基於均平之原則而成立。譬如人體各部，皆平衡
發展，無有一部偏枯，累及全體之患，是乃以仁心而行仁政
也。始於己立立人，己達達人。極於位天地，育萬物。而仁
道始成，即仁體全顯。[101]

　　精闢闡釋了在以仁為體的發用下，天地萬物融為一體、家國族類
袪除隔膜，均平共利的美好理想。在晚世列強環伺，標舉功利、仁道
不彰的時代背景中，熊十力發出此般的聲音，欲圖以最後一根稻草的
力量發揮仁道，藉使孔子精神於波濤洶湧的現實情勢下，得以繼續挺
立並獲推擴。

（二）治化原則

　　熊十力既掌握孔子仁道思想，發為其治化論的核心，至於群經
言治，即以仁為中樞而加以開展，以下試就熊十力所論，歸納其治
化要項如下：

1.秉誠恕，持忠信

　　何謂誠？熊十力如此詮釋：「本仁以接物處事，則不捨忠信，而
謂之誠。」[102]意指「誠」即是能秉持忠信而落實於日用踐履之間。傳
統經典中亦時有以「忠信」二字為言者，如《論語‧學而》：「主忠信，
無友不如己者。」〈學而〉：「為人謀而不忠乎？與朋友交而不信乎？」
〈公冶長〉：「十室之邑，必有忠信如丘者焉！」〈述而〉：「子以四教：

---

[101] 《讀經示要》卷三，頁 834-835。
[102] 同前註，卷一，頁 116。

文、行、忠、信。」〈顏淵〉：「子曰：主忠信，徙義，崇德也。」〈衛
靈公〉：「主忠信，行篤敬。」由上數引，即可見知孔子以忠信為教的
普遍性。人不忠信，則無誠，不誠則無物；人不忠信，則無實，無實
則易為患，孔子特重忠信，良有以也。再者《易・乾》之九三〈文言〉：
「忠信，所以進德也。」忠即是盡己；信即是信實，盡己之心，信實
待人，進德之方即在於此。至於《春秋》一書，更屢闡忠信之義，熊
十力即由其間賅舉數例為言：如「上思利民，忠也。」(桓六年季梁
語)、「棄事不終」(閔二年羊舌語)、「公家之利，知無不為，忠也。」
(僖九年荀息語)、「以私害公，非忠也。」(文六年臾駢語)、「無私，
忠也。」(成九年范文子語)、「臨事不忘國，忠也」、「臨事不忘國，
忠也。」(昭元年趙孟語)，……凡此均論言「忠」。「信，國之寶也，
民之所庇也。」(僖二十五年晉文語)、「民未知信，未宣其用。」(僖
二十七年子犯語)、「信以守禮」(僖二十八年豎侯儒語)、「信者善之
主也。」(襄九年子展語)、「君人執信」(襄二十二年晏平仲語)，……
凡此均論言「信」。[103]至於忠信合言之即是誠，熊十力闡忠信之義云：

> 信者，以其所執守者真實而堅固言。忠者，以其公以體物，
> 立事不偷言。〔體物者，如在國則視國事為己事，在天下則
> 視天下事為己事，是通萬物為一體也。……〕合言之，則一
> 誠而已矣！〔信之為執守真實，忠之為公以體物，皆誠也。〕
> 故曰德體是一也。夫忠信之義深矣！[104]

何謂恕？本仁以待人，復能推己以度人，則謂之恕。[105]己之所
欲，推之他人，亦與己同；己所不欲，推之他人，亦知人之不欲。

---

[103] 詳參《讀經示要》卷一，頁 49-51。
[104] 《讀經示要》卷一，頁 50-51。
[105] 同前註，頁 116。

本吾心而推之他人、推及萬物，此即是能以天下為量，亦即是《大學》所云「絜矩之道」以及「有諸己而後求諸人」之意。因此《論語・里仁》載：「曾子曰：『夫子之道，忠恕而已矣！』」《孟子・盡心上》續發揚孔子精神曰：「強恕而行，求仁莫近焉！」除孔孟於推己度人的恕道深有體悟外，《大學》言恕，則由身修而家齊而國治天下平，期達至治之休。

大凡治國須重誠恕，不誠則猜詐起，不恕則私心生，而恕實又本乎誠，能誠則能推，能誠則萬物皆吾一體。熊十力歸納群經要義、發皇孔學精髓以論治道，特以誠恕忠信為言，亦可見其用心矣！

2.重禮治，權儀則

儒家言禮教，含賅深廣，舉凡坐立舉措、冬溫夏清、昏定晨省均等有其禮，而冠、昏、喪、祭、聘、鄉、射等亦各有其禮。熊十力認為「禮者，因乎人性所固有之德，而稱其情，以為之儀則。」[106]儀則的制定，本乎性情之真，因此能適情而不淫、率性而不偏，人民遵循儀則制度，自有養性陶情之樂。熊十力認為儀則不可無，自居家、社會酬酢、國家制度，均有其禮，禮失則亂，亂則反，因此治道未可須臾離卻禮。然而禮雖不可無，而儀則則並非一成不變，全然不可移易，因應時移勢異而制其宜，即是所謂「權」。言禮，須因時而權其宜，未可一成而不變、僵滯而固守。

禮治之未可輕忽，由上述可知。此外熊十力更由「禮」而言及「讓」，[107]以其有感於近世爭競為禍之大，因此特別彰顯《易・比卦》的互助精神，而互助精神的關鍵，即在一「讓」字。所謂讓，並非退畏之意，而是以退為進，如不忍自私以薄親，是對親之讓：

---

[106]《讀經示要》卷一，頁79。
[107]熊十力言禮讓，詳參《讀經示要》卷一，頁60-74。

如草木方春不折、鳥獸不傷胎孕、數罟不入洿池，是對萬物之讓，而治國之道，尤重禮讓。上位者倘知禮讓，則民群自能知慕化；倘不行禮讓，與民爭利，中飽私囊，則民不淪為餓莩、即淪為寇盜。因此《荀子‧大略》：「天子不言多少，諸侯不言利害，大夫不言得喪，士不通貨財，從士以上，皆羞利而不與民爭業。」不與民爭利的治道精神由是顯見。熊十力針對此項課題綜言如下：

> 夫禮讓之治，據德而不回，由義以建利，敦信以守度，明恥以有立，正名以幹事，盡己以體物，是故禮讓之治，高矣美矣！[108]

　　熊十力言治道除承孔子注重禮教外，並輔以樂教。在熊十力看來：

> 樂出性情之和，禮本性情之序，故禮樂之原，一而已矣！知道，即知性。知性，則知所以陶情。知性情，則禮樂之全體大用，不待煩言而喻矣！[109]

　　制禮作樂，均本乎性情，由此可見。而先王亦以禮樂為教，因此《禮記‧樂記》曰：「是故先王之制禮樂，非以極口腹耳目之欲也。將以教民平好惡，而反人道之正也」、「是故先王之制禮樂，人為之節」、「禮節民聲，樂和民聲。」順乎民心民情而不逸不淫，為禮樂之大用。另《荀子‧樂論》則曰：「樂和同，禮別異，禮樂之統，管乎人心矣！」凡五倫之分、四民之別、親親之殺、尊賢之等，此即依禮以別異；而樂則引群我彼此共鳴，浸潤其間，和樂而善。熊十力言禮樂於治道之大用，殆本乎孔子與先哲之訓而發。

---

[108] 《讀經示要》卷一，頁 70-71。
[109] 同前註，頁 87。

3.採人治，輔刑法

大凡言治，不應如穿牛鼻、絡馬首，自外制之、強力使從，而須因應人固有本性以為引導，使能自我知覺，此即是人治。前述重民生需養、究均平、行仁政、採誠恕、忠信、禮樂之教等，均本乎人治的精神。舉凡重德不重力、重賢不重勢、崇理性而反強權，能以情度情、以類度類，即符合人治原則。「《中庸》言以人治人，改而止。朱註謂：『以其人之道，還治其人之身，期於改過而止』。此義深遠，總括六經之要最。」[110]熊十力於此點出群經言治的根本精神即在順應本性、以人治人。此外《論語·為政》則強調「為政以德」；《大易》亦時申德治的重要，如〈漸·象〉：「君子以居賢德善俗」，〈繫辭下傳〉第七章則三陳九德。德治即是人治，制禮樂、平好惡、引善端，使人民不令而行、不禁而止，此即是人治。

儒家言治，除本乎人治精神以行仁政、施德教外，仍須權之以義。所謂義，熊十力認為「義是仁之用」、「義者仁之權」。[111]泛愛眾物為仁，而濟變之道則在於義，以義權得失、衡輕重、通其變，而知其所宜，因此孔子欲人以直報怨，實亦為「義之宜」。[112]熊十力因由義之權變而言及刑法之治：

> 夫儒者言治，禮為本，而法為輔。德為本，而刑為輔。寬為本，而猛為輔。德、理、寬，皆仁也。法、刑、猛，皆義也。義反於仁，而適成其仁。[113]

---

[110] 《讀經示要》卷一，頁 75。
[111] 〈原外王〉，《原儒》，頁 219。
[112] 原出〈憲問〉，《論語》：「以直報怨，以德報德。」
[113] 〈原外王〉，《原儒》，頁 220-221。

　　依熊十力之見，禮治或易流於文飾；德治或易失於縱弛；寬治或易偏於姑息，因此應當輔以法、刑、猛以為變通之道。如〈樂記〉即以禮樂刑政四者並舉，並言「政以一其行，刑以防其姦。」[114]他如《易》之〈旅‧大象〉：「君子以明慎用刑，而不留獄」等，均是本人治而參以法治之例。

4.隨時宜，興變革

　　孔子或仕或止或久或速，均能因應時宜以為之，因此《孟子‧萬章》以「孔子，聖之時者也」讚之，而《論語‧憲問》亦云：「夫子時然後言，人不厭其言。」至於《大易》一經，尤為重時，因此其屢由時位以斷吉凶，而其卦爻所呈現的即是六十四類卦時、三百八十六種爻時，而〈彖傳〉並屢言時、時義、時用等，而讚以「大矣哉！」又如〈艮‧彖〉以「時止則止，時行則行，動靜不失其時，其道光明」來申說「隨時」之義。凡此均重視權變，強調隨時宜以更，不僵守故常的重要。

　　熊十力發揮孔教精神，倡言治道亦應隨時更化，如人類由茹毛飲血，迄耕稼陶漁，至工商大盛，此即是隨時更化、不守故常；社會範圍由個人而家庭而部落而民族而國家而國際，代更代擴，此為時勢所趨；至於經濟制度、學術思想、道德信條、風俗習慣、政治法令，亦均是變動不居，因此熊十力舉《易》之〈隨〉、〈鼎〉、〈革〉三卦，以申說革故取新之義。[115]〈隨‧彖〉云：「隨，剛來而下柔，動而悅，隨。大亨貞，无咎。而天下隨時，隨時之義大矣哉！」程子《易傳》釋曰：「君子之道，隨時而動，從宜而變，不可為典要。」

---

[114] 〈樂記〉，《禮記》：「禮以道其志，樂以和其聲，政以一其行，刑以防其姦，禮樂刑政，其極一也。所以同民心而出治道也。」

[115] 詳參《讀經示要》卷一，頁 57；卷三，頁 817。《論六經》，頁 112。〈原學統〉，《原儒》，頁 24、88、115；〈原外王〉，頁 212、213、231 等。

循民所需，隨時制宜，施其善政，人民自然悅隨。〈雜卦傳〉：「革，去故也。鼎，取新也。」以此明治道當通變所宜、隨時創進。又舉〈繫辭上傳〉第五章：「日新之謂盛德，富有之謂大業。」〈下傳〉第二章：「通其變，使民不倦」、「窮則變，變則通，通則久」第八章：「變動不居」、「唯變所適」等以輔釋隨時革故取新之要。[116]熊十力雖強調治道需因應時宜，但在求新謀變之際，仍須持仁義以立其本，如此方能循諸正軌，不致迷途失返。其次，改故創新，宜治時，而不貴因時。所謂因時，是時然，而不得不然；治時，是勇於自創、剛健積極。治時而不因時、造時而不待時，不沿陳以往頹勢，而能開創變動、光明、亨通、久大的新局。其隨時宜、興變革的治道精神，確能闡發《大易》及孔子重時宜的精神。

（三）治化理想：國咸寧，臻大同

如上所述，熊十力以仁立治體，秉持天地萬物為一體的胸懷，積極表述了一己在政治、經濟、社會等層面的見地，而其外王理想，則透過《易經》、《春秋》、《周官》、〈禮運〉等而加以呈顯。其中並以兼攝內聖外王之學的《易經》為主軸，至於《春秋》則專詳於外王，而亦含賅內聖，餘二經為《春秋》輔翼，偏尚於外王。熊十力將此四經融會通貫、冶為一爐，以發皇本諸孔子名義的外王理想。茲分述如下：

1.蘄嚮《春秋》的太平治世

作為儒家外王學基礎的《春秋》，其內蘊豐富且深刻。然熊十力認為在漢以來奴儒為達成擁帝制的目地下，《春秋》義旨已多真

---

[116] 詳參《讀經示要》卷三，頁 776、817、818；〈原外王〉，《原儒》，頁 170、191 等。

偽雜揉，孔子本義，幾盡亡失，致後學難辨。以熊十力闡說精詳的三世義為例，他認為公羊壽與胡母敬師弟所傳的《公羊傳》三世義，係為漢制法，倡君臣恩義，為統治階級作護符，而何休所傳，雖仍不敢破偽顯真，但已能於瓦礫中揀擇真金，略識孔義真締。何謂三世義？何休《公羊解詁》於隱公元年曰：

> 所見者，謂昭、定、哀，己與父時事也。所聞者，謂文、宣、成、襄，王父時事也。所傳聞者，謂隱、桓、莊、閔、僖，高祖、曾祖時事也。……於所傳聞之世，見治起於衰亂之中，用心尚麤觕，故內其國，而外諸夏。先詳內，而後治外。錄大略小，內小惡書，外小惡不書。……於所聞之世，見治升平，內諸夏，而外夷狄。……至所見世，著治太平，夷狄進至於爵，天下遠近小大若一，用心尤深而詳，故崇仁義、譏二名。

熊十力據上列何休所述而曰：

> 據此，《春秋》所為以十二公之世，分為所見、所聞、所傳聞之三世。實借以寄託其最高之理想。所傳聞世，見治起於衰亂之中，是為據亂世。所聞之世，見治升平，是為升平世。所見之世，著治太平，是為太平世。[117]

熊十力即借此三世義，以闡揚其由遠而近、由亂而治，終臻向美善太平的政治進化論：所謂據亂世，是一列國林立、互相爭競的世代，各國人民均秉持狹隘的國家思想，對於他國，即縱為諸夏之族，仍予以擯斥。其時社會充斥殊多弊端，統治者獨擅其利，民生困窮而未能自覺自拔，實為一衰亂之世。當此之時，由於人民智德

---

[117]《讀經示要》卷三，頁789。

力未進，因此仍受君王統治。及至升平世，以民族思想為根荄，諸夏之國，休戚與共，聯合日密，以和同之力，攘夷狄暴行。此時民品已進、民質漸優，人民均自覺自主，不容梟桀弄權、敗法亂紀，外則側重講信修睦。此時雖不廢君主制度，但權力受限，已失卻至尊無上的意義，僅坐擁虛號耳！至於太平世，夷狄慕義，同乎諸夏，世界臻至大同，天下遠近小大若一，既無國界、亦無種界。又此時君位全廢，凡任公共事業者，悉由選舉產生。由於民德歸厚、群品極高，因此既無特殊階級、亦無懷惡之人，凡人均能各勤其職，各出其能，各守其分，言行合一，人人具士君子之行，有天地萬物一體之量，以其行為高尚純美，故能歸於中和境地。[118]

除上述外，熊十力又認為《春秋》的「三世本為一事，一事者，撥亂世、反之正也」、「《春秋》說三世，是革命而蕲進太平盛世之總略。」[119]並認為孔子在《春秋》中發明貶天子、退諸侯、討大夫之義，而終在期於天下之歸仁，凡此均將孔子定位成一欲達致大道之學的革命實踐者。另在發揮《大易》、《周官》、〈禮運〉時亦秉持相近思維以形塑孔子，也因此林安梧先生作有〈革命的孔子〉一文，[120]藉以探求熊十力背後的隱微深義。

以下茲列表簡述熊十力《春秋》外王觀的核心概念：

---

[118] 熊十力闡發《春秋》三世義，詳參《讀經示要》卷三，頁 786-798、823-910；〈原外王〉，《原儒》，頁 193-229。

[119] 〈原外王〉，《原儒》，頁 211-212。

[120] 參林安梧：〈革命的孔子〉，《「儒學革命論」－後新儒家哲學的問題向度》（台北：台灣學生書局，1998 年 11 月）第七章。

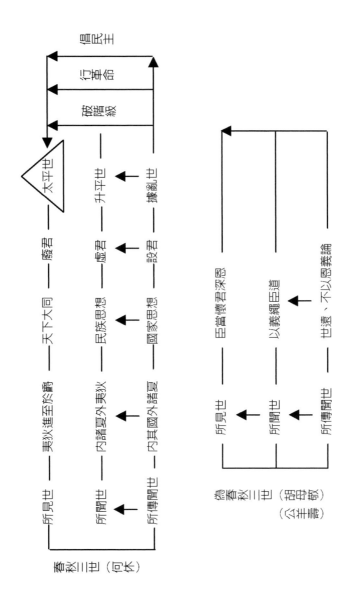

2.蘄嚮《周官》的民主政治

熊十力於《原儒》中闡述《周官》的外王思想，而綜賅為四義以言：[121]首先，他認為《周官》的政治及社會經濟制度繫乎「均」與「聯」二大原理，而以「均」為體、「聯」為用。「《周官》經，首敘天官塚宰，而明其職曰均邦國，是其開宗明義，特揭大均之道，以立治體。」[122]舉凡強者凌弱、富者奪貧、智者欺愚，即屬不平，而治道的極則，便在於袪除人與人、國與國間不均不平的殊多現象。此外《周官》經就外交言，注意王國與四方之國於交通經濟的聯繫；就內治言，建立六官以組織政府，分掌政務、聯繫周全。

其次，他認為《周官》係繼《春秋》而作，「為撥亂起治之書，承據亂世衰敝之餘，奮起革命，而開升平之運。將欲為太平造其端、立其基。」[123]《周官》一書暢談初離據亂世而進升平世的制度，因此可視為《春秋》階段性的詳實論著。

第三，《周官》政治主張在於取消王權，廢除《春秋》天子、諸侯、大夫三層統治，而實施民主政治。至於實際作法為何？熊十力就「取消王權」此課題提出其見解：

> 其取消王權者何？《周官經》，為據亂世人民革命撥亂而作，……革命初期，王號不妨暫存，而一方嚴密地方組織，使人民得表現其力量，以固民主之基。一方於政府，以六官分掌王國一切事務，而冢宰總其成。王者徒擁虛號，除簽署教令而外，毫無權責，是則王權完全取消，置之無為之地而

---

[121] 詳參〈原外王〉，《原儒》，頁 243-277。
[122] 同前註，頁 244。
[123] 〈原外王〉，《原儒》，頁 245。

已。且小司寇外朝三詢之法，有詢立君一條。據此，則王之
得立，必詢諸萬民公意，否則不得立。是王由民選，固已將
據亂世大人世及之禮制，根本革除，統治階級消滅於無形之
中，是為人民力量發展之結果，無足異也。[124]

　　由此可見，熊十力贊同透過革命撥亂的方式，來廢除統治、取
消王權，將一切決定權回歸人民。而歸其因，除因應民主時勢風潮
外，亦借此傳達對秦漢以後威權統治的強烈不滿：「秦漢以後，皇
帝尊貴，超絕世間，等於上帝，威權無限。其於庶民，侵之削之，
生之殺之，隨其意欲而已。孔子作《春秋》，早防此患，蓋知統治
階級如不廢，大君必成絕世之貴，故《春秋》以天子與百官同受爵
於人民，而民始貴。」[125]熊十力眼中的《春秋》與《周官》是緊密
互契、蔚為一體的，唯《周官》詳於制度，又二經均是孔子外王理
想的呈現，均期能廢除統治階級。除取消王權外，他並強調《周官》
要旨，在於發揚民主：

　　《周官》為民主之制，不獨朝野百官，皆自民選，即其擁有
　　王號之虛君，亦必由全國人民公選。秋官小司寇，掌外朝之
　　政，以致萬民而詢焉。一曰詢國危，二曰詢國遷，三曰詢立
　　君。據此類推，則國之大詢，當不止三事。[126]

　　舉凡遷都、決戰、立君、立法、舉賢，……都能傾聽人民真
正的聲音與需求。再者《周官》有嚴密的地方制度，如地官劃分
地方政區為六鄉、六遂，各有分層與所司，期使小己於大群中能
各盡其能。

<hr>

[124] 同前註，頁 246。
[125] 同前註，頁 282-283。
[126] 〈原外王〉，《原儒》，頁 255-256；另可參《論六經》，頁 55。

　　第四，認為《周官》的社會理想有二：一是本《大易》格物的精神，以期發展工業。二是漸次消滅私有制，一切事業納歸國營。熊十力由《周官》的〈天官冢宰〉中明定冬官事職為富邦國、養萬民、生百物，而推測《周官》的經濟理想，專注於科學技術與工業生產。又主張土地國有、重要生產事業歸國營、金融機關與貨物聚散皆由國營，以期消滅私有制，已說之於前。

　　就表象而言，《周官》假托周制，所呈現者為設官分職的條文，然而熊十力卻讚揚此書「試窮其底蘊，確是包通大宇而創制，遠囑萬世以造端，其大無遺，其細悉備，綱舉目張，安通可久。」[127]由其所抉發的內容看來，熊十力確實繼承了晚清以來今文家藉《周禮》以論政的傳統，除賦予其生命活力，呈現時代新義外，並使其與民主、均平思想結合，這也一貫展現了熊十力對帝國主義下，資產階級剝削勞苦庶眾的深惡痛絕的迂迴批判。至於此書亦不免掛上社會主義的護符，其用意殆如蔡仁厚先生所言：「蓋欲以孔子之道駕馭馬列，轉化中共也。」[128]其實無論社會主義也好、民主主義也罷，熊十力最堅貞篤守的宗主無疑仍是孔聖，雖然在時代需求下，他對孔子形象進行了局部改裝易貌，但讓孔聖精神得以安然繼續傳承，應是他最真切的初衷吧！以下亦列表呈現熊十力的《周官》外王觀：

---

[127] 〈原外王〉，《原儒》，頁 243。

[128] 蔡仁厚：《熊十力先生學行年表》，頁 51：「先生（熊十力）並指出，《周官》之社會主義與民主思想，本與《春秋》同一體系，同為孔子為萬世開太平之書。（今按，據此而推度先生之用心，蓋欲以孔子之道駕馭馬列，轉化中共也。三年後撰《原儒》，亦仍是此一用心之貫徹。）」

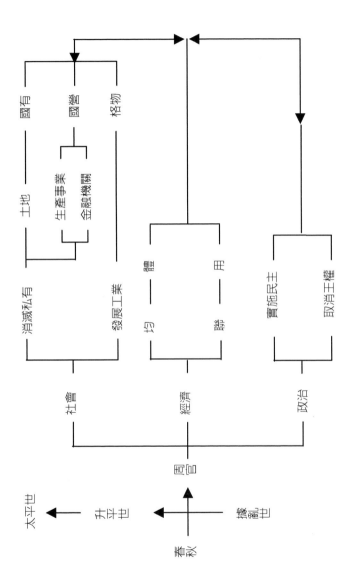

3.蘄嚮〈禮運〉的大同世界

熊十力將《禮記》中的〈禮運篇〉獨立為文，與《周官》合成為新禮經，並認為原文已經漢人多所改竄，惟大同小康兩段文字為真。熊十力詮解〈禮運〉係配合《春秋》三世之說，認為「今大道既隱，天下為家，各親其親，各子其子，貨力為己，……是謂小康」一段，即公羊家所謂治化起於衰亂之中，而禹湯等六君子，以聖德領導萬民，使由於禮義，成其小康，將由此而離亂進太平。另「大道之行也，天下為公，選賢與能，講信修睦，……是謂大同」一段，主言升平而趨太平之治道，而《論語》思想多與此相契，如〈公冶長〉：「子曰：老者安之，朋友信之，少者懷之。」即與此理想相侔；又子路言「願車馬，衣輕裘，與朋友共，敝之而無憾。」即「貨不必藏於己」之意；顏淵言「願無伐善，無施勞。」即不必為己之意。[129]

從《春秋》、《周官》及至〈禮運〉，熊十力以孔子為主軸，通貫其系統，繪製出儒家大同治世的理想境界。因此熊十力如此言道：

> 孔子外王學之真相，究為何種類型？其為擁護君主統治階級與私有制，而取法三代之英，彌縫之以禮義，使下安其分以事上，而上亦務抑其狂逞之欲，有以綏下，將以保小康之治歟？抑為同情天下勞苦小民，獨特天下為公之大道，蕩平階級，實行民主，以臻天下一家、中國一人之盛歟？自漢以來，朝廷之宣揚，與社會上師儒之疏釋或推演，皆以六經外王之

---

[129] 熊十力闡發〈禮運〉，詳參《讀經示要》卷三，頁 824-826、845-852；〈原外王〉，《原儒》，頁 237-241。

學，屬於前一類型。余由《禮記》中之〈禮運篇〉，而詳覈
之，……而可判定六經外王之學，確屬於後一類型。[130]

　　主張廢除統治階級與私有制，而實行天下為公的大道，正是熊
十力托言於孔子而一以貫之的外王理想。以下亦列表簡述熊十力透
過〈禮運〉所呈現的外王理想：

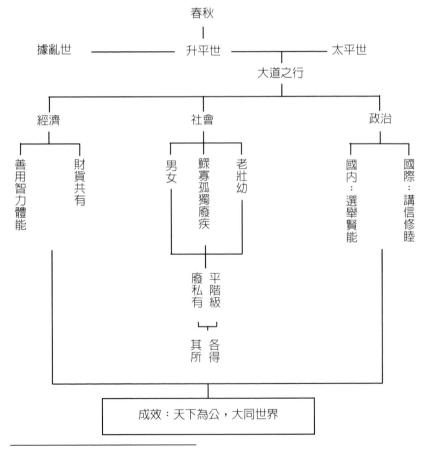

[130] 〈原外王〉，《原儒》，頁 163-164。

4.蘄嚮《易經》的群龍无首

《易》廣大悉備，熊十力學術思想正歸宗於此。《原儒》中曾略舉二義以言《易》，其一為倡導格物學，其二為社會發展，以需養為主、資具為先，已綜述於前文。除此之外，熊十力並廣為援《易》以助成其外王思想的闡揚，如：以〈坎〉、〈否〉、〈困〉、〈明夷〉、〈剝〉等卦，申言天下險阻之多。[131]舉〈比卦〉以明群眾必須相互輔助、貴禮讓、戒爭競、重謙讓，而後方能共存同榮。[132]舉〈繫辭上傳〉第十一章「吉凶與民同患」，以言仁者與萬物通為一體，憂患相戚、吉凶與共。[133]以〈泰卦〉明世至太平，天地交通，萬物無閉塞隔絕之患，人道臻於至治之休。以〈否卦〉明泰安日久，人將趨向疏懶，而轉泰為否。〈否〉，為互相隔絕，不通不安之象，因此居泰之世，用心宜深而詳，方能長治久安。〈否卦〉上九言「傾否」，表否運已極，則必傾覆頹勢而予以更新。[134]以〈革卦〉言朝政腐敗，民不聊生時必起而革命，以除蠱敗。[135]以〈乾卦〉六爻而言庶民群起，而舉革命，行民主之爭。[136]以〈同人卦〉明善道大昌，人類去私以歸向大同。以〈大有卦〉言人類改造自然的力量，與靈性生活的發揚，無不極其大。[137]以〈既濟卦〉言

---

[131] 詳參《十力語要初續》，頁 31。

[132] 詳參《讀經示要》卷一，頁 64；卷三，頁 724-726、895。

[133] 詳參〈原外王〉，《原儒》，頁 190；《論六經》，頁 124。

[134] 詳參《讀經示要》卷三，頁 730-734；〈原外王〉，《原儒》，頁 216；《十力語要初續》，頁 31。

[135] 詳參〈原學統〉，《原儒》，頁 115；〈原外王〉，頁 213。

[136] 詳參〈附錄〉，《原儒》，頁 563。

[137] 詳參《讀經示要》卷三，頁 739-740。〈原學統〉，《原儒》，頁 128；〈原外王〉，頁 194。

人類於太平之世，須持之以義，方能恆保太平。以〈未濟卦〉示人永無圓滿之境，因此應自強不息。[138]

熊十力言六經治術，而終之以「群龍无首」，意謂達致人類至治之境。於《讀經示要》中結合治化之義，以闡述〈乾〉用九：「見群龍无首，吉」之義曰：

> 復次以治化言，則人道底於至治之休。其時，人各自治，而亦互相為理也。人各自尊，而亦互不相慢也。人各自主，而亦互相聯繫也。人各獨立，而亦互相增上也。人皆平等，而實互敦倫序也。全人類和諧若一體，無有逞野志，挾強權，以劫制眾庶者。此亦群龍无首之眾。[139]

由「无首」二字而導出自治、自尊、自主、獨立、平等諸義，可謂發前人所未發。又曰：

> 群龍所以象眾陽也。陽之所象又極多，其於人也，則為君子之象。《春秋》太平世，人人有士君子之行，是為眾陽，是為群龍。无首者，至治之隆，無種界，無國界，人各自由，人皆平等，無有操政柄以臨於眾庶之上者，故云无首。……群龍无首之治，人類最高願欲也。[140]

治化至極，人類均有士君子之行，均懷陽剛正大之德，彼此協助，互相制約，一律平等，無有統治階層。熊十力既借「群龍无首」以言治化極境，又舉〈乾·彖〉：「首出庶物，萬國咸寧」通貫以言。[141]謂

---

[138] 詳參〈原外王〉，《原儒》，頁 222。
[139] 《讀經示要》卷三，頁 656-657。
[140] 同前註，卷一，頁 106。
[141] 詳參《讀經示要》卷一，頁 112-115。〈原學統〉，《原儒》，頁 30；〈原外王〉，頁 191；〈原內聖〉，頁 401；〈附錄〉，頁 535、538、542、559-567。

世至大同，人人各得其願，各以己之所欲，度他人之所欲，自遂而不損人，因此人人平等、人人自由。熊十力透過《易》之「群龍无首」及「萬國咸寧」，強力表達出其外王理想。以下亦表列熊十力對《周易》外王觀的主軸概念：

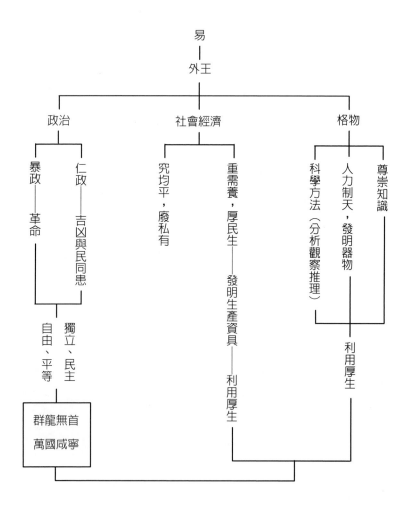

　　由上列四表，得見熊十力以《原儒》為代表的晚期作品中，將《春秋》、《周官》、〈禮運〉、《大易》融通為一體，其本諸孔教、寓托於孔子的外王思想，係採《春秋》三世漸進之法，以為萬世變通無窮之論；以〈禮運〉闡釋大同治世的宏偉理想；藉《周官》以落實其規模制度，欲圖發展科學、厚養民生、廢除私有、達致均平、取消王權，以臻天下為公、群龍无首、萬國咸寧的太平盛世。此種將儒學定位為追求科學、民主以及社會主義，以及將儒家區隔為小康、大道二派、視六經均偽的說法，招徠繼《新唯識論》之後，其弟子及學術界另一波熱烈議論及迴響。如牟宗三先生認為此舉是先行保住孔子的策略；翟志成認為熊十力「以《周官》附會中共的土地改革和公私合營政策」、「以《春秋》附會中共的武裝革命，以《禮運》附會中共的改造思想運動」、「經過熊十力引經據典的『考訂』，孔子變成了無產階級的代表人物。」[142]郭齊勇則認為將熊說曲解成替共產黨政權作論證，「這是對熊先生的莫大歪曲」、「他不是一位嚴謹的史學家，而是以微言大義闡明自己的政治理想和庶民史觀的思想家。」[143]

　　無疑地，熊十力在護衛、尊崇孔子之餘，跳脫傳統觀點，而予其創造性的殊多詮釋，其間實不免有過度引申孔子思想及諸經義涵，然其發論，誠如龔鵬程所言，「是因為他採用了《春秋》公羊家的詮釋路徑使然」、「公羊家的立場與觀點，甚為分歧，但有幾個基本重點，第一是辨析經典的真偽，以追塑孔子的原意；第二是以『受命改制』為孔子寫作經典的主要精神所在；第三是運用『三世』的架構，勾勒出孔子的理想太平世界。一是文獻的討論，二是對現

---

[142] 翟志成：〈論熊十力在一九四九年後的轉變〉，《當代新儒學史論》（台北：允晨文化實業股份有限公司，1993 年 5 月），頁 279-280。

[143] 郭齊勇：〈為熊十力先生辯誣──評翟志成「長懸天壤論孤心」〉，《鵝湖》第 19 卷第 8 期，1994 年 2 月，頁 19，此文並收錄於《熊十力全集》附錄（下），頁 1599-1663。

實政治的批判，三是理想的舖陳。公羊家們彼此爭鬧不已，但這幾點卻相當一致。」[144]如《易》「群龍无首」即時被公羊家運用為太平世理想的佐證；如譚嗣同《仁學》即採〈乾〉六爻言歷史的進化及退化；如康有為即認為孔子作《六經》並歸宗於《易》、《春秋》，同時更將孔子塑造成近代民主精神的化身，而熊十力正是他們的後繼者，因此如將熊十力關於外王學的言論，置於歷史軌跡中加以檢視，即有理路可循而不顯突兀。再者熊十力以孔子為寄託，由群經出發，結合當時社會、政治、經濟需求，並以西方科學、民主政治相繫連，最要者，在於根源其良知本心，並立基於其內聖之學上，致力發皇孔子精神，以期開展出體系完備、規模宏闊，且合於當時中國本土的治化內涵。如此看來，《原儒》諸作實寓其微言感諷於其間，吾人實不應因其若干穿鑿、若干比附而輕忽或泯滅其價值與意義。熊十力筆下革新的孔子面貌，除對傳統儒學內涵更予推擴，展現了其深入自得的思想創獲外，也呈現了知識份子在時勢風潮下對外王理想的殷切渴盼。

結語

明確昭揭平生之學宗主於孔子的熊十力，以其周觀慧解在經學系列等作品中，寫下了其心中出類拔萃的孔子形象，更以孔子為主軸開顯出切合其理想的內聖外王之道，本章即分由三大面向推展，藉窺熊十力一生的理想歸嚮所在及其相關內涵：

其一，為儒學學統的尋繹與釐定：以「一本」眾幹，道出孔子在中國學術界中的正統地位，強調六經皆孔子創作；晚周諸子各

---

[144] 龔鵬程：〈論熊十力論張江陵〉，載淡江大學中文系主編：《晚明思潮與社會變動》（台北：弘化文化事業，1987年12月），頁276-277。

家均淵本儒家，為群經的支脈發展；又以五十學《易》劃分孔子思想為前後二期，其弟子亦因此區隔為小康學派與大道學派，現傳六經悉遭竄亂，以切合忠君思想，熊十力欲藉《原儒》、《乾坤衍》所述，以還原隱微不彰的孔子「本來面目」；至於強調成己成物的內聖外王之學，更全然繫附於孔子一身，落實於群經之中。

其二，為內聖思想的萃煉和豁顯：舉凡談體用、宇宙或人生，均標舉孔子。首先，將其易學體用觀寓托於孔子，以揭示「孔《易》中的乾元」，作為本體論的要素，又援引〈乾〉、〈坤〉二卦，作為孔子內聖學綱要，並時發〈乾〉、〈坤〉二卦的〈象傳〉奧蘊。此外更由此推擴，以精闢系統，申闡其乾坤不二、翕闢成變、心物不二及體用不二觀。其次，亦將其天人思想依繫於孔子，同時強調人不天不因、天不人不成，盡人以合天，凸顯主體的能動功能與改造力量。再者，並傾其力闡揚、豐富孔子仁學的義蘊，不但會通了孔子的仁、《易》的乾元及生生健動思想、《大學》的明德、孟子、陽明及宋明儒所強調的本心與良知、性智等，也靈活的以孔仁通貫其本體論、知識論、人生論與外王觀。

其三，為外王理想的勾勒與繪製：首先，熊十力屢引「孔《易》」之「知周萬物」、「範圍天地」、「曲成萬物」、「富有之謂大業」、「制器尚象」、「備物致用」、「開物成務」、「仰觀天文」、「俯察地理」、「彰往察來」、「微顯闡幽」、「裁成輔相」等，以證格物之學早發於《易》，孔子深遠的科學識解，於焉得見。其次，孔子的社會、經濟思想核心在於重視民生需養，欲圖廢私有以達均平。再者，其治道本諸仁，秉持忠恕誠信、側重儀則禮治、採用人治輔以刑法、因應時宜進行變革，至於孔子的治化理想，則透過《春秋》的太平治世、《周官》的民主政治、〈禮運〉的大同世界及《易經》的群龍无首、萬國咸寧等，通貫為一體來加以表述、具體呈現。

　　熊十力跳脫傳統觀點，苦心孤詣的重塑孔子形象、重為六經定位，使孔子的內聖外王學成為中學的樞紐，尤其融通《周易》、《春秋》、《周官》、〈禮運〉四經所開展而出的外王架構，更是顛覆傳統認知，因此學者或言其荒謬虛構、縫補裁剪、或言其穿鑿比附中共土地改革等政策，然亦有認為係為保住孔子不得不然的作法等體恤性說法。首先，應認知者，熊十力原非以嚴謹的史學家自居，而吾人尤不應將其躋等於史學家之林，醉翁之意原不在歷史真相的還原，而在於假孔子之名，藉宇宙本體論的建立為根柢，以建構出一套理想而完整的政治社會學，切合於時勢所需。因此熊十力仍一貫秉持其六經註我的態度，以孔子註我的方式，在孔子思想中加入民主與科學等養分，欲圖銜接起傳統與現代，並藉此招架當時西方思想的凌厲入侵。熊十力對孔子主觀而創造性的詮釋，一則是對中國學術傳統命脈的護衛，一則也呈現了其理想的價值之原。誠如林安梧先生所言，熊十力欲圖「求復孔子真面目」，而所謂的真面目是「一終極而永恆之理想依托」。其次，熊十力對孔子的詮釋模式實有其歷史的發展理路可循，舉凡藉經典真偽的辨析以塑造孔子面貌、運用三世之說、勾勒孔子理想太平世界等，他均承襲了譚嗣同、康有為等以來《春秋》公羊家的路徑，而營運出更具系統、更趨豐盈的學說內容。再者，熊十力學術路線的發展極為曲折多變，大抵而言，「他從陸王心學走向橫渠船山，然後調適而上遂於孔子。」[145]融通陽明、船山及諸家群賢，而匯歸於孔子一身，因此談孔子的內聖外王思想，尤其內聖思想中的乾元、翕闢、乾坤、體用、天人、仁學觀點時，實無可脫卻於本書第二章談陽明時的本心觀及第三章談船山時的四大思想等，也唯有前後觀照、綰合為一，始能周徧瞭然於熊十力所開展出來的思想格局與內涵。

---

[145] 林安梧：〈革命的孔子〉，《「儒學革命論」──後新儒家哲學的問題向度》第七章，頁153。

第五章　熊十力學術思想的傳承開展

　　學深而閎、思精而微,已然躋身世界學術之林的熊十力,其學術巨構所帶來的多方回應,堪稱具體而鮮明:或見於專書專文的研探,藉以闡其生平事蹟、論其學術專著、究其哲學思想、彙其學行年表、探其地位影響;或見於台灣、新加坡、大陸等地相關學術會議的召開;或見於熊十力專著的彙整出版。至於熊十力於學術界的影響,除來自於執教北大諸校的桃李馥郁、論講各處的思想傳播外,亦顯見於其與時人、師友、門下甚至國外學者的論學諸作,以《十力語要》為例,輯錄其間的相與論學者有:張季同、張申府、敖均生、湯錫予、雲頌天、謝石麟、賴振聲、燕大明、王維誠、張東蓀、李華德、高碯莊、鄧念觀、袁道沖、薛星奎、劉公純、韓裕文、周開慶、朱進之、唐君毅、滿莘畬、馬格里尼、劉樹鵬、李景賢、張德鈞、賀昌群、劉冰若、任繼愈、鄭子琴、牟宗三、張默生、薛偉猷、鄺衡叔、蒙文通、梅居士、謝幼偉、周通旦、陳亞三、張君勱、謝子厚、沈有鼎、胡世華、林同濟、陳從之、謝隨知、陶闓士、鄧子琴、江易鏟、賀自昭、孫穎川、李四光、高贊非、林宰平、梁漱溟、嚴立三、彭雲谷、陶開士、曹慕樊、黎滌玄、劉晦九、王準、梁任公、陳真如、張俶知、馬乾符、張立民、黃存之、王平叔、黃艮庸、郝心亮、李敬持、高佩經、宋華耕、張諄言、文德揚、胡炯、余越園、胡展堂、韓伴生,……凡近百人,與談間除思想觀念的直接交流外,更有人格型範、精神志業的間接薰陶。至於後學因覽閱《新唯識論》、《讀經示要》等要著,所興發的思想影響,則難以推估。

　　熊十力於學術界的深廣影響，尤見諸於其身膺當代新儒家的開山祖師，為當代儒學所開啟的發展方向。何謂「當代新儒家」？其定義、特徵、範疇、方向如何？論者多端，如李澤厚認為「在辛亥、五四以來的二十世紀的中國現實和學術土壤上，強調繼承、發揚孔孟程朱陸王，以之為中國哲學或中國思想的根本精神，並以它為主體來吸收、接受和改造西方近代思想和西方哲學以尋求當代中國社會、政治、文化等方面的現實出路」者。[1]如顏炳罡強調當代新儒家其外在價值的兩項創新，一是具備一種自我批判意識，二是明確區分學術的儒學與制度的儒學，以及內在義理的四點創新：一是重新調整儒家文化內聖外王的義理結構，融攝西方的民主與科學，實現道統、政統、學統的三統並建；二是在思維方式上，由原儒家的「圓而神」，融攝西方「方以智」的智慧，重新達到新的「圓而神」；三是強調道德的形上學、道德宗教；四是主張開出「見聞之知」的獨立型態。[2]李、顏二說呈現出早期與近期在定義取向上的若干殊別。至於哪些人得躋列當代新儒家之林？其衡定標準亦可謂多端，如大陸學者方克立臚列梁漱溟、熊十力、張君勱、馮友蘭、賀麟、錢穆、方東美、唐君毅、牟宗三、徐復觀、馬一浮、余英時、劉述先、杜維明、成中英等十五名；至於劉述先則提出「三代四群」的架構：第一代第一群為梁漱溟、熊十力、馬一浮、張君勱；第一代第二群為馮友蘭、賀麟、錢穆、方東美；第二代第三群為唐君毅、牟宗三、徐復觀；第三代第四群為余英時、劉述先、成中英、杜維

[1] 李澤厚：〈略論現代新儒家〉，《中國現代思想史論》（台北：三民書局，1996年9月），頁285。
[2] 詳參顏炳罡：〈當代新儒家之定位——論當代新儒家「儒」的特徵與「新」的意義〉，載陳德和主編：《當代新儒家的關懷與超越》（台北：文津出版社，1997年12月），頁285-315。

明等。[3]雖然諸說不一，然繫乎其間的重要指標為 1958 年元旦，張
君勱、唐君毅、牟宗三、徐復觀四人於香港《民主評論》及《再生》
兩雜誌發表〈為中國文化敬告世界人士宣言──我們對中國學術研
究及中國文化與世界文化前途之共同認識〉一文，而四人均堅持以
儒家思想為本位，吸納西方思想，以促成中國的現代化。此外因唐、
牟、徐三人均為熊十力弟子，且宣言中特別強調「心性之學，乃中
國文化之神髓所在」，而此亦相對彰顯熊十力的基本觀點，因此以
熊十力為發端的當代新儒家流派於焉形成。自熊十力等奠定當代新
儒家根基後，以牟宗三為代表的第二代則進行系統立說，而杜維
明、劉述先等第三代學者，則著手於思想的創造轉化。茲分二節為
言，以略觀熊十力哲學思想的傳承開展概況。

第一節　熊十力學術思想的衣缽傳人──
新儒家第二代

　　得天下良師而受教實為人生之幸事；得天下英才而教之則為人
生之樂事，若良師與英才遇，則往往蔚為人生之佳話。無一毫人情
世故的熊十力，由於發語率直、力道萬鈞，常震懾後學，引發醍醐
灌頂之功，而開展出生命的新機，因此出自熊十力門下，受其啟益
馥郁而能於現代思想界居立一席的學者不乏其人，至於所謂新儒學
第二代第三代的表現，尤為亮麗耀眼。

3　詳參劉述先：〈現代新儒學發展的軌跡與展望〉，載魏萼等主編：《東方文化
　　與國際社會國際學術研討會論文集》（台北：文史哲出版社，2002 年 10 月），
　　頁 21-28。

一、徐復觀（1903-1982）

　　素有「歷史文化的鬥士」、「人文主義的自由主義者」之稱的徐復觀，與熊十力同樣籍隸湖北，同樣懷持理想，關心國事民瘼，在歷經戎馬生涯後決志棄政向學，而於學術內涵中始終未曾泯除對黎民、國族及文化的關切與護持，至於性格及氣質上尤其同樣具有耿直、真率、坦誠、無畏、好辯等特質。

　　熊十力對徐復觀的多重影響，首先見之於其為學決心的立定及為學方法的甄定：「我決心扣學問之門的勇氣，是啟發自熊十力先生。對中國文化，從二十年的厭棄心理中轉變過來，因而多有一點認識，也是得自熊先生的啟示。」[4]這是來自於徐復觀的自招，而經過熊十力「起死回生的一罵」，徐復觀始洞悉讀書要先領受書中好處，先悟出書中意義，而不是一味批判或攻訐缺失。又歷經熊十力的錘鍊，徐復觀方能脫卻浮淺，了解讀書須立其主、不能漫無目標，此後徐復觀逐漸捫索出為學之道與心得——不讀第二流以下的書，強調摘抄是讀書的水磨工夫等，[5]終在正確的為學方法下開展出一己的學術成績：《學術與政治之間》是由政治轉入學術的第一部作品；《儒家政治思想與民主自由人權》探索了儒家思想的基本精神及民主政治與自由人權的關係；《中國人性史‧先秦篇》、《中國藝術精神》、《兩漢思想史》、《周官成立之時代及其思想性格》、《中國經學史的基礎》、《中國思想史論集》、《中國思想史論集續篇》、《中國文學論集》、《中國文學論集續編》等馳騁於文、史、哲、畫之間，

---

[4] 〈我的讀書生活〉，《徐復觀文錄選粹》，頁 315。
[5] 同前註，頁 311-319。

為中國思想史的豐富內涵進行了深刻而生動的解讀；《徐復觀文
錄》、《徐復觀文錄選粹》、《徐復觀雜文》、《徐復觀雜文續集》等以
時政雜文呈現其對文化與時代的省思；《無慚尺布裹頭歸──徐復
觀最後日記》則是其人生與思想的真實記錄。在豐富琳瑯的作品背
後，實不應輕忽熊十力的導引啟蒙之功。

　　其次則見諸於深沉文化關懷與強烈民族意識的影響：當徐復觀
接獲熊十力辭世的訊息時，徐以「中國文化長城的崩壞」表達痛悼
之意，因為「有誰人能像熊先生投出其生命的全部以為中國文化盡
其繼絕存亡之責」、「他每一起心動念，都是為了中國文化。生命與
中國文化，在他是凝為一體，在無數驚濤駭浪中，屹立不動。所以，
熊先生的生命即是中國文化活生生地長城。」[6]此外徐復觀並強調
《讀經示要》、《十力語要》二書確然「把握中國文化的核心」，為
「研究中國文化的鑰匙」、「先生每立一辭，立一義，銖秤寸度，精
確分明，語意上不能稍作左右前後之移轉，而古人之心，乃躍然於
紙上，必如此而言中國文化，始真有中國文化之可言。」[7]而對以
書札方式論文論學，文字既美、內容且富的《十力語要》，則與馬
浮《爾雅台答問》並列，譽為「可上比朱元晦、陸象山諸大儒而毫
無愧色。」[8]此外面對外侮日迫、族類危亡的熊十力，念茲在茲於
民族思想的激發，他引船山為同調、視船山為知音，並極力肯定船
山能融民族意識於文化意識之中，而不陷於狹隘種界觀念，凡此在
在啟迪了徐復觀。徐復觀承續了其師對文化的真切關注，強調「中
國的問題，最根本的還是文化的問題。」[9]力圖藉由傳統文化中可

---

[6]　〈悼念熊十力先生〉，《徐復觀文錄選粹》，頁 340。
[7]　同前註，頁 340-341。
[8]　詳參徐復觀：〈如何讀馬浮先生的書？〉，載《民主評論》第 14 卷第 22 期，
　　1963 年 11 月。
[9]　同前註，頁 195。

用資源的發掘，挽救現代化運動下的諸多弊端。他在其師薦讀的《讀通鑒論》中領受了船山扶長中夏的苦心，也在其師推崇的《春秋》中開啟了史學研究的門窗，欲圖釐清中國思想史的遞嬗軌跡與發展脈絡。此外他更接踵其師反封建、反專制、申民主的外王精神，認為封建專政阻遏了儒家思想的正常發展，在其《兩漢思想史》專著中既考察了先秦以迄兩漢中國學術及社會的巨變，亦充分表露了對專制政體的批判。他窮竭一生致力於中國文化中民主精神的顯豁與疏導，及對傳統與現實政治的尖銳批判與全面反思，同時也繼承船山及乃師的憂患意識，並將此等深沉憂患化為責任擔當，透過學術生命做出最具體的傳達與印證。

再者則呈顯於對熊十力本心仁體的發皇及對《新唯識論》體系之學的肯定：徐復觀踵繼其師對孔子「仁」學的側重，認為「孔子對仁的開闢，不僅奠定了爾後正統地人性論的方向，並且也由此而奠定了中國正統文化的基本性格，這是了解中國文化的大綱維之所在。」[10]而熊十力《新唯識論》、《明心篇》中雖強調心物未可分割，但更強調心具主動性、創造性，視本心為萬化之原，以求識本心為返本之學等觀點顯然亦為徐復觀所認同，他言道：「中國文化最基本的特性，可以說是『心的文化』」、「中國文化認為人生價值的根源即是在人的自己的『心』。」[11]延續熊十力側重心學的路線，徐復觀開展出其對文化的深層索探。至於對《新唯識論》，他則下如此論評：「熊先生的體系之學，應以他的《新唯識論》作代表。陶鑄百家，鉗錘中外，以形成他創造性的哲學系統」、「儒家致廣大而盡精微之義蘊，固由先生而發皇；而其思辯組織之功，融會貫通之

---

[10] 徐復觀：《中國人性論史‧先秦篇》（台北：台灣商務印書館，1994 年 4 月）第四章，頁 100。

[11] 徐復觀：〈心的文化〉，《中國思想史論集》（台北：台灣學生書局，1988 年 2 月），頁 242。

力，乃三千年中之特出。」[12]對其師《新唯識論》的條理密察、結構謹嚴而又能自成一家之學，表達高度推崇。

　　徐復觀的學術生命雖與其師熊十力緊密契連，亦有多承於熊十力而更予推擴發展處，但其學術體系自有其獨立格局，而殊多觀點亦迥異於其師，如同樣言「心」，「熊十力講心，是通過重建哲學本體論來凸顯心的，賦予了心以強烈的形上的意味；而徐復觀講心，則是通過人的具體生命及所創造的人文世界來凸顯心的，力圖消解心的形上意味」、「熊十力視心為生命本體，通過重建哲學本體論來表達和凸顯心學路向，昭示中國文化意識；而徐復觀則以心為人的具體生命，通過探討中國人的人文世界來表達和凸顯心學路向，昭示中國文化意識。」[13]以上李維武之言，點出了徐復觀雖認同以心學路向來理解中國文化，也肯定熊十力在重建哲學本體論方面的成就，但卻更強調對於心學的闡揚，應是從上往下落、由外向內收，本於人民立場，與真實生活相結合，而非反其道而行，由具體生命層層往上推，終而高懸形而上的天命天道處，落於僅可觀想而未可實行之境，也因此他認為熊十力、唐君毅等雖對中國文化頗有貢獻，「但他們因為把中國文化發展的方向弄顛倒了，對孔子畢竟隔了一層。」[14]此外如以《周官》為言，熊十力與徐復觀也同樣展現了迥異的觀點，熊十力視為孔子所作，徐復觀則提出王莽、劉歆合作說；熊十力強調其均平、民主思想與土地國有政策，徐復觀則視其間的賦役及刑罰制度，為極權主義的典型。[15]至於針對熊十力的

[12]　徐復觀：《中國人性論史‧先秦篇》第四章，頁100。
[13]　李維武：〈徐復觀對熊十力思想的闡釋〉，載郭齊勇主編：《玄圃論學續集－熊十力與中國傳統文化國際學術研討會論文集》，頁263。
[14]　徐復觀：〈向孔子的思想性格回歸〉，《中國思想史論集續編》（台北：台灣時報文化出版事業有限公司，1985年11月），頁433。
[15]　詳參林慶彰：〈當代新儒家《周禮》研究及其時代意義〉，載劉述先主編：《當代儒學論集：挑戰與回應》（台北：中央研究院中國文哲研究所籌備處，

晚期作品《乾坤衍》，徐復觀則不掩本色，在日記中逕直道出他的
訾議。[16]

二、唐君毅（1909-1978）

　　被牟宗三先生譽稱為「文化意識宇宙中的巨人」的唐君毅，以
其精湛宏富的著作，致力於人文精神的闡揚，「一千萬言的著述，
點點滴滴皆從唐先生的生命流出。」弟子霍韜晦之言，正道出唐君
毅的作品已為其七十載生命，作出最真切、最淋漓盡致的註解。依
其生命之流所至，水到渠成的殊多作品，約可歸納為「對中心觀念
的肯定與發展」、「對中西文化與人文精神的論述」、「對中國傳統哲
學的考論」、「心通九境論系統的建立」四階段。[17]其間《人生之體
驗》立基於生命的真實感受，闡述人生理趣；《道德自我之建立》
一書強調人有其內在而又超越的道德自我、仁心本性；《文化意識
與道德理性》認為人類一切文化活動，係植根於道德自我；《中國
文化之精神價值》、《人文精神之重建》、《中國人文精神之發展》呈
現以道德自我為本的文化體系，並進行中西文化比較；《中華人文
與當今世界》展露其生命中的文化悲情；《哲學概論》通貫中西印
哲學思想，融知識論、天道觀、人道論、價值論等於一爐；《中國
哲學原論》採「即哲學史以為哲學」的態度，以〈導論篇〉、〈原性
篇〉、〈原道篇〉、〈原教篇〉等暢論中國各家各派哲學；《生命存在

1995 年 12 月），頁 105-129。

[16] 詳參徐復觀：《無慚尺布裹頭歸──徐復觀最後日記》（台北：允晨文化實
　　業股份有限公司，1987 年 1 月），頁 59。

[17] 詳參李杜：《唐君毅先生的哲學》（台北：台灣學生書局，1989 年 10 月），
　　頁 5。

與心靈境界》以道德理性為本位，依心靈感通方式，分判人類知識、行為、哲學、宗教等所屬之境，構築出「心通九境」的哲學體系，此書既成為其絕世之作，亦是其一生思想之本原、志業之所存。個性溫厚而文化意識及道德意識濃烈的唐君毅，在其經緯萬端的作品中融通儒道佛、涵攝中西印，視野寬廣、面向多元，真正在哲學中樹立了人格，也在人格中透顯其哲學，雖然影響其致思道路的源頭多向，未可拘滯於某家某派，但來自於熊十力的啟迪實無可輕忽。

　　唐君毅就讀南京中央大學時，因熊十力開授《新唯識論》課程，在問學過程中開展出二人的師弟之誼。此時唐君毅尚執持應由科學以通哲學，始為正途的見地，未能通契《新論》所申宇宙有其大生命之說，其後二人曾於 1936-1938 年藉信函就心與性、論辨與體會、科學與玄學真理等課題展開討論，其間「君毅有才氣而能精思，吾所屬望至切。」二語則賅要道出熊十力眼中的唐生特質及其殷切寄望，[18] 而二人觀點的異轍殊途於 1942 年始見轉折，唐如此省觀：「論文化最重要者，在所持以論文化之中心觀念。如中心觀念不清或錯誤，則全盤皆錯。余在當時，雖已氾濫於中西哲學之著作，然於中西思想之大本大源，未能清楚。當時余所謂天人合一之天，唯是指自然生命現象之全，或一切變化流行之現象之全。……對一切所謂形而上之本體，皆視為一種抽象之執著。故余於〈中國文化精神〉一文，開始即借用《易經》所謂『神無方而易无體』一語，以論中國先哲之宇宙觀為無體觀。此文初出，師友皆相稱美，獨熊先生見之，函謂開始一點即錯了，然余當時並不心服。……唯繼後因個人生活之種種煩惱，而於人生道德問題，有所用心。……遂知人之有其內在而復超越的心之本體或道德自我，乃有《人生之體驗》（中

---

[18] 《十力語要》卷二，頁 159，並可參稽頁 145-147、157-159、163-178 的〈與周開慶〉、〈答君毅〉、〈答唐君毅〉等信函。

華出版)、《道德自我之建立》(商務出版)二書之作。同時對熊先
生之形上學,亦略相契會。」[19]由引述窺知,唐君毅的學術思想,
由思辨的了解與自然宇宙論的觀點轉為以道德自我為核軸,除本於
個人生活的體驗領受外,亦有源自於國外唯心論大師黑格爾及國內
師友的影響,而熊十力正是其間顯著的一位。

　　大陸學者郭齊勇曾就熊唐二人中心觀念、致思取向的一致,
以及其差異進行比較。就其一致性而言,「唐君毅的中心觀念『形
而上的自我』或『道德自我』,也即是熊十力的『本心仁性』、『仁
體』、心靈生命的『自我主宰』」、「從熊先生的『體用不二』到唐
氏的『性道一元』,為建構道德理想主義的文化哲學體系奠立了基
本的框架與模式」、「唐氏對熊氏『體用不二』也有發展,他的『體
用渾合之論』將主體之用分殊為『由用返體之用』和『由體呈用
之用』」、「就文化意識的核心而言,熊唐二氏都認同儒家的人本主
義」、「在理想人格的追求上,唐熊亦有一致性。這不僅表現在他
們對道德本體、道德人格的高揚,尤其表現在他們做人與做學問
的一致,智慧與生命的應合,真的生活、真的人格、真的知識的
統一。」就其差異性而言,「在客觀地疏解人類文化各方面的成
果,……熊遠不及唐廣博、細膩。即便是在『體』、『本』、『一』
之側面,唐氏亦較熊氏豐富。」其次是「他們對『超越』的理解
和強調程度的不同。總起來說,熊氏對儒家心性主體的盡性致命
之超越有所論及,但沒有突出強調,有時甚至把積極盡人能的陽
剛特性與超越感對立起來,嚴辨儒家與宗教的界線。唐氏則不同,
唐氏中年著作即肯定『道德自我』或『道德理性』的超越存在,
晚年更以『超越』為主要範疇,以『超越』作為盡性立命,達到

---

[19] 唐君毅:〈自序〉,《中國文化之精神價值》(台北:正中書局,1994 年 9 月),
　　頁叁—伍。

『天德流行境』的方式。有時候唐氏甚至借助宗教信仰，來詮釋心性天命等形上實體的內涵。」再者，「熊氏強調主體性，但是熊先生沒有對主體性的結構、功能、動力及其與客觀的相互關係作出具體、詳實的解析。在這一方面，由於有西方哲學的訓練，唐氏的探索則成功得多。」最後，「對儒學內部資源的理解和疏理，唐氏比熊氏也較為深透。」[20]透過郭氏多方位的比較，得窺唐君毅以儒家心性之學為根本，步趨乃師對「本心」的強調，以「道德主體」為骨幹，無論就體系的建構、主體的解析抑或是對儒學、西學、佛學及各家派的詮釋，均有所推展與超越。

　　熊十力以體用不二、翕闢成變為其哲學主要論題，其間王陽明「即體而言，用在體；即用而言，體在用，是謂體用一源」為其思想淵源之一；至於言「性修不二」，亦是王陽明「即工夫即本體」思想的進層發展；而強調本心，更是陸王「心即理」、「致良知」的推擴。至於唐君毅亦有得之於王陽明的思想精髓，如曾自言《道德自我之建立》中有關超凡入聖的理論，係承續孔孟之教、禪宗及陽明學派以下諸子學說；《文化意識與道德理性》除承自西方康德、黑格爾外，於中國則淵本朱子及陽明。王陽明的良知，即是吾人的道德主體，亦是宇宙生化的本體，為萬物的存在根據，良知一旦呈現，天地萬物即在此良知明覺的遍潤下而不能外，仁心與萬物即感通不隔，也因此花之色、天之高、地之深、鬼神之吉凶災祥，都不能離心而外在，惟在良知明覺的感應下，諸物的性相方顯，因此陽明強調「心外無物」，孟子言「萬物皆備於我」，程明道則曰「仁者渾然與物同體」，當人與天地萬物感通不隔、互為一體，方是一生命的真實存在，因此唐君毅言：「何謂吾人之生命之真實存在？答曰：存在之無不存在之可能有，方得為真實之存在，而無不存在之

────────────

[20] 詳參郭齊勇：〈熊十力與唐君毅〉，《熊十力思想研究》第九章，頁330-341。

可能之生命，即所謂永恆悠久而普遍無所不在之無限生命。」[21]唯有致力於德性的實踐，始能使個人生命的存在成為普遍永恆的存在，此亦即唐所申的「生命之真實存在」。另唐君毅言心境關係：「境與心之感通相應者，即謂有何境，必有何心與之俱起，而有何心起，亦必有何境與之俱起。」[22]強調二者係相涵相攝、俱存俱息、俱進俱退、俱開俱辟，此即陽明「天地鬼神萬物離卻我的靈明，便沒有天地鬼神萬物了。我的靈明離卻天地鬼神萬物，亦沒有我的靈明」、「夫物理不外於吾心，外吾心而求物理，無物理矣；遺物理而求吾心，吾心又何物邪？」[23]由此見知，唐君毅在陽明諸先哲及乃師心學理論基礎上，拓墾出更精微豐富的心靈境界與內涵。

除陽明外，唐君毅對王船山思想亦有精確的把握與獨到的見解，於《中國哲學原論》中分就「天道論」、「天道性命關係論」、「人性論」、「人道論」、「人文化成論」詳加探論，彼此且相互聯繫。除對船山思想的整體結構進行系統邏輯的說明，並能掌握其以歷史哲學廣論事理的精神，而於船山性命之學更闡微顯幽，發一己慧見。此外亦點出船山近承橫渠，遠本《易》教，理氣並尊、德才並重、理欲同行的思想特色，並對船山致力於歷史文化統緒的保存、以發揚民族精神及昭蘇國魂為己任特為表彰。[24]而唐君毅更如此自我表述：「明末顧、黃、王諸儒，乃直承宋明理學家之重德性之精神而加以充實擴展，由『博學於文』以言史學，兼論社會文化之各方面。

---

21 唐君毅：〈導論〉，《生命存在與心靈境界》（台北：台灣學生書局，1986年5月）上冊，頁26。
22 唐君毅：〈導論〉，《生命存在與心靈境界》上冊，頁13。
23 分別語出〈傳習錄下〉，《王陽明全集》卷三，頁124；〈傳習錄中〉，《王陽明全集》卷二，頁42。
24 蕭萐父：〈唐君毅先生之哲學史觀及其對船山哲學之闡釋〉，載《唐君毅思想國際會議論文集三》（香港九龍：法住出版社，1991年11月），蕭文已就此課題進行精要申述，不另贅敘。

其中王船山之論禮、樂、政、教，尤其能力求直透於宇宙人生之本原。……更能重文化之多方發展。而我今之論文化，即承船山之重氣、重精神之表現之義而發展。」具體點出其學思的淵源所自。熊十力對船山人格的膺服與學說的闡揚，由唐君毅接棒後，交出青出於藍的亮麗成績。

三、牟宗三（1909-1995）

　　在哲學領域中奮戰一生，牟宗三以其卓特的原創力與思辨力，完成「古今無兩」的三十餘部學術專著，除豁顯出個人登峰造極的哲學智慧、精闢識見及高遠意境外，亦集百年儒學之大成，並取得舉世矚目的學術成就，成為二十世紀的文化巨擘。大學時代的處女作《從周易方面研究中國之元學與道德哲學》探討易學與玄學；《邏輯典範》、《認識心之批判》、《理則學》強調架構的思辨，為其入探西學的成果；《歷史哲學》、《道德的理想主義》、《政道與治道》此「新外王」三書，展現昂揚的文化意識，欲圖昭蘇國魂，體認孔孟精神；《才性與玄理》、《心體與性體》、《佛性與般若》、《名家與荀子》等闡釋及疏理中國哲學；《智的直覺與中國哲學》、《現象與物自身》、《圓善論》融攝中西，進行哲學重鑄，完成道德的形上學論證。凡上諸作係在層層轉進、步步超越中開啟新境、臻向圓滿，終而建樹出一己精深浩博的思想體系。在後學所發有關牟宗三的殊多論評中，其間如蔡仁厚即標舉六點以言，其一，牟宗三對儒、釋、道三教義理系統進行通盤之表述，為古今第一人。其二，牟所著新外王三書，真能貫徹顧、黃、王三大儒的心願遺志，而開出外王事功的新途徑。其三，以一人之力，全譯並消化康德「三大批判」，為二百年來舉世第一人。其四，對中西哲學的會通，達至前所未有

的精透。其五，對中國哲學蘊涵問題，進行全面通貫的抉發與討論，使中國哲學得入世界哲學之林。其六，正式著書歲月逾一甲子，古今稀有。[25]賅要點出牟宗三的學術成就，亦適切詮解牟以「古今無兩」表述一己著作之所由。

牟宗三之所以能成為哲學宇宙中的巨人，除源於個人充沛的學養、匪懈的耕耘外，亦有來自於師友的引領與激盪，而使其嗅到學問與生命的況味，從而在學術路向上予以關鍵影響者，是其畢生銘誌難忘的熊十力。「我之得遇熊先生，是我生命中的一件大事。」[26]這是牟宗三所發的坦誠自白。由《新唯識論》署款為「黃岡熊十力造」；由拍桌自道「講晚周諸子，只有我熊某能講」；由截鐵論斷「良知是真真實實的」，而不是假定的，凡此脫離常軌、勇於呈現真我面目的諸多行徑，為牟宗三帶來振聾發聵的警醒作用，也趨使他步步進入乃師的生命，其後歷經長期切磋問學、交遊互動，熊十力的人格特質與學術內涵，更深鑴其心，影響匪淺，他再度表述：「熊師的那原始生命之光輝與風姿，家國天下族類之感之強烈，實開吾生命之源而永有所嚮往而不至退墜之重大緣會」、「惟大開大合者，能通華族慧命而不隔。在以往孔孟能之，王船山能之，在今日，則熊師能之。」[27]一則道出與熊十力師生緣會的積極意義，一則點出熊十力承接前賢復活了中國學脈。至於透過熊十力函湯錫予：「北大自有哲系以來，唯此一人為可造」的評語，[28]亦具體觀見熊對牟的器重。就同屬熊十力門下的當代新儒家三大儒而言，徐復觀的為學路徑固受熊啟迪，然對熊晚年

---

[25] 詳參蔡仁厚：《牟宗三先生學思年譜》（台北：台灣學生書局，1996年2月），頁90-91。
[26] 牟宗三：〈我與熊十力先生〉，載《中國學人》創刊號，1970年3月，頁106。
[27] 牟宗三：〈我與熊十力先生〉，頁116、117-118。
[28] 同上，頁111。

作品發以微詞，表達觀點的殊異；唐君毅思想來自於生活的體悟，除熊十力外亦有來自於方東美的影響；而牟宗三由西學研究轉向致力於中國文化的索探、專注於儒家人文精神的重建，熊十力實扮演了轉圜的關鍵角色。以熊十力為牟宗三學術的引路者，牟宗三為熊十力學術的嫡傳者，應屬切當之語。

　　對於牟宗三如何立足並沿循其師既有的學術走向；如何堅守繼而挺立其師心性之學的命脈要旨；如何百尺竿頭更創新局，現代多位學者針對此項課題提出相關見解：如林安梧言《新論》之區分性智、量智，其後引為牟宗三之兩層存有論等。[29]陳榮捷強調牟宗三所建構的「唯心論的本體——現象論的形上學」，可補熊十力《量論》未及完成之缺憾。[30]姜允明認為牟宗三繼承熊十力性智顯現的宗旨，而提出「智的直覺」，「性智」與「智的直覺」可視為傳統現代化中別開生面的重大成果。[31]郭齊勇則詳為探討牟宗三如何在熊十力的基礎上發展性體與心體，並推進道德形上學的證成，完成熊十力未竟之業。雖然二者思路不異，但就理論的細密而言，尤其在疏理及融攝康德道德哲學，及宋明學術的縝

---

[29] 林安梧於「熊十力先生百年誕辰紀念座談會」中曰：「就整個體系來說，熊先生《新唯識論·明宗》所說性智與量智的區分，是展開的起點，……後來便引成了牟先生所構造的『兩層存有論』，……牟先生用了『良知的自我坎陷以開出知性主體』這樣的方式來說中國文化如何面對現代化開出民主與科學，我以為這個思想可以溯自熊先生『性智』與『量智』的區分。」發言內容載見《鵝湖》第 11 卷第 11 期，1986 年 5 月，頁 12。

[30] 參稽陳榮捷原著、陳瑞深譯註：〈當代唯心論新儒學－熊十力〉（上）：「其中，尤以牟宗三先生所建構的『唯心論的本體（物自身）——現象論的形上學』，最能把握中國哲學唯心論系統的主流，並扣緊現代中國特殊處境——『現代化』問題，而彌補了熊先生的『量論』未及完成之缺憾，可說是善於紹述乃師之志的當代唯心論新儒家代表人物。」載見《中華文化復興月刊》第 18 卷第 11 期，1985 年 11 月，頁 51。

[31] 詳參姜允明：〈試論牟宗三先生的智的直覺說〉，《現代心性之學面面觀》（台北：明文書局，1994 年 3 月），頁 69-84。

密闡釋上，則大大超越其師。[32]至於在佛學研究面向上，除牟宗三曾自謂其寫《佛性與般若》，係踵繼其師學問的精神外，[33]另林鎮國則認為熊十力造《新論》，以全體流行之本心為體，發揮體用相即不二之旨；牟宗三則以《大乘起信論》「一心開二門」的理論架構會通中西哲學。二人均有得於佛學，惟對話態度不同：熊崇儒抑佛，具由佛歸儒的明顯轉向；牟則善於會通，持佛學增補儒學。[34]裴春苓則認為熊十力、牟宗三循王陽明「儒佛融攝」路徑，採以佛學來建構儒學、以他者來彰顯自我的「新儒學」方法論。[35]上舉諸家，均由局部入探，然已可略觀牟宗三為學方向及學術淵源之所自，並驗證熊十力在牟宗三學術生命中非僅是一過客，而有其根深蒂固的影響。

　　思索並融通古人慧解，以期開展出合於中國文化的現代型態，是牟宗三素所致力的重心。在中國文化的疏導工程中，儒道佛三者並兼，而以儒為本。以孔子為言，他認為孔子「通體是文化生命，滿腔是文化理想，轉而為通體是德慧。」[36]並盛讚孔子對周文系統的反省與解析，「現實的周文以及前此盛王之用心及累積，一經孔子戳破，乃統體是道。」[37]認為孔子的功績，在於將中國文化由不自覺提升為自覺，而在孔子的渾圓氣象中，呈現出仁智之全體，事

---

[32] 詳參郭齊勇：〈熊十力與牟宗三〉，《熊十力思想研究》第九章，頁 341-353。

[33] 詳參《鵝湖》第 11 卷第 11 期之「熊十力先生百年誕辰紀念座談會」牟宗三語，頁 15。

[34] 詳參林鎮國：〈現代儒家的佛教詮釋：以熊十力與牟宗三為例〉，載《國立政治大學學報》第 4 期，1997 年 12 月，頁 19-36。

[35] 詳參裴春苓：〈當代新儒學『儒佛融攝』詮釋方法中「自我」與「他者」的關係探討——以熊十力、牟宗三為例〉，載《鵝湖》第 25 卷第 12 期，2000 年 6 月，頁 55-67。

[36] 牟宗三：〈反共救國中的文化意識〉，《道德的理想主義》（台北：台灣學生書局，1992 年 9 月），頁 229。

[37] 牟宗三：《歷史哲學》（台北：台灣學生書局，1988 年 8 月），頁 95。

實上「中國的文化系統是一個仁智合一而以仁為籠罩者的系統」,[38]
其間孟子所突出的是孔子之仁,發展了孔子的道德主體;荀子則突
出孔子之義,發展孔子的客觀精神。由是看來,熊、牟師生二人均
尊崇孔子,惟熊仍未擺脫近代今文經學觀點的影響,主由孔子作六
經的角度推尊之;而牟宗三則特為強調孔子創立「仁教」,此仁教
即儒家道之本統,即內聖成德之教。熊十力尚及孔子與先聖的承繼
關係;牟宗三的儒家道統則更突出孔子的地位,而曾子、子思、孟
子、《易傳》均本孔子之仁教而展開。就宋明儒學而言,牟重新判
釋為五峰蕺山系、象山陽明系、伊川朱子系三系,其中象山陽明系,
循《論》、《孟》攝《易》、《庸》的路線,尤其承孟子學脈發展,此
系側重一心之朗現、一心之遍潤,強調「逆覺體證」的工夫。而在
1948 年〈重振鵝湖書院緣起〉一文中,首提儒學發展的三期說:
以孔孟荀至董仲舒為第一期;北宋至劉蕺山為第二期;現今則轉入
第三期,將朝向健康的、積極的、建構的、綜合的、充實飽滿的、
邏輯的方向發展。此外牟宗三更繼熊十力的內聖外王之學,提出「三
統並建說」——以「道統」的肯定,護持孔孟所開闢的人生宇宙本
源;以「學統」的開出,融攝希臘傳統,開出真正的學術獨立;以
「政統」的繼續,肯定民主政治之為必然。三統之說既立,方是儒
家式人文主義的完成,儒學亦始克真正轉進至第三期的發展。

　　在牟宗三的視野中,熊十力的重要意義在於儒家道統此一線命
脈的沿承,而非僅是一家一派的開啟者,他強調「只有業師熊十力
先生一生的學問是繼承儒聖的仁教而前進的,並繼承晚明諸大儒的
心志而前進的。就我個人來說,自抗戰以來,親炙師門,目擊而道
存,所感發者多矣。故自民國三十八年以來,……乃發憤從事文化
生命之疏通,以開民族生命之途徑,扭轉滿清以來之歪曲,暢通晚

---

[38] 同前註,頁 165。

明諸儒之心志，以開生命之學問。」[39]接續孔子、晚周及至晚明諸子的餘緒，以期慧命相續，這是牟宗三眼中的乃師角色，而繼承熊十力志業，則是牟宗三責無旁貸的歷史使命，熊牟師生二人強烈的承擔意識，由是可見。此外牟宗三更指出：「儒家義理規模與境界具見於《易經》與《孟子》，而熊先生即融攝孟子、陸王與《易經》而為一。以《易經》開擴孟子，復以孟子陸王之心學收攝《易經》。直探造化之本，露無我無人之法體。」[40]具體點出熊十力學術思想的核心，在以孟子陸王的心性論融攝《易經》的宇宙本體論，通貫天人，承接宋明，重開內在中心的體證，復活中國學脈。而現代學者傅偉勳則對牟宗三的學術成就發出高度推崇：「牟先生是王陽明以後繼承熊十力理路而足以代表近代到現代的中國哲學真正水平的第一人。」[41]牟宗三試圖解開中國文化的癥結、試圖為現代人類提揭一嶄新方向，其心志、魄力、所付出的行動，及為人類哲圃所耕拓的成果，均無愧於其師的殷切企盼，亦堪稱為熊十力學術與精神的最佳發揚者。

第二節　熊十力學術思想的後起俊彥——新儒家第三代

以熊十力、梁漱溟、賀麟等為代表的第一代新儒家，在民族的危機與時代的變局中，致力於儒學的重建，並回應西方文化的挑

---

[39] 牟宗三：《生命的學問》，頁 38。
[40] 同前註，頁 115。
[41] 傅偉勳：〈哲學探求的荊棘之路〉，《從西方哲學到禪佛教》（台北：東大圖書公司，1986 年 6 月），頁 24。

戰，在披荊斬棘中立下開創的汗馬之功；第二代新儒家如徐復觀、唐君毅、牟宗三、方東美等，承續既有的使命加以推擴發皇，他們對西方哲學的融會與汲納，展現更精深的功力，於儒、釋、道義理的疏通，也呈現更耀眼的成績。自 1995 年牟宗三辭世後，杜維明、劉述先、蔡仁厚、林安梧等諸位新銳披掛接繼，所謂「新儒家第三代」的時代於焉來臨。相較於第一、二代，第三代學者仍以弘揚儒學為職志，其思想體系雖未儼然成形，卻能秉持更開放的心胸、更寬廣的視野、更多元的研究方法、更具批判性的態度，展現旺盛的思想活力，尤其對新儒家在新世紀中的精神本質與未來走向有更理性、平和、深邃的思考；與世界其他哲學、宗教、倫理、藝術等有更積極頻繁的互動；對西方文化有更精準的把握與對話。由於第三代思想主承接第二代而各呈其特色，思想淵本多端，熊十力對第三代之學術雖有開路之功，然與第二代於親事問學間的薰染相較，究竟間隔一層，因此本節僅簡述其相關發展方向與特色，並略舉代表學者數名簡賅以言。

以海外華裔學者杜維明為例：首先，他強調應以全球眼光使儒學的關懷普世化，同時透過多元文化的尊重，採積極對話方式以消弭各文化間的衝突與對抗，因此儒學既可與佛教、基督教、猶太教、伊斯蘭教對話，亦可與西方各家學派溝通。其次是肯定儒家的永恆價值，熱心於中國文化的弘揚，但淡化牟宗三等前輩的道統色彩，也不贊同牟對朱學「別子為宗」的立論，而強調朱熹的格物精神。此外並調整熊十力、牟宗三以來的內聖外王觀，由原強調內聖為根源、外王為發用，應由內聖開出外王的路線，轉而更側重「外王」與「用」的落實。同時，一改第一、二代新儒家對五四的全盤否定態度，認為透過五四知識份子對儒學的批判，有激濁揚清的正向作用與健康意義，並指出 1958 年由唐君毅起草的「宣言」，有過於美化傳統的流弊，對當代文化建設恐反為不利。至於在研究方法上，

則強調分析法、存在主義、現象學、解釋學、溝通理論、解構方法
等的多方取資與得當應用。同時也指出可嘗試經由人類學、考古
學、神話學、民族學、古文字學等，著手探究中國文明起源的豐富
內容，此是儒學研究的另一嶄新動向。總之，杜維明側重於儒學的
創造性轉化，及儒學與世界文明的積極溝通，而如以新儒家三代比
較，在建設本位文化上，「熊具開拓之功，牟成建設之功，杜盡弘
揚之力。」就文化氣象言：「熊有『截斷眾流』的魄力，牟具『涵
蓋乾坤』的氣象，杜得『隨波逐流』的自在。」[42]

　　圍繞《鵝湖月刊》的成長挺立而出的學者中，林安梧是其間
頗受矚目的一員，其立於「批判的新儒學」角度，一則高度尊崇
牟宗三哲學的成就；一則進行全面反思與考察，其「批判」重在
對前賢學術的詮釋與重建，而非對抗或推翻。林安梧以所謂「後
新儒家哲學」、「儒學革命論」角度開展其理論架構，側重由牟宗
三返回熊十力，再上溯王船山的思考向度。認為「從牟宗三到熊
十力，標示著由『兩層存有論』回到『體用一如論』，這意在『驗
諸倫常日用，重溯生命之源』，進而再由熊十力歸返王船山，這標
示著由『體用一如論』再轉而為『乾坤並建論』，其意在『開啟天
地造化之幾，落實歷史社會總體』」、「後新儒學強調歷史社會總體
的重要性，而一反原先『由內聖開出外王』的思考，改而強調『由
外王而調適內聖』；一反原先以『心性修養論』為核心，轉而強調
以『社會正義論』為核心的哲學思考。」[43]其所以提出由牟返熊
再返王的發展路線，是因為體認「熊十力未來的發展比牟先生還
大，不是他哲學知識的廣度，而是他的整個哲學的向度。本身來

---

[42] 詳參戴明璽：〈新儒家文化觀的遞變歷程：從熊十力到杜維明〉，《山東社會科學》2002 第 5 期，2002 年 9 月，頁 55-59。

[43] 林安梧：〈從『牟宗三』到『熊十力』再上溯『王船山』的哲學可能－後新儒學的思考向度〉，載《鵝湖》第 27 卷第 7 期，2002 年 1 月，頁 16、17。

說，熊先生的哲學有一種非主體主義的傾向，就是打破主體主義，回到整個生命、生活世界、生活之常裡面。」[44]而就社會歷史總體的掌握而言，又認為王船山遠超過熊十力，因此側重由船山道器不二、理氣不二、理欲不二、理勢不二及兩端而一致的思考，對傳統與現代、內聖與外王重予審視。除對船山氣學的重新詮釋，注重西方哲學的發展外，林安梧另強調「儒家傳統所穩立的道德本心以及人性烏托邦的企求卻足以給馬克思主義及社會批判理論帶來新的啟發。」反之，「通過馬克思主義及社會批判理論可照見儒家傳統偏向於內省式的人道主義其缺失何在，並企求補偏救弊之道。」[45]認為未來目標在於革命的實踐、社會的批判、道德的實踐三者的緊密結合與發展。

此外如劉述先則強調以儒家「仁與生生」作為終極關懷，以挽救處身現代的生命空虛與價值迷失，同時側重對儒學基本概念範疇的精神意涵進行現代闡釋，並試圖以理一分殊的思想模式謀尋當代新儒學的出路，但和杜維明一樣，堅持開展人類的多元文化，並進行交流與溝通，而不必強求定儒學於一尊，甚至強調新儒家、西方及馬列主義三者的健康互動、資源的良性循環才是未來希望之所繫。而成中英所建構的「本體詮釋學」，除強調本體與方法、知識與價值間的相對獨立性，更強調其內在統一性，在當代新儒家中獨樹一幟。此外並認為牟宗三「德性優先」的立場，以及尊陸王為正統、判朱子為歧出的主張，不利於儒家生活世界的開顯，因而有轉趨「道問學」的傾向。至於堅信儒家思想為中國文化本質所在的蔡仁厚，積極致力於傳統儒學與當代新儒學的詮釋，而取得亮麗成績。與林安梧同系出鵝湖的王邦雄、楊祖漢、李明輝、曾昭旭等諸

---

[44] 詳參林安梧：《儒學革命論－後新儒家哲學的問題向度》，頁 309。
[45] 同前註，頁 137-138。

位學者，均各有所成。[46]如強調融攝儒道智慧的王邦雄，提倡以道家虛無的空靈智慧，成全儒家實有的道德生命，同時提出「中學為用」的觀念，並以「究天人之際」、「通古今之變」、「成一家之言」為當代新儒學邁向二十一世紀的三大課題；楊祖漢則致力於宋明理學、康德哲學及韓國儒學等的探究；李明輝著力於當代儒學的自我轉化與重新定位；曾昭旭致力於民間講學，強調儒學應活潑有用，循實踐進路而行。總之，第三代新儒家可謂蠭起輩出，風格殊異，然多以新觀念、新方法、新格局、新方向，敞開新的研究道路，其發展結果的釐判則尚待來茲。

結語

　　熊十力學術巨構所引發的殊多回應與影響中，尤以其身膺當代新儒家的開山祖師，為當代儒學開啟一嶄新發展方向最為特出，本章即分由其第二、三代後學的發展概況與學術特質切入以言：

　　新儒家第二代中，徐復觀、唐君毅、牟宗三均曾親炙熊十力，而各以厚實的功力耕植出亮眼的成績。首先，就徐復觀而言，一生致力於中國文化中民主精神的豁顯，及對傳統與現實政治的批判與反思，在「歷史文化的鬥士」、「人文主義的自由主義者」等封號背後，徐復觀有來自於乃師熊十力的多重影響，舉凡為學決心的立定與為學方法的甄定、深沉的文化關懷與強烈的民族意識、對本心仁

---

[46] 詳參李翔海：〈論後牟宗三時代新儒學的發展走勢〉，姚才剛：〈論第三代新儒家〉，分載《玄圃論學續集》（武漢：湖北教育出版社，2003 年 3 月），頁 294-301；323-332。

體的發皇等均可見及，然對中國文化的發展方向、對《周禮》的詮解等，亦呈現歧異於其師的見地，甚至對熊十力後期諸作亦不假辭色、提出訾議。其次，就具有「文化意識宇宙中的巨人」之稱的唐君毅而言，以儒家心性之學為根本，踵繼熊十力對本心的彰顯，以「道德主體」為主幹，無論就體系的超越、主體的解析，或對儒學、西學、佛學的詮釋，均立於其師基礎上而更見推擴與超越，至於對王陽明與王船山等，亦有相關豐富的論述與闡揚。再者，就學術著作「古今無兩」的牟宗三而言，逢遇熊十力則是其生命中的大事，也由於熊十力的引領，使其嗅到學問與生命的況味，由西學研究轉向於中國文化的探索，專注於儒家人文精神的重建。在牟宗三眼中，其師角色在於接續孔子、晚周及宋明諸子的餘緒，期能慧命相續，承繼乃師志業，則是牟責無旁貸的歷史使命。

　　新儒家第三代諸新銳菁英，則持以更開放的心胸、更寬廣的視野、更多元的研究方法、更具批判性的態度、更旺盛的思想活力，而對當代新儒家的精神本質與未來走向有更理性、平和、深邃的思考，對西方文化與世界哲學、宗教、倫理等有更精準的把握、更積極的互動，如杜維明、劉述先、蔡仁厚、林安梧、王邦雄、楊祖漢、李明輝、曾昭旭等先生，雖取向不同、風格殊異，然均能保持對儒學的普遍關懷與持續付出。

第六章　結論

　　本書以《尋繹當代儒哲熊十力：以「一聖二王」為鑰》為題，試圖在熊十力多線的學思淵源中，釐清來自於一聖二王的實際影響；以及置處於特定時空背景中，其作品對一聖二王思想的援引、運用、評騭、寄寓、融攝、發揮及創造轉化；其生命精神對一聖二王的踵效與薰染；及其學術理想得之於一聖二王的濡化與啟迪。並期藉文題的探勘對熊十力思想的形成、內涵、脈絡及特質等有更精準的掌握；對新儒家思想的起興、師承及發展走向等有更貼切的認知。然而，生命特質的蔚成已自紛陳，況學術思想的養成更見千頭萬緒，既難以驟然切割，亦難以率爾歸諸某家學派。以熊十力的「體用」觀、「本心」觀、「翕闢」說為例，雖有源自於一聖二王及《易》的啟迪，卻不全然形成於此，同理，本書雖側重於熊十力學術思想中的一聖二王探索，然亦未曾小覷熊十力學術思想中的佛家、道家及各家觀點。

第一節　熊十力一聖二王思想的綜結

一、蘊憂患、述心跡於一聖二王

　　「熊先生的哲學中有人」，此語雖由金岳霖先生率先道出，然由昔及今，舉凡覽閱熊十力其書者，均應能感受於躍動文間的鮮明

人格特質、盎然生命盛氣及真切時代關懷。前有「情真、景真、事真、意真」的陶靖節；後有真誠惻坦兼俱孤冷自持的熊子真，其真誠與孤冷外發在待人行事的爽朗直接、自信洋溢，不拘守小節、不矯揉造作、不規行矩步、不趨炎附勢、不人云亦云上；也外顯在為學的苦心孤詣、執著堅持、一以貫之上；更顯露在敲茲世警鐘捨我其誰、繼聖賢血脈非我無他的大承擔、大氣魄上。其全副心跡既緊扣著中國近代歷史的發展，與其同相憂患；也牽繫在傳統文化的護持與改造上，貫徹終始未嘗有悔。

由年少至年邁，熊十力始終與庶民、與歷史、與文化同其憂患，其悲壯激越的生命情懷，勇毅無畏的歷史承擔，由 1902 至 1906 年間投身反清事業，與憂時志士揭櫫革命、勤力奔走呼號中已見其端倪，及至 1918 年決志棄政、慨然退場，轉赴學術一途發展，其憂患之志與深沉之思非但未曾稍減，反在其全力澆灌的玄圃園地中日滋漸長。此外自鴉片戰端掀起之後，中西、古今、新舊文化的衝激對撞即未曾稍歇，及至民初，態勢猛烈、銳不可當的西學凌侵，尤使傳統文化失卻招架能力，中土無盡藏在一片撻伐聲中，已顯氣息奄奄、闇而不彰。面對此等深沉危機，學術現場自然趨向沸沸揚揚、各有所主、各自因應、各執一隅的春秋戰國時代，或偏向全盤西化、或護持本土文化、或主張中體西用等。至於熊十力一則嚴厲批判西學奴化者的照單全收，一則肯定實事求是、取精用宏的西方科學精神；既積極進行中國文化的詮釋，更用心致力於學術根柢的重建，在其重新打造學術廟堂的過程中，有來自於西學、佛學及本土中學的各式建材，而一聖二王便是撐持其間的三大鷹架。此三大鷹架除牢固堅實的搭建在熊十力的哲學論著中；也栩栩然地佈立於其晚年的起居室內，孔聖居中，陽明居右、船山居左；更依序不紊、鮮活明晰地烙印在熊十力心中。

　　此三大鷹架中，熊十力遠接宣聖的慧命，而以《易》為歸；近契陽明的要義，而力彰本心；再者更通契船山的孤懷，而引為千載同參。熊十力與船山的密契，是同立處於憂患時代中，逐步發展而出的忘「世」之交。王船山以「七尺從天乞活埋」表白誓效明朝的孤詣情懷，以「六經責我開生面」肩挑文化遞衍的薪傳責任。《噩夢・序》：「吾老矣！惟此心在天壤間，誰為授此者？」一顆耿耿孤心，道出其憂時憂世、憂家國民生、憂學絕道衰的滿腔憂憤。至於熊十力自 1901 年讀王船山、顧炎武、黃宗羲著作，矢志革新政治、展開戎馬生涯起，船山其人其學對熊十力的影響，便與日俱增。1915 至 1916 年苦讀《船山遺書》，抄錄纂輯成船山語錄一冊，名為《船山學》，對船山道器一元觀已頗有契會。他承續船山欲宏斯學而與世絕緣的孤往精神；他認同船山所言「惡莫大於俗，俗莫偷於膚淺。」痛陳浮慕而未能腳踏實地者；他發揮船山「性日生日成」的思想，強調德性生命為一不斷創起淨習、克服染習的精進過程。「道之將廢也，文不在茲乎？」由此幅自書於北平寓所的對聯，正道出他同船山一般，主動肩荷起千斤萬擔的文化責任。除對船山人格與思想的垂老弗變、終身服膺外，在歷朝各代中，他對明清之際的學風給予極高評價，強調此階段為學尚實測、重經驗、反空疏、體用兼賅、道器並重；盛揚民族思想；注重學風士習、強調民治民主；承續程朱以來反佛教精神，依《大易》重建中國宇宙觀及人生觀；考據學興、側重切實有用之學。他認為晚明學者承上興復並活化了晚周諸子精神；於下則以民主科學精神，開啟中西文化融通之機，堪稱漢以後學術史上最光輝的時代。除對此期學風積極認同外，對其間深具擔當勇氣、責任意識、民族氣節的儒者，如顧炎武、黃宗羲、方以智、顏元，李二曲、呂晚村等表達肯定。至於《船山遺書》所蘊育的深廣之思、濃厚之悲，尤被熊十力視為振起沉痾的良藥，而他亦將承繼船山宏願，孤往探尋，讓洙泗精神重新穩立陷溺於險波駭

浪中的飄搖中國，也因此，熊十力對於時代及家國的滿腔憂患，其昭昭心跡全繫寫在一聖二王——尤其王船山身上。

「憂患意識，乃人類精神開始直接對事物發生責任感的表現，也即是精神上開始有了人地自覺的表現。」[1]哲學起於憂患，起於此種不容自已的責任感，因此大凡第一流思想家，無不有其憂患意識，如孔子的憂患主在面對世衰道微、禮崩樂壞時代，欲振活郁郁周文的無力；孟子則憂於楊、墨之道充斥，孔子之道不彰；至於《易經》尤是一本遍寫憂患之書：「《易》之興也，其於中古乎？作《易》者，其有憂患乎」、「《易》之興也，其當殷之末世、周之盛德耶？當文王與紂之事耶？是故其辭危。」[2]在飽浸憂患的時代背景中，作者凡三陳九卦、道吉凶悔吝等，無不在謀尋一解憂防患之道，並勉人進德修業、崇德廣業以為根本。也因此船山面對天崩地坼的時代，遙承孔孟徵實務本的學術特質，欲盡廢古今虛妙的學說，而對起於憂患時代下的《易經》特為側重，援為一生學行的重心，由《周易稗疏》、《周易考異》、《周易外傳》、《周易大象解》、《周易內傳》、《周易內傳發例》等，得見其研《易》成績斐然。而自招歸本於《易》的熊十力，從《新唯識論》、《讀經示要》、《十力語要》、《論六經》、《原儒》、《體用論》、《體用論》、《明心篇》及至《乾坤衍》，無不浸染著易學的相關思想，雖然他將《易》的作者歸屬於孔子，但其對易學的詮釋方式則多受船山影響，詳參本文第三章所述。至於船山作品中對《易》生生之理的廣為弘揚，提出「珍生」觀念，強調充擴天之生德，關懷庶民福祉等，亦影響熊十力步循後塵，由宇宙論至人生論，著力於《易》生生之學的表彰，其積極實踐的人生態度，正

---

[1] 徐復觀：〈周初宗教中人文精神的躍動〉，《中國人性論史・先秦篇》第二章，頁21。

[2] 〈繫辭下傳〉，第七、十一章。

是對天地之德的最佳回應。再者船山肯定宇宙為一活潑、真實、富有的存在，強調天地真實的化育流行，熊十力也呼應宇宙為真實的彌滿、本體為絕對的真實、乾元性海的無所不在、生化流衍蔚為大有，並強調躬行實踐、力戒逞臆談玄；而船山為救宋明儒末流之弊及對治佛老空寂虛幻，特申《易》健而動的精神，由「太虛本動」而至「君子日動」，熊十力盡人合天、強調裁成輔相的昂揚進取精神，亦與其密合無間；至於批評宋明儒「人欲盡淨，天理流行」觀點，主張以性率情，使情從性，強調情欲的中節、合度、當理，熊十力亦與船山取得一致共識。以上「尊生而不可溺寂」、「明有而不可耽空」、「健動以起頹廢」、「率性而無事絕欲」四大綱要，正是熊十力在船山的《易》學精義中所覓獲的最珍貴思想資產，而船山與熊十力此四大思想共識，亦不外是面對憂患時代所因應而生的治痾之道。

二、立體要、植根荄於一聖二王

（一）本心仁體觀的精微闡揚暨改造

面對外來學說高揚、傳統價值崩壞、自我信心淪喪的時代，熊十力企圖以所謂返本開新之學，做為穩立變局、復活文化、重建自我的一把鑰匙。他立基於前人的智慧成果上，沿循孔子之仁、孟子盡心之學及程明道「仁者渾然與物同體」、陸象山「先立乎其大」、陳白沙重反求諸己、王陽明言良知等宋明儒一路所開築的內聖傳統，外加柏格森生命哲學的創化觀等，靈活汲取、改造，薈萃成其「本心觀」，而熊十力再三強調的返本之學，亦不外指重建本體或求識吾人本心。熊十力認為：本體不離吾心而外在、吾心即是吾身

與天地萬物所同具的本體，因此所謂見體，亦不外為本心的自覺自證，當自見本心時，亦即洞見宇宙本體。由此可知重建本體與求識本心是同轅同轍、同軌同徑，而其本體論、宇宙論、心性論也是彼此渾融、蔚為一體的。

無疑的，熊十力「明心」之學的成形，王陽明扮演了牽引助成的角色，「逮有明陽明先生興，始揭出良知，令人掘發其內在無盡寶藏，一直擴充去，自本自根，自信自肯，自發自闢，大灑脫、大自由，可謂理性大解放時期。程朱未竟之功，至陽明而始著，此陽明之偉大也。」[3]良知即熊十力筆下的本心、仁體、真宰、明德、性智、明幾，它是陽明所指謂的「天然無盡藏」，也是熊十力哲學的靈魂所在。「儒者之學，唯陽明善承孔孟，陽明以天也、命也、性也、心也、理也、知也、物也，打成一片。」[4]熊十力於此也承續陽明，認為心、性、天、命等所表達的不外一事，而其動源即是吾人的本心良知。「致」良知始終是陽明所著力的緊要課題，而熊十力也屢強調操存工夫不懈，以常保吾昭明本心。而此工夫所在，不在別取一心以為對治，而在當下保任、推擴吾心，不曾稍歇，如此方能在面對外在殊多習染下，不為私欲障蔽遮矇，此種盡心可以知性、知天，即工夫即本體的觀點，亦明顯承續自孟子及王陽明等。由於熊十力對王陽明本心良知的全力發揚，鮮明且具體點出反求自我、明心見性的重要，因此其《新唯識論》體系作品被奉為現代儒家哲學中的「新心學派」或「新陸王派」，而賀麟則逕指出熊十力「對陸王本心之學，發揮為絕對的本體」、「用性智實證以發揮陸之反省本心，王之致良知」、「為陸王心學之精微化系統化最獨創之集大成者」。[5]

3　〈略談新論要旨〉（答牟宗三），《十力語要初續》，頁4。
4　《十力語要》卷二，頁290。
5　賀麟：〈論熊十力哲學〉，《附卷》上，《熊十力全集》頁667。原出《建國導報》第1卷第17期，1945年4月之〈陸王之學的新發展〉。

　　雖然熊十力執守本心，講求反求實證的見體之路，與王陽明側重由道德實踐而證得真體的路向基本一致，但熊十力對王陽明思想並非全然生吞，亦不受囿於陽明一隅，而能勇於進行揀擇與改造。首先，王陽明主要以道德本心言本體，強調經由道德實踐以返歸本心，而熊十力卻不僅止於此，更強調本體是吾人與天地萬物所共有；王陽明言心即理，熊十力則強調心物同體、不分內外；王陽明「致知」說雖為熊十力所稱揚，在「格物」觀上卻佐以朱子見地，「余以為，本心只是天然一點明幾，吾人須以自力，利用此明幾，而努力去逐物、辨物、治理物，才得有精確的知識。」[6]熊試圖打破尊德性與道學問的對立，力申良知須發用於事物而開展為知識，因此在《讀經示要》中並言致知與格物；在《新論》中兼言性智與量智；在《明心篇》中強調以智主識，凡此均可看出他雖以陽明致良知為大頭腦，但對於陽明過於忽略知識、不為科學留地位所做的斧正，而這亦是他因應時勢需求不得不然的舉措。

　　熊十力的本心觀，既有來自於陸王的精義，亦有得之於孔聖以來關於「仁」的思想菁華，在《論語》中，仁涵括忠、恕、孝、悌、信、愛等，是一切總德的泛稱，孟子則強調仁、義、禮、智四端，歷經宋明理學家的推擴闡揚，及至熊十力對「仁」內涵的抉發尤不遺餘力，並且即用識體，而將仁提升至本體的地位。他認為本心即是仁、仁即是本心；他直指本心之仁，以為萬化之源、萬有之基；他認為惟有踐仁方得以立人極、盡人能、弘天道；他更上承孔子，強調敦仁日新；於政治，並主張本仁心以立治體，化民以仁。由形上至形下，由本體至治化，他將歸本於仁的孔子之學做了更淋漓的發揮與豁顯。要之，面對現代的嚴峻挑戰，他以「返本開新」之學因應變局，而返本與開新不二，生命力的創新亦不外在「復初」──

一回復吾人的本具寶藏、本有面目而已，他強調本心仁體，擷取孔孟陸王的思想精髓，而完成更恢弘周徧的思想體系。

（二）易學體用說的靈活汲納與開展

體用思想無疑是熊十力學術成就的主要標竿，為求順俗及行文方便，熊十力以多種稱詞指謂體用，然如專由熊十力所歸宗的易學角度言，「乾元」、「乾元性海」、「乾元本體」、「太極」以及「乾坤」、「翕闢」等，則成為「體用」的同義代詞，至於《大易》體用思想的初始建置者，熊十力則統歸於孔子一身。

熊十力以「乾元」一詞，做為其易學本體的主要代稱，源自《易》之〈乾·彖〉：「大哉乾元，萬物資始」及〈乾·文言〉：「元者，善之長也」的「乾元」，其概念不異於「實體」、「道」、「天」、「理」、「性體」、「本心」、「良知」等，又因其含蘊萬德、萬理、萬化，深廣如海，是以又稱「乾元性海」，它既是道德的根源，也是吾人的真宰、宇宙的根據，在《新唯識論》、《體用論》中屢申言本體的諸多性質，如：賅備萬理、具複雜之性、具有變動性、空寂真常而能生化、非離心而外在、非理智所行境界、唯是實證相應者等，同時更強調「乾元」、「坤元」實是一元，一元本體觀是熊十力一以貫之、始終堅持的信念。

如就本體的流行、易學的功用以言，早期《新唯識論》中強調「翕闢成變」；後期《乾坤衍》中主論「乾坤不二」。將「翕闢」二字納為一對哲學概念使用者，首見於《易·繫辭傳》，[7]而嚴復譯《天演論》，其間亦有「天演者，翕以聚質，辟以散力」語，熊十力本

---

[7] 〈繫辭上傳〉，《易》第六章：「夫坤，其靜也翕；其動也闢，是以廣生焉！」第十一章：「是故闔戶謂之坤，闢戶謂之乾，一闔一闢謂之變，往來不窮謂之通。」

於前人基礎之上，更予推擴精闢。強調翕闢與生滅為變化的二大法則，闢為流行無礙的勢用，剎那纔生剎那即滅，無有暫住；翕為收攝凝聚的勢用，雖詐現物相，而實非固定質礙之物，因此亦是倏忽生滅，無有暫住，由於翕闢二者均是生滅滅生，因此名為大用流行。大化流行，即在翕的攝聚成形以及闢的剛健不物化兩種勢用中形成，無有窮盡，滅故所以生新，以其生生不息，見為至誠，因此〈繫辭上傳〉第五章曰：「日新之謂盛德」。再者翕闢即《易》之陰陽，亦可假名心物，翕以顯闢，闢以運翕，二者為一體的兩面，同時俱存、相融互攝、相反相成，而闢因具有本體的性質與德行，因此能運翕宰物，而宇宙的運動發展，即依此翕闢的相互作用而成，因此熊十力稱之為「翕闢成變」。至於「乾坤」概念則近同於「翕闢」，在熊十力的規範下，乾坤性質儼然相對，乾具剛健、生生、炤明、升進、亨暢諸德，而以剛健為本，坤具柔順、迷闇、堅結、閉塞、下墜諸性，而以柔順為主；乾為心、坤為形；乾為理、坤為欲；乾為公、坤為私；乾主進、坤主退；乾主創造、坤樂因循；乾知來、坤藏往，至於人之生，則秉乾以成性、資坤以成形。再者乾坤二者雖名為相對，而實又互含，〈乾卦〉中有坤象、〈坤卦〉中有乾象，係一體二面，彼此對立、相須而又融合，但乾究為乾元流行的主力，乾道主動以導坤，坤承乾起化而成物，在乾化坤、坤承乾的陰陽和合下，萬物資受之而得以成性成形、成始成終。熊十力一方面主張乾坤、翕闢、心物的彼此相須、未可或離，一方面則高揚乾、闢、心的主導地位，此與其吸收船山易學菁華，強調積極、主動、剛健、創造、生生的精神，可謂相互繫連、彼此輝映，而乾元性海的精神向下落實，則形成人能弘道、重視人能、力求實踐、積極改造的人生觀。

　　熊十力的體用不二觀係綜彙諸家、借鏡中西、取捨佛道、歸宗易學，強調即用顯體、於用識體、攝體歸用、體用可分而不可分、

證體知用、作用見性、即工夫即本體等，由體用不二更推擴開展以言道器不二、天人不二、心物不二、理欲不二、動靜不二、知行不二、德慧知識不二、成己成物不二，熊十力的內聖思想即在此一體兩面的系統框架中完整呈現。

三、寓理想、賦新曲於一聖二王

　　以一生見證近代中國歷史發展的熊十力，既親歷滿清末世的腐政、列強環伺的高壓、維新變法及立憲運動的圖振乏力、辛亥革命的群起鼎革；及至民國，又迭經袁世凱稱帝、復辟事件、軍閥割據的動盪、五四新文化運動的熾熱、西潮的飆揚、大陸政權的易位、文革的浩劫等，熊十力的生命中可謂寫滿中國近代史的滄桑。雖然如此，但秉持「上天以斯文屬余」的狂者情懷，熊十力仍試圖傾聽振盪起伏的時代聲音，藉哲學精髓的開掘，重建道德自我；藉文化理想的樹立，扶正旁落的價值。至於熊十力所處時代的重要課題，對外言即是西方文化的衝擊，尤其是科學昌興後所帶來的船堅砲利，與民主思潮下所側重的自由平等，熊十力對此一則表達肯定認同，一則仍強調應以哲學開出科學、以性智涵養量智，中西文化宜互相交流、彼此借鏡，此外更試圖返歸中國經學，欲由其中覓尋民主科學的蛛絲馬跡，藉以穩立根蒂、接合時需，而孔子即是他苦心尋訪後的最終落腳處——內聖外王的理想即全然匯歸於此。

　　在熊十力心中，枝葉扶疏的諸子百家，無不源自正統儒家，而孔子即如「一本」眾幹，六經為其所作，學統為其所開，早年雖服膺小康禮教、維護君統，自五十學《易》，參透天命，思想飛躍，決意消滅統治階層，廢除私有，倡天下為公之大道，而其後學由是

有小康、大道全然對立之二派，大道派恪守六經真本，然於焚坑之禍後即衰微不彰，小康派淪於擁護帝制，竄改六經以切合忠君思想，由於真儒精神堙沒、六經失真，也因此熊十力欲圖藉《原儒》、《乾坤衍》諸作，進行學統溯源與辨偽，以釐清歷史「真相」、還原孔子「真面目」。

　　熊十力以孔子為中心所架構而出的外王學，首先強調格物致知、駕馭自然的科學精神，是內聖通往外王的治化之器，中國格物之學於殊多古籍中已見端倪，舉凡天文、算術、音律、藥物、醫術、工程、機械、地理無不備載，惟秦漢後逐次亡失。而格物之學尤其早興於《易》，由「知周萬物」、「範圍天地」、「微顯闡幽」、「制器尚象」、「裁成輔相」、「仰觀天文」、「俯察地理」等可茲驗證。其次他更重視民生需養，科學所重開物成務，其旨不外在以人力制天、厚惠民生。他與廣大庶民立處同一陣線，強調發明資具、便民需求、藏富於民，強調執政者應「吉凶與民同患」，務期「萬物各得其所」。再者他主張治化根基在於實施仁政，仁道既行則人治、禮治、德治、富治無不含賅，秉誠恕、持忠信是執政者應備的素養；隨時宜、興變革是執政者應具的氣魄。至於其治化理想，則透過各自獨立卻又同步連結的《易經》、《春秋》、《周官》、〈禮運〉四經具體展現，藉《春秋》三世義寄託其由遠而近、由亂而治，終臻至美善太平的政治進化論；藉《周官》表述消滅私有、發展工業的社會理想，「均」、「聯」為主的經濟特色，實施民主、取消王權的政治理念；藉〈禮運〉繪製一幅天下為公的大同世界；藉《易經》的「群龍无首」、「萬國咸寧」，宣達一無種界、無國界，人各自治、自尊、自主、獨立的至治之休。熊十力筆下的外王理想，繫依於孔子一身，在革新的孔子風貌下，寓托了熊十力深入自得的思想創獲，由體及用、由內聖而外王，羅織出縝密完備的學術體系。

第二節　熊十力學術思想的反省

關於熊十力的學術思想，前賢索探已多，成果亦豐，茲不贅述。現唯就個人行文間體認所得，簡賅以言：

首先，就其學術資源言，取資多方而不失獨創：本書探及熊十力的學術思想資源，係以一聖二王為主軸，旁及嚴復、康有為、譚嗣同、章炳麟、歐陽漸、馬一浮、梁漱溟、林宰平等時賢師友的取益；康德、黑格爾、柏格森、懷海德、羅素等西哲新說的參稽；周濂溪、程明道、程伊川、朱熹、陸象山、陳獻章等宋明諸子思想的擷取；及對佛釋老莊的融攝等，可謂面向多端、取資博廣。素來主張「夏蟲井蛙，學者宜戒」的他，能去門戶而尚宏通，秉其敏銳的思辨能力，吞吐其間、參稽互校、析異觀通、捨短取長，進出於儒、道、佛及西學之間，又能遮破佛法、評驚老莊、析辨西學、痛斥奴儒，提煉出深入自得的思想體系。因此熊十力強調自己亦佛亦儒、非儒亦儒，「吾亦只是吾而已」；主張不囿陳說，應「依自不依他」；而對於一己與陽明思想的符契，則稱述「不若謂吾自得，而後於陽明之言有深入也。」而本書雖臚列一聖二王及各家為其思想先驅，卻未嘗否認其學術思想仍兼具獨創性與完整性，靈活出入、自有主宰、自成體系，是其能被尊為「新」儒家、「新」陸王學、「新」易學、「新」佛家或「新」法相宗的主要成因。

其次，就其學術評價言，一代大哲仍難掩微疵：懷持高度的歷史責任，以捨我其誰的精神，在風雨交織的近代中國，投注畢生心力於固有傳統寶藏的掘發、哲學體系的重建與精神價值的重覓，奠立當代新儒家哲學的根柢，為儒家思想在現代哲學的發展開啟一扇門窗，也使其成為近代最具思辨力、原創力的哲學家之一。然而舉凡具創發性的第一流哲學家，其能提供後學研議及發展的思想空間愈廣，況在其橫跨數十載的學術生命中，因閱歷與識見的增長，呈

現前後期思想的流轉與遷變，自屬常態，而對於龐大思想體系的未盡充足、圓滿或一貫，甚至偶見衝突矛盾處，亦無足為奇。重要者，在於該思想體系能否提出睿見、顯現時代意義及價值，並樹立發展典範。就熊十力哲學的思想內涵言，成為當代的大哲固無足愧，然由於其思想性格的卓爾特異，與部分哲學觀點的超越常軌與大膽立論，亦招徠同時及後出學者的若干迴響。其間唇槍筆伐長達數十載的佛學論戰固不待言，若專就熊十力思想進行全面反思而提出「異」見者，如與其交遊講習達四十餘年的梁漱溟，其〈讀熊著各書讀後〉是為代表；[8]至於翟志成的〈論熊十力思想在一九四九年後的轉變〉、〈長懸天壤論孤心──熊十力在廣州〉，分就其前後期思想的變易及原因、其人格的「缺弱」與「毛病」加以論評，並引發劉述先、郭齊勇等的回應；[9]而研究熊學多年且有成的郭齊勇，則針對熊十力新儒學思想發出「道德主義的兩面觀」、「儒學價值與功能的再檢討」等兩點評價，[10]並針對其本體宇宙論中有關「攝用歸體與攝體歸用的矛盾」及「立體與開用兩不足」詳為申述；針對其佛學思想提出檢討；針對其政治觀中名詞運用的失當、未客觀考察中國的政治變遷及文化變遷的真正原因等提出說明。[11]另李道湘則就熊十力哲學理論的若干盲點，如本心的提出與其流行生生的根本精神

---

8 載見梁漱溟：《憶熊十力先生》，頁 5-79，另收錄於《熊十力全集》附錄（上），頁 715-777。

9 翟志成：〈論熊十力思想在一九四九年後的轉變〉一文原收錄於 1988 年《國際孔學會議論文集》，頁 1121-1240；亦載見《當代新儒學史論》，頁 255-296；〈長懸天壤論孤心──熊十力在廣州〉收錄於《熊十力全集》附錄（下），頁 1486-1574。另劉述先及郭齊勇各以〈如何正確理解熊十力─讀「長懸天壤論孤心」有感〉及〈為熊十力先生辨証－評「長懸天壤論孤心」〉分別為文回應，二文並收錄於《熊十力全集》附錄（下），頁 1575-1598、1599-1663。

10 詳參郭齊勇編撰：《熊十力學案》（北京：中國社會科學出版社，1995 年 9月），收入方克立、李錦全主編：《現代新儒家學案》（上），頁 465-469。

11 詳參郭齊勇：《熊十力思想研究》，頁 86-102、199-204、223-226。

相互矛盾、內聖外王並重的理性要求與反求自省和回轉內收的體系之間的對立、始終未能超越中體西用的思維模式等發出評議，[12]至於拙著亦嘗就熊十力易學思想的前後殊異處、疏忽錯失處、拖拉冗複處進行省思。[13]倘若就其內聖思想省觀，體用不二為其一貫主張，而藉本體論亦可重建道德自我，並彰顯人之為人的終極存在意義。但由《新論》強調本心、本性真實，言「一切物之本體，非是離自心外在的境界」，強調「攝用歸體」，及至《原儒》、《乾坤衍》卻轉趨肯定現象、萬物真實、強調「攝體歸用」，呈現思想的前後矛盾，堅持本心觀卻又肯定現象真實，是其體用哲學中的一處難以自圓其說的盲點。此外熊十力雖對儒學積極進行詮釋、改造、發揮，但其強調道德理想主義，以儒家內聖心性之學為主軸發展而出的本體論思想，能否因應時代需求，能否順利開出外王理想，尚須歷經嚴厲的考驗。若就其外王思想反省，其超越歷史常軌，對六經原貌的擅加改鑄，對《周官》、〈禮運〉等的「創發新意」；對《周易》科學思想的大量比附，將孟荀以下群儒納入小康學派等，均失之主觀臆斷、穿鑿附會。然《原儒》諸作中對孔子形象的大力改造，或如林安梧所言，其所呈現的是一「理想價值」之原，而非「事實真相」之原，其所樹立的是真實而理想的儒學之統；其所揭櫫的是儒學隱匿性傳統，其對「奴儒」的苛斥，其政治哲學中所蘊函的「與時推移」的精神，及其所涉內容中足供吾人批判及反思的部分，均仍有其意義與價值。

第三，就其學術影響言，重建儒學而尚待檢驗：以孟子陸王心學為基底，汲納《易傳》的思想菁華，承續船山對尊生、明有、

---

[12] 詳參李道湘：《現代新儒家與宋明理學》（瀋陽：遼寧大學出版社，1998年5月），頁193-196。

[13] 詳參拙著：《熊十力易學思想之研究》，頁309-315。

主動、率性四大旨要的重視並加以開展，局部吸收西學、大力改
造佛學，間或取益時賢師友，而以孔聖為其內聖外王思想之依歸，
形成其創造性的哲學體系，同時也為當代儒學的振興挹注一股活
力。在新舊學及東西方交觸碰撞之際，傳統思想價值飄搖欲墜之
時，其所倡返本開新之學，既迥異於西化派亦有別於國粹派，而
在彼歷史關頭呈現了身為知識份子的責任、關懷與努力。再者其
以道德形上學和體用不二論所建構而成的當代新儒學，歷經第二
代弟子徐復觀、唐君毅、牟宗三慧命相續的承擔與推擴、發皇，
展現出更為堅實的內涵與更趨亮麗的成績，在當代新儒家第三代
支拄起全局的現今，如何讓儒學接樺國際、融合世界；如何照亮
儒學、重覓出路，則尚待來茲。

後記

　　熊十力學術思想，體大用宏，本書由其間闢題以言，惟僅蠡說義諦，尚未能深入精詳。雖曾反覆覽閱原著，並分類彙整、筆記賅要，於其思想要義似尚能把握，然焉得無疏失偏頗？於前人有關熊十力的研究成果雖尚能用心吸收，然焉能無遺珠之憾？況文題所涉範疇寬廣、面向多元，除須掌握熊十力及一聖二王思想外，尚及先秦、宋明、清初諸子；民初、新儒家學者；西學、佛學及道家思想等。今持淺薄學力行解牛之術，雖怵惕為戒、勉力以為，然與庖丁「恢恢乎其於遊刃，必有餘地矣」的精湛功力比較，相去已不知凡幾！

　　雖然如此，然透過文題的研議探索，略可綜觀熊十力學術思想資源的全貌，並粗窺熊十力、一聖二王及相關學者的思想綱要，而順承內文發展，猶能進一步開展出多重研究方向：首先是熊十力相關思想的持續研探，如熊十力的經學思想即屬之，雖然海峽兩岸學者投入研究其哲學思想、體用觀、傳統文化觀、佛道思想、著作分析、傳記等已見斐然成績，然如能在既有基礎上進行更深入完整的釐探，將呈現更璀璨的成果。其次是熊十力與各家思想的比較研究，此項子題面向深廣，古今中外相關人物均可涵攝，如與當時西化派、國粹派的思想異同，與時賢師友如梁漱溟的思想比較，與第二代弟子思想的進層比較等。再者是與當代新儒家相關的議題，如第三代新儒家的發展動向與特色、當代新儒家的內聖外王觀、當代新儒家的形上學檢討、某當代新儒家的哲學開拓、新外王理論的開展等。至於與孔子、王陽明、王船山的相關

議題尤為豐富，可單點或縱向、橫向研究，甚至全面性的比較研議，倘細細探勘，當可開掘出另一番風景。學問之路也許越走疑處越多，越走越顯力乏，但仍願效行西席夫斯推石頭上山的精神，以本文為起點，持續舉步向前。

參考書目

一、熊十力著作

（一）主要參考

《十力語要》，台北：明文書局，1989 年 8 月。
《十力語要初續》，台北：洪氏出版社，1982 年 10 月。
《明心篇》，台北：台灣學生書局，1984 年 3 月。
《原儒》，台北：明文書局，1987 年 12 月。
《乾坤衍》，台北：台灣學生書局，1987 年 2 月。
《新唯識論》，台北：文津出版社，1986 年 10 月。【內收錄《心書》、《新
　　唯識論文言文本》、《破破新唯識論》、《新唯識論語體文本》】
《論六經》，台北：明文書局，1988 年 3 月。
《讀經示要》上、下，台北：明文書局，1987 年 9 月。
《體用論》，台北：台灣學生書局，1987 年 2 月。

（二）次要參考

《熊十力全集》（全十卷），武漢：湖北教育出版社，2001 年 8 月。
第一卷　《唯識學概論》（1923、1926 兩種）
　　　　《因明大疏刪注》

《唯識論》
《尊聞錄》
第二卷　《十力論學語輯略》
《佛家名相通識》
《中國歷史講話》
《中國歷史綱要》
第四卷　《中國哲學與西洋哲學》
《讀智論鈔》
第五卷　《韓非子評論》
《摧惑顯宗記》
《與友人論張江陵》
第七卷　《存齋隨筆》
第八卷　《熊十力論文書札》
（附卷上下《熊十力哲學論評集粹》）

二、古籍

（一）經史類

（魏）王　弼（梁）韓康伯注（唐）孔穎達正義：《周易正義》，台北：藝
　文印書館十三經注疏本，1989 年 1 月。
（宋）程頤、朱熹：《易程傳、易本義》，台北：世界書局，1985 年 10 月。
（漢）孔安國傳（唐）孔穎達正義：《尚書正義》，台北：藝文印書館十三
　經注疏本，1989 年 1 月。
（漢）毛公傳、鄭玄箋（唐）孔穎達正義：《毛詩正義》，台北：藝文印書
　館十三經注疏本，1989 年 1 月。
（漢）鄭玄注（唐）賈公彥疏：《周禮注疏》，台北：藝文印書館十三經注
　疏本，1989 年 1 月。

（漢）鄭玄注（唐）賈公彥疏：《儀禮注疏》，台北：藝文印書館十三經注
　　疏本，1989 年 1 月。

（漢）鄭玄注（唐）孔穎達正義：《禮記正義》，台北：藝文印書館十三經
　　注疏本，1989 年 1 月。

（晉）杜預注（唐）孔穎達等正義：《春秋左傳正義》，台北：藝文印書館
　　十三經注疏本，1989 年 1 月。

（漢）何休注（唐）徐彥疏：《春秋公羊傳注疏》，台北：藝文印書館十三
　　經注疏本，1989 年 1 月。

（魏）何晏注（宋）邢昺疏：《論語注疏》，台北：藝文印書館十三經注疏
　　本，1989 年 1 月。

（漢）趙岐注（宋）孫奭疏：《孟子注》，台北：藝文印書館十三經注疏本，
　　1989 年 1 月。

楊家駱主編：《宋史》，台北：鼎文書局，1983 年 11 月。

楊家駱主編：《明史》，台北：鼎文書局，1975 年 6 月。

（二）子集類

（周）李　耳：《老子》，台北：台灣中華書局，1984 年 10 月。

（漢）揚　雄：《法言》（叢書集成初編之 0530），北京：中華書局，1985 年。

（宋）周敦頤：《周濂溪集》（叢書集成初編之 1890－1893），北京：中華
　　書局，1985 年。

（宋）程顥、程頤：《二程集》，台北：里仁書局，1982 年 3 月。

（宋）朱　熹：《朱子全書》（全二十七冊），上海：上海古籍出版社，2002
　　年 12 月。

　　　　拾肆－拾捌冊《朱子語類》

　　　　貳拾－貳拾伍冊《晦庵先生朱文公文集》

（宋）陸象山：《象山先生全集》（四部叢刊初編縮本第六十三冊），台北：
　　台灣商務印書館，1967 年 9 月。

（明）陳獻章：《白沙子全集》（全二冊），台北：河洛圖書出版社，1974
　　年 9 月。

（明）王守仁：《王陽明全集》（上下冊），上海：上海古籍出版社，1992
　　年 12 月。

（明）顧炎武：《原抄本日知錄》，台北：文史哲出版社，1979 年 4 月。

（明）王船山：《船山全書》（全十六冊），長沙：嶽麓書社，1996 年 10 月。

     第一冊　　《周易內傳》（附《發例》）

             《周易大象解》

             《周易稗疏》

             《周易外傳》

     第二冊　　《尚書引義》

             《四書訓義》

     第四冊　　《禮記章句》

     第六冊　　《讀四書大全說》

     第十冊　　《讀通鑑論》

     第十二冊　《張子正蒙注》

             《思問錄內外篇》

             《噩夢》

     第十六冊　傳記、年譜雜錄等

（明）顏元：《存學編》（王雲五主編，叢書集成簡編），台北：台灣商務印書館，1966 年 6 月。

（清）黃宗羲撰、全祖望補修：《宋元學案》，台北：華世出版社，1987 年 9 月。

（清）黃宗羲撰、沈芝盈點校：《明儒學案》，台北：華世出版社，1987 年 2 月。

（清）康有為：《康有為全集》（全三冊），上海：上海古籍出版社，1990 年 4 月。

（清）譚嗣同：《譚瀏陽全集》（沈雲龍主編，近代中國史料叢刊 285）台北：文海出版社，1973 年 12 月。

（清）章炳麟：《章氏叢書》（上下冊），台北：世界書局，1958 年 7 月。

三、後人研究熊十力的作品

（一）專著

丁為祥：《熊十力學術思想評傳》，北京：北京圖書館出版社，1999 年 6 月。

李霜青：《熊十力》，收入《中國歷代思想家》五十二，台北：台灣商務印書館，1987 年 8 月。

宋志明：《熊十力評傳》，南昌：江西百花洲文藝出版社，1993 年 8 月。

林世榮：《熊十力與「體用不二」論》，台北：萬卷樓圖書股份有限公司，2008 年 6 月。

林安梧輯：《現代儒佛之爭》，台北：明文書局，1990 年 6 月。

林安梧：《存有・意識與實踐──熊十力體用哲學之詮釋與重建》，台北：東大圖書公司，1993 年 5 月。

（日）島田虔次：《熊十力與新儒家哲學》，徐水生譯，台北：明文書局，1992 年 3 月。

梁漱溟：《憶熊十力先生》，台北：明文書局，1989 年 12 月。

郭齊勇：《熊十力及其哲學》，北京：中國展望出版社，1985 年 12 月。

郭齊勇：《熊十力與中國傳統文化》，台北：遠流出版公司，1990 年 6 月。

郭齊勇：《熊十力思想研究》，天津：天津人民出版社，1993 年 6 月。

郭齊勇：《天地間一個讀書人──熊十力傳》，台北：業強出版社，1994 年 11 月。

郭齊勇編撰：《熊十力學案》，收入方克立、李錦全主編《現代新儒家學案》上，北京：中國社會科學出版社，1995 年 9 月。

郭齊勇主編：《玄圃論學續集──熊十力與中國傳統文化國際學術研討會論文集》，武漢：湖北教育出版社，2003 年 3 月。

張慶熊：《熊十力的新唯識論與胡塞爾的現象學》，上海：上海人民出版社，1995 年 11 月。

景海峰：《熊十力》，台北：東大圖書公司，1991 年 6 月。

蔡仁厚：《熊十力先生學行年表》，台北：明文書局，1987 年 8 月。

劉述先編：《熊十力與劉靜窗論學書簡》，台北：時報文化出版事業有限公司，1984 年 6 月。

蕭萐父、郭齊勇編：《玄圃論學集——熊十力生平與學術》，北京：三聯書店，1990 年 2 月。

（二）學位論文

王汝華：《熊十力易學思想之研究》，台灣師範大學國文研究所碩士論文，1991 年。

林世榮：《熊十力「新唯識論」研究——以「新唯識論」所引發儒佛之爭為進路的探討》，中央大學中文研究所碩士論文，1992 年。

林世榮：《熊十力春秋外王學研究》，中央大學中文研究所博士論文，2000 年。

莊永清：《熊十力平章漢宋研究——以「易」為例》，成功大學歷史語言研究所碩士論文，1994 年。

張月琴：《熊十力的新唯識論發凡》，中國文化學院（今文化大學）哲學研究所碩士論文，1974 年。

黃惠雅：《熊十力先生的體用論研究》，台灣大學哲學研究所碩士論文，1980 年。

裴春苓：《熊十力「新唯識論」與佛教義理融攝的問題探討》，南華大學哲學研究所碩士論文，2000 年。

潘世卿：《熊十力先生學記》，輔仁大學中國文學研究所碩士論文，1979 年。

劉守政：《熊十力「新致良知」研究——以體用論‧明心篇為中心》，華僑大學碩士論文，2007 年。

劉祥光：《西潮下的儒學：熊十力與新儒學》，政治大學歷史研究所碩士論文，1985 年。

藍日昌：《熊十力「內聖外王」思想之研究》，政治大學中國文學研究所碩士論文，1987 年。

蕭友泰：《熊十力對中國文化的詮釋與重建》，淡江大學中文研究所碩士論文，2004 年。

（三）收入專著的單篇文章

王守常：〈廿世紀儒佛之爭——熊十力與劉定權的爭論〉，收入《當代新儒家人物論》，台北：文津出版社，1994 年 2 月，頁 21-43。

任俊華：〈熊十力的新易學〉，收入《易學與儒學》，北京：中國書店，2001年 3 月，頁 339-355。

宋志明：〈熊十力的新唯識論〉，收入《現代新儒家研究》，北京：中國人民大學出版社，1991 年 6 月，頁 150-210。

何信全：〈熊十力與儒家新外王理論之開展〉，收入《儒學與現代民主——當代新儒家政治哲學研究》，台北：中研院文哲所，1996 年 2 月，頁 41-73。

岑溢成：〈熊十力的《春秋》學與名分問題〉，收入陳德和主編：《當代新儒學的關懷與超越》，台北：文津出版社，1997 年 12 月，頁 191-206。

李道湘：〈熊十力與宋明儒學〉，收入《現代新儒家與宋明理學》，瀋陽：遼寧大學出版社，1998 年 5 月，頁 133-196。

林安梧：〈論道德實踐的根源性動力及根源性實踐方法的建立——以熊十力《新唯識論》為中心的理解與詮釋〉，收入《當代新儒家人物論》，台北：文津出版社，1994 年 2 月，頁 45-73。

林安梧：〈熊十力體用哲學之理解——以《新唯識論》〈序言〉〈明宗〉為核心的展開〉，收入《當代新儒家哲學史論》，台北：明文書局，1996年 1 月，頁 55-83。

林安梧：〈熊十力的孤懷弘毅及其《原儒》的義理規模〉，收入《當代新儒家哲學史論》，台北：明文書局，1996 年 1 月，頁 85-97。

林安梧：〈「革命的孔子」——熊十力儒學中的「孔子原型」〉，收入「儒學革命論」——後新儒家哲學的問題向度》，台北：台灣學生書局，1998年 11 月，頁 141-171。

林鎮國：〈新儒家「返本開新」的佛學詮釋〉，收入《空性與現代性》，台北：立緒文化事業有限公司，1999 年 3 月，頁 69-96。

林慶彰：〈當代新儒家的《周禮》研究及其時代意義〉，收入劉述先主編：《當代儒學論集：挑戰與回應》，台北：中央研究院中國文哲研究所籌備處，1995 年 12 月，頁 105-129。

姜允明：〈陳白沙對熊十力的影響〉，收入《心學的現代詮釋》，台北：東大圖書公司，1988 年 12 月，頁 141-162。

姜允明：〈熊十力哲學思想中「本心概念初探」〉，收入《心學的現代詮釋》，台北：東大圖書公司，1988 年 12 月，頁 163-182。

姜允明：〈當代新儒學大師熊十力其人其學〉，收入《當代心性之學面面觀》，台北：明文書局，1994 年 3 月，頁 1-16。

姜允明：〈從《原儒》看熊十力的內聖外王論〉，收入《當代心性之學面面觀》，台北：明文書局，1994 年 3 月，頁 17-32。

姜允明：〈熊十力與懷海德的機體論哲學〉，收入《當代心性之學面面觀》，台北：明文書局，1994 年 3 月，頁 33-49。

徐復觀：〈我的讀書生活〉，收入《徐復觀文錄選粹》，台北：台灣學生書局，1980 年 9 月，頁 311-319。

徐復觀：〈悼念熊十力先生〉，收入《徐復觀文錄選粹》，台北：台灣學生書局，1980 年 9 月，頁 339-351。

孫劍秋：〈融佛入儒——論熊十力的易學成就〉，收入《第四屆海峽兩岸周易學術研討會論文集》，1999 年 7-8 月，頁 269-282。

陳　來：〈熊十力哲學的明心論〉，收入《當代新儒家論文集》，台北：文津出版社，1991 年 5 月，頁 167-189。

張文儒、郭建寧主編：〈熊十力的哲學思想〉，收入《中國現代哲學》，北京：北京大學出版社，2001 年 5 月，頁 300-345。

景海峰：〈和而不同兩大師——熊梁辯難所引發的問題與思考〉，收入陳德和主編：《當代新儒學的關懷與超越》，台北：文津出版社，1997 年 12 月，頁 167-190。

楊　明：〈熊十力——現代儒學重構的形上思考〉，收入《現代儒學重構研究》，南京：南京大學出版社，2002 年 5 月，頁 98-126。

楊國榮：〈從心物一體到「體用不二」、「翕闢成變」〉，收入《王學通論——從王陽明到熊十力》，台北：五南圖書出版公司，1997 年 9 月，頁 261-299。

翟志成：〈熊十力在廣州〉，收入《當代新儒學史論》，台北：允晨文化事業有限公司，1993 年 7 月，頁 3-102。

翟志成：〈熊十力佚書九十六封〉，收入《當代新儒學史論》，台北：允晨文化事業有限公司，1993 年 7 月，頁 105-251。

翟志成：〈論熊十力思想在一九四九年後的轉變〉，收入《當代新儒學史論》，台北：允晨文化事業有限公司，1993 年 7 月，頁 255-294。

翟志成：〈思想不能翱翔——馮友蘭與熊十力的悲劇〉，收入《當代新儒學史論》，台北：允晨文化事業有限公司，1993 年 7 月，頁 297-308。

鄭家棟〈探究真實的存在：熊十力的新唯識論〉，收入《本體與方法——從熊十力到牟宗三》，瀋陽：遼寧大學出版社，1992 年 8 月，頁 10-95。

鄭家棟：〈熊十力：終極層面的探求與天人統一觀的重建〉，收入《當代新儒學論衡》，台北：桂冠圖書股份有限公司，1995 年 12 月，頁 90-101。

劉述先：〈熊十力晚期的思想〉，收入《文化與哲學的探索》，台北：台灣學生書局，1986 年 7 月，頁 281-284。

劉述先：〈如何正確理解熊十力——讀「長懸天壤論孤心」〉，收入李明輝主編之《當代新儒家人物論》，台北：文津出版社，1994 年 2 月，頁 1-20。

盧升法：〈辨儒佛會仁寂——熊十力的佛學思想〉，收入《佛學與現代新儒家》，瀋陽：遼寧大學出版社，1994 年 2 月，頁 354-419。

賴賢宗：〈熊十力的体用論的「體用不二而有分，分而仍不二」的基本結構與平章儒佛〉，收入《體用與心性：當代新儒家哲學新論》，台北：台灣學生書局，2001 年 6 月，頁 1-29。

賴賢宗：〈重檢文獻論熊十力思想之一貫性〉，收入《體用與心性：當代新儒家哲學新論》，台北：台灣學生書局，2001 年 6 月，頁 31-43。

顏炳罡：〈大本大源的設立與儒家哲學的重建〉，收入《當代新儒學引論》，北京：北京圖書館出版社，1998 年 1 月，頁 181-246。

羅　光：〈熊十力的哲學思想〉，收入《中國哲學思想史》，台北：台灣學生書局，1986 年 5 月，頁 101-142。

龔鵬程：〈論熊十力論張江陵〉，收入《淡江大學中文系主編之晚明思潮與社會變動》，台北：弘化文化事業，1987 年 12 月，頁 257-295。

（四）期刊學報

王汝華：〈薑齋千載是同參——熊十力之船山學述評〉，《高雄師大學報》第 16 期，2004 年 6 月，頁 309-328。

王汝華：〈熊十力對陽明學的創新思考向度與時代回應〉，《成大中文學報》
　　第 12 期，2004 年 6 月，頁 165-192。

牟宗三：〈我與熊十力先生〉，《中國學人》創刊號，1970 年 3 月，頁 106-120。

李清良：〈薑齋千載是同窗──論王船山對熊十力的影響〉（上），《衡陽師
　　範學院學報》第 26 卷第 5 期，2005 年 10 月，頁 7-12。

杜維明著、林鎮國譯：〈論熊十力〉，《鵝湖》第 18 卷第 1-2 期，1979 年
　　7-8 月，頁 20-27、12-20。

林世榮：〈略論熊十力對「二王」之學的評價〉，《鵝湖月刊》第 33 卷第 6
　　期，2007 年 12 月，頁 23-33。

林弓義：〈原儒原內聖之試探與省察〉，《鵝湖》第 13 卷第 9 期，1988 年 3
　　月，頁 32-40。

林安梧：〈從「牟宗三」到「熊十力」再上溯「王船山」的哲學可能──
　　後新儒學的思考向度〉，《鵝湖》第 27 卷第 7 期，2002 年 1 月，頁 16-30。

林家民：〈熊十力內聖學後期轉變說之商榷──敬質翟志成先生〉，《哲學
　　與文化》第 15 卷第 12 期，1988 年 12 月，頁 54-66。

林慶彰：〈熊十力關係書目〉，《中央圖書館館刊》第 24 卷第 2 期，1991
　　年 12 月，頁 243-264。

林鎮國：〈現代儒家的佛教詮釋：以熊十力與牟宗三為例〉，《國立政治大
　　學學報》第 4 期，1997 年 12 月，頁 19-36。

姜允明：〈明儒陳白沙對熊十力的影響〉，《哲學與文化》第 13 卷第 3 期，
　　1986 年 3 月，頁 154-163。

唐明邦：〈熊十力先生易學思想管窺〉，《武漢大學學報》1986 年第 1 期，
　　1986 年，頁 35-42。

唐明邦：〈熊十力論船山易學〉，《船山學報》1988 年第 1 期，1988 年 4 月。

高瑞泉：〈試論熊十力的哲學創造與經典詮釋〉，《臺大文史哲學報》第 56
　　期，2002 年 5 月，頁 1-14。

孫劍秋：〈融佛入儒──論熊十力的易學成就〉，《第四屆海峽兩岸周易學
　　術研討會論文集》，1999 年 7-8 月，頁 269-282。

梁培恕：〈熊十力與梁漱溟──各走一路的至交〉，《當代》第 106 期，1995
　　年 2 月，頁 54-59。

陳榮捷原著，陳瑞深譯註：〈當代唯心論新儒學──熊十力〉，《中華文化
　　復興月刊》第 18 卷第 11-12 期，1985 年 11-12 月，頁 51-60、25-35。

郭齊勇、李明華:〈熊十力哲學研究綜述〉,《中國哲學》第 14 輯,頁 335-349。

郭齊勇:〈為熊十力先生辯誣——評翟志成「長懸天壤論孤心」〉,《鵝湖月刊》第 19 卷第 8 期,1994 年 2 月,頁 12-28。

黃克劍、周勤:〈返本體仁的玄覽之路——從熊十力哲學的價值取向看當代新儒家的文化思致〉,《哲學研究》1988 年第 5 期,1988 年 5 月,頁 9-17。

黃黎星:〈熊十力《易》學思想評述〉,《中國文化月刊》第 224 期,1998 年 11 月,頁 1-22。

傅伯言、賴功歐:〈論熊十力的孔子觀〉,《江西社會科學》2000 年第 11 期,2000 年 11 月,頁 43-49。

敬園:〈談熊十力與馬一浮〉,《暢流半月刊》第 21 卷第 10 期,1960 年 7 月,頁 2-4。

曾錦坤:〈新唯識論的心身觀〉,《中國學術年刊》第 22 期,2001 年 5 月,頁 207-233。

楊丹荷:〈道家思想資源在熊十力總體思想背景中的地位、作用及熊十力哲學的基本精神〉,《哲學與文化》第 27 卷第 9 期,2000 年 9 月,頁 873-888。

楊自平:〈熊十力體用不二之《易》外王思想〉,《哲學與文化》第 30 卷第 5 期,2003 年 5 月,頁 40-54。

楊國榮:〈熊十力與王學〉,《天津社會科學》,1989 年第 2 期,1989 年 2 月,頁 44-48。

鄭家棟:〈熊十力對中西哲學觀的比較研究〉,《學習與探索》1988 年第 2 期,1988 年 3 月,頁 74-78、117。

鄭家棟:〈終極層面的探求與天人統一觀的重建〉,《哲學雜誌》第 17 期,1996 年 8 月,頁 873-888。

裴春苓:〈當代新儒學「儒佛融攝」詮釋方法中「自我」與「他者」的關係探討——以熊十力、牟宗三為例〉,《鵝湖》第 25 卷第 12 期,2000 年 6 月,頁 55-67。

鄭炳碩:〈熊十力之《周易》新詮釋與儒學復興〉,《周易研究》2000 年第 6 期,2002 年 12 月,頁 62-71。

廖鍾慶:〈黃岡內聖學述〉,《鵝湖》第 4 卷第 6-8 期,1978 年 12 月、1979 年 1-2 月,頁 8-13、27-31、4-16。

劉述先：〈對於熊十力先生晚年思想的再反思〉，《鵝湖》第 17 卷第 9 期，
　　1992 年 3 月，頁 1-4。

賴錫三：〈熊十力体用哲學的存有論詮釋──略論熊十力與牟宗三的哲學
　　系統相之同異〉，《中正大學中文學術年刊》第 5 期，2003 年 2 月，
　　頁 81-120。

謝永鑫、王炯華：〈熊十力心學思想論略〉，《河南師範大學學報》（哲學社
　　會科學版）第 28 卷第 4 期，2001 年 7 月，頁 5-7。

戴明璽：〈新儒家文化觀的遞變歷程：從熊十力到杜維明〉，《山東社會科
　　學》2002 第 5 期，2002 年 9 月，頁 55-59。

顏炳罡：〈熊十力易學思想探微〉，《周易研究》1990 年第 2 期（1990/10），
　　頁 51-58、70。

蘇樹宗、邱才貴：〈熊十力先生百年誕辰紀念座談會〉，《鵝湖》第 11 卷第
　　11 期，1986 年 5 月，頁 5-15。

四、其他相關作品

（一）專著

1.宋明學術研究專著

王邦雄等：《陽明學學術討論會論文集》，台北：國立台灣師範師範大學人
　　文教育研究中心出版，1989 年 3 月。

甲　凱：《宋明心學評述》，台北：台灣商務印書館，1980 年 11 月。

朱秉義：《王陽明入聖的工夫》，台北：幼獅文化事業公司，1993 年 4 月。

汪學群：《王夫之易學：以清初學術為視角》，北京：社會科學文獻出版社，
　　2002 年 5 月。

林繼平：《宋學探微》，台北：蘭臺出版社，2002 年 3 月。

胡發貴：《王夫之與中國文化》，貴州：貴州人民出版社，2000 年 10 月。

張立文：《正學與開新──王船山哲學思想》，北京：人民出版社，2001
　　年12月。
張西堂：《明王船山先生夫之年表》，台北：台灣商務印書館，1978年7月。
張其昀：《陽明學論文集》，台北：華岡出版有限公司，1977年6月。
張祥浩：《王守仁評傳》，南京：南京大學出版社，1997年2月。
張德麟：《程明道思想研究》，台北：台灣學生書局，1986年3月。
張學智：《明代哲學史》，北京：北京大學出版社，2000年11月。
淡江大學中文系主編：《晚明思潮與社會變動》，台北：弘化文化事業，1987
　　年12月。
陳　來：《朱熹哲學研究》，台北：文津出版社，1990年12月。
陳榮捷：《朱學論集》，台北：台灣學生書局，1988年4月。
曾昭旭：《王船山哲學》，台北：遠景出版事業公司，1983年2月。
楊國榮：《良知與心體──王陽明哲學研究》，台北：中華發展基金管理委
　　員會洪葉文化事業公司聯合發行，1999年8月。
劉宗賢：《陸王心學研究》，濟南：山東人民出版社，1997年7月。
蔡仁厚：《王陽明哲學》，台北：三民書局，1974年10月。
蔡仁厚：《宋明理學北宋篇》，台北：台灣學生書局，1989年3月。
蔡仁厚：《宋明理學南宋篇》，台北：台灣學生書局，1989年3月。
劉宗賢：《陸王心學研究》，濟南：山東人民出版社，1997年7月。
劉述先：《朱子哲學思想的發展與完成》，台北：台灣學生書局，1984年8月。
錢穆等：《中國哲學思想論集‧宋明篇》，台北：水牛出版社，1991年6月。
鍾彩鈞：《王陽明思想之進展》，台北：文史哲出版社，1983年10月。
蕭萐父、許蘇民：《王夫之評傳》，南京：南京大學出版社，2002年4月。
錢穆等：《中國哲學思想論集‧宋明篇》，台北：水牛出版社，1988年2月。

2.新儒家、現代哲學及其他研究專著

王先謙：《莊子集解》，台北：世界書局，1983年4月。
王汎森：《章太炎的思想》，台北：時報文化出版事業有限公司，1985年5月。
史華慈等：《近代中國思想人物論──自由主義》，台北：時報文化出版事
　　業有限公司，1980年6月。
牟宗三：《中國哲學的特質》，台北：台灣學生書局，1984年4月。
牟宗三：《生命的學問》，台北：三民書局，1984年7月。

牟宗三：《心體與性體》，台北：正中書局，1987 年 5 月。

牟宗三：《歷史哲學》，台北：台灣學生書局，1988 年 8 月。

牟宗三：《道德的理想主義》，台北：台灣學生書局，1992 年 9 月。

李　杜：《唐君毅先生的哲學》，台北：台灣學生書局，1989 年 10 月。

李明輝：《當代儒學的自我轉化》，北京：中國社會科學出版社，2001 年 7 月。

李維武：《徐復觀學術思想評傳》，北京：北京圖書館出版社，2001 年 2 月。

李澤厚：《中國現代思想史論》，台北：三民書局，1996 年 9 月。

沈清松：《現代哲學論衡》，台北：黎明文化事業公司，1985 年 8 月。

沈清松、孫振青：《西洋哲學家與哲學專題》，台北：國立空中大學，1991
　　年 2 月。

沈清松主編：《跨世紀的中國哲學》，台北：五南圖書出版股份有限公司，
　　2001 年 6 月。

吳　康：《柏格森哲學》，台北：台灣商務印書館，1980 年 11 月。

杜維明：《儒學第三期發展的前景問題》，台北：聯經出版事業公司，1989
　　年 5 月。

汪榮祖：《康有為》，台北：東大圖書公司，1998 年 7 月。

林安梧：《現代儒學論衡》，台北：業強出版社，1987 年 5 月。

林安梧主編：《當代儒學發展之新契機》，台北：文津出版社，1997 年 12 月。

林安梧：《人文學方法論：詮釋的存有學探源》，台北：讀冊文化視野有限
　　公司，2003 年 7 月。

武東生：《現代新儒家人生哲學研究》，瀋陽：遼寧大學出版社，1994 年 2 月。

周振群：《當代新儒學論文集・內聖篇》，台北：文津出版社。1991 年 5 月。

苗潤田：《解構與傳承──孔子、儒學及其現代價值研究》，濟南：齊魯書
　　社，2002 年 3 月。

胡鴻文：《本體論新探》，台北：弘智出版社，1986 年 1 月。

高平叔：《蔡元培哲學論著》，石家莊市：河北人民出版社，1985 年。

高明等：《憂患意識的體認》，台北：文津出版社，1987 年 4 月。

馬　浮：《爾雅台答問》，台北：廣文書局，1979 年 3 月。

唐君毅：《中國哲學原論》，台北：台灣學生書局，1978 年 2 月。

唐君毅：《生命存在與心靈境界》，台北：台灣學生書局，1986 年 5 月。

唐君毅：《中國文化之精神價值》，台北：正中書局，1994 年 9 月。

徐復觀：《中國思想史論集續編》，台北：時報文化出版事業有限公司，1985年11月。

徐復觀：《無慚尺布裹頭歸——徐復觀最後日記》，台北：允晨文化實業股份有限公司，1987年1月。

徐復觀：《中國思想史論集》，台北：台灣學生書局，1988年2月。

徐復觀：《中國人性論史・先秦篇》，台北：台灣商務印書館，1994年4月。

麻天祥：《歐陽竟無》，收入《中國歷代思想家》二十一，台北：台灣商務印書館，1999年10月。

張立文：《中國近代新學的展開》，台北：東大圖書公司，1990年12月。

陳　來：《哲學與傳統》，台北：允晨文化實業股份有限公司，1994年3月。

陳筱梅編：《梁任公文選》，上海，仿古書店，1937年。

陳德和：《儒家思想的哲學詮釋》，台北：洪葉文化事業有限公司，2003年1月。

梁啟超：《清代學術概論》，台北：台灣商務印書館，1985年2月。

梁漱溟：《東西文化及其哲學》，台北：問學出版社，1977年11月。

郭齊勇：《儒學與儒學史新論》，台北：台灣學生書局，2002年10月。

國際儒學聯合會編：《國際儒學研究》第五輯，北京：中國社會科學出版社，1998年11月。

湯志鈞：《近代經學與政治》，北京：中華書局，2000年8月。

單　波：《心通九境——唐君毅哲學的精神空間》，北京：人民出版社，2001年7月。

曾春海：《儒家哲學論集》，台北：文津出版社，1989年5月。

曾春海：《易經哲學的宇宙與人生》，台北：文津出版社，1997年4月。

曾春海：《易經的哲學原理》，台北：文津出版社，2003年3月。

馮崇義：《羅素在中國——西方思想在中國的一次經歷》，北京：三聯書店，1998年2月。

傅偉勳：《西洋哲學史》，台北：三民書局，1984年1月。

傅偉勳，《從西方哲學到禪佛教》，台北：東大圖書公司，1986年6月。

黃師慶萱：《周易讀本》，台北：三民書局，1992年5月。

鄔昆如：《西洋哲學十二講》，台北：東大圖書公司，1987年9月。

蒙培元：《中國心性篇》，台北：台灣學生書局，1990年4月。

趙德志：《現代新儒家與西方哲學》，瀋陽：遼寧大學出版社，1994年2月。

赫胥黎撰、嚴復譯：《天演論》，台北：台灣商務印書館，1977 年 6 月。
蔡仁厚：《儒家思想的現代意義》，台北：文津出版社，1987 年 5 月。
蔡仁厚：《孔孟荀哲學——孔子之部》，台北：台灣學生書局，1988 年 2 月。
蔡仁厚：《牟宗三先生學思年譜》，台北：台灣學生書局，1996 年 2 月。
蔡仁厚：《孔子的生命境界——儒者的反思與開展》，台北：台灣學生書局，
　　1998 年 4 月。
蔡仁厚：《哲學史與儒學論評：世紀之交的回顧與前瞻》，台北：台灣學生
　　書局，2001 年 6 月。
蔡培元：《中國心性論》，台北：台灣學生書局，1990 年 4 月。
鄭大華：《馬一浮》，收入《中國歷代思想家》二十一，台北：台灣商務印
　　書館，1999 年 10 月。
鄭家棟：《當代新儒學史論》，南寧：廣西教育出版社，1997 年 11 月。
劉述先主編：《當代儒學論集：挑戰與回應》，台北：中央研究院中國文哲
　　研究所籌備處，1995 年 12 月。
劉述先主編：《儒家思想與現代世界》，台北：中央研究院中國文哲研究所
　　籌備處，1997 年 10 月。
劉錦賢：《儒家保身觀與成德之教》，台北：樂學書局，2003 年 1 月。
錢　穆：《中國近三百年學術史》，台北：台灣商務印書館，1980 年 1 月。
霍韜晦主編：《唐君毅思想國際會議論文集》（IIIIIIV），香港九龍：法住
　　出版社，1991 年 11 月。
顏炳罡：《整合與重鑄——當代大儒牟宗三先生思想研究》，台北：台灣學
　　生書局，1995 年 2 月。
顏炳罡：《牟宗三學術思想評傳》，北京：北京圖書館出版社，1998 年 11 月。
魏萼、李奇茂、黃炳煌主編：《東方文化與國際社會國際學術研討會論文
　　集》，台北：文史哲出版社，2002 年 10 月。

（二）學位論文

杜保瑞：《論王船山易學與氣學並重的形上學進路》，台灣大學哲學研究所
　　博士論文，1993 年。
林文彬：《船山易學研究》，國立台灣師範大學國文研究所博士論文，1994 年。
劉又銘：《馬浮研究》，政治大學中國文學研究所，1984 年。

（三）學報期刊

王家儉：〈晚明的實學思潮〉，《漢學研究》第 7 卷第 2 期，1989 年 12 月，
　　頁 279-300。
左舜生：〈譚嗣同先生評傳〉，《湖南文獻季刊》第 6 卷第 1 期，1978 年 1
　　月，頁 39-54。
古清美：〈程明道、陸象山、王陽明對仁體的詮釋〉，《台大中文學報》2，
　　1988 年 11 月，頁 233-263。
朱泫源、蔣秋華、朱榮貴：〈王夫之民族思想重觀〉，《哲學與文化》第 20
　　卷第 9 期，1993 年 9 月，頁 905-922。
朱淵明：〈憶馬一浮先生〉，《中國學人》第 3 期，1971 年 6 月。
朱漢民：〈王夫之的實有之道〉，《哲學與文化》第 28 卷第 7 期，2001 年 7
　　月，頁 651-661。
李國英：〈王船山學說〉，《孔孟學報》第 12 期，1966 年 9 月，頁 109-132。
汪學群：〈王夫之易學中的實有思想與清初務實學風〉，《周易研究》2000
　　年第 3 期，2000 年 8 月，頁 32-50。
呂實強：〈王船山民族思想的再省察〉，《哲學與文化》第 20 卷第 9 期，1993
　　年 9 月，頁 840-847。
林安梧：〈馬一浮心性論初探〉，《鵝湖》，第 10 卷第 8 期，1985 年 2 月，
　　頁 38-45。
周伯達：〈船山哲學述要〉，《湖南文獻季刊》第 6、7 期合刊，1980 年 11
　　月，頁 255-259。
周景勳：〈易傳繫辭中「生生之謂易」的研究〉，《哲學論集》第 22 期，1988
　　年 7 月，頁 147-167。
唐君毅：〈白沙在明代理學的地位〉，《白沙學刊》1965 年第 2 期，頁 33-38。
孫效智：〈論朱王異同〉，《孔孟學報》第 55 期，1988 年 4 月，頁 141-172。
張立文：〈宋明新儒學與現代新儒學形上學之檢討〉，《哲學與文化》第 23
　　卷第 7 期，1996 年 7 月，頁 1796-1818。
張永儁：〈析論王船山君相可以造命論之民主精神〉，《哲學與文化》第 20
　　卷第 9 期，1993 年 9 月，頁 860-869。

張懷承：〈船山理論簡析〉，《哲學與文化》第 18 卷第 9 期，1991 年，頁 816-824。

陳立驤：〈王船山天道論性格的衡定〉，《鵝湖》第 28 卷第 4 期，2002 年，頁 29-38。

陳郁夫：〈王陽明的致良知〉，《師大學報》第 28 期，1983 年 6 月，頁 363-388。

陳郁夫：〈王船山對禪佛的闢評〉，《師大學報》第 32 期，1987 年，頁 263-297。

陳榮捷：〈白沙之動的哲學與創作〉，《白沙學刊》1965 年第 2 期，頁 27-29。

熊考核：〈船山思想對近代中國社會變革的主要影響及歷史作用〉，《船山學刊》2001 年第 3 期，2001 年 9 月，頁 5-10。

曾昭旭：〈闡船山易學之宇宙論〉，《哲學論集》第 10 期，1977 年 12 月，頁 76-131。

曾昭旭：〈論王船山之即氣言體〉（下），《鵝湖月刊》第 1 卷第 11 期，1976 年 5 月，頁 22-26。

曾春海：〈陸象山心學流傳脈絡初探〉，《輔仁學誌──文學院之部》，1988 年 6 月，頁 127-147。

黃黎星：〈乾坤大義的現代啟示錄──當代新儒家易學思想綜論〉，《周易研究》1998 年第 1、2 期，1998 年 2、5 月，頁 34-45、64-75。

黃懿梅：〈王船山與戴東原哲學之異同〉，《國際中國哲學研討會論文集》，1985 年，頁 537-555。

馮耀明：〈當代新儒家的「主體」概念〉，《大陸雜誌》第 101 卷第 4 期，2000 年 10 月，頁 145-165。

潘小慧：〈從王船山的本體論看其人性論〉，《哲學與文化》第 20 卷第 9 期，1993 年 9 月，頁 923-934。

蔡詩萍：〈認識當代新儒家〉，《中國論壇》第 15 卷第 1 期，1982 年 10 月，頁 38-43。

羅　光：〈王船山形上哲學思想的系統〉，《哲學與文化》第 20 卷第 9 期，1993 年 9 月，頁 832-839。

哲學宗教類　AA0019

尋繹當代儒哲熊十力：
以「一聖二王」為鑰

作　　者 / 王汝華
責任編輯 / 林泰宏
圖文排版 / 陳佳怡
封面設計 / 陳佩蓉

發 行 人 / 宋政坤
法律顧問 / 毛國樑　律師
印製出版 / 秀威資訊科技股份有限公司
　　　　　114 台北市內湖區瑞光路 76 巷 65 號 1 樓
　　　　　電話：+886-2-2796-3638　傳真：+886-2-2796-1377
　　　　　http://www.showwe.com.tw
劃撥帳號 / 19563868　戶名：秀威資訊科技股份有限公司
　　　　　讀者服務信箱：service@showwe.com.tw
展售門市 / 國家書店（松江門市）
　　　　　104 台北市中山區松江路 209 號 1 樓
　　　　　電話：+886-2-2518-0207　傳真：+886-2-2518-0778
網路訂購 / 秀威網路書店：http://www.bodbooks.tw
　　　　　國家網路書店：http://www.govbooks.com.tw
圖書經銷 / 紅螞蟻圖書有限公司
　　　　　114 台北市內湖區舊宗路二段 121 巷 28、32 號 4 樓
　　　　　電話：+886-2-2795-3656　傳真：+886-2-2795-4100

2010 年 10 月 BOD 一版
定價：380 元
版權所有　翻印必究
本書如有缺頁、破損或裝訂錯誤，請寄回更換

國家圖書館出版品預行編目

尋繹當代儒哲熊十力：以「一聖二王」為鑰 /
　王汝華著. -- 一版. -- 臺北市：秀威資訊科技,
　2010.10
　　面；　公分. -- (哲學宗教類；AA0019)
　參考書目：面
　ISBN 978-986-221-557-9(平裝)

　1. 熊十力 2. 學術思想 3. 哲學

128.6　　　　　　　　　　　　　99014895

讀者回函卡

感謝您購買本書，為提升服務品質，請填妥以下資料，將讀者回函卡直接寄回或傳真本公司，收到您的寶貴意見後，我們會收藏記錄及檢討，謝謝！如您需要了解本公司最新出版書目、購書優惠或企劃活動，歡迎您上網查詢或下載相關資料：http:// www.showwe.com.tw

您購買的書名：_____

出生日期：_____年_____月_____日

學歷：□高中 (含) 以下　　□大專　　□研究所 (含) 以上

職業：□製造業　□金融業　□資訊業　□軍警　□傳播業　□自由業
　　　□服務業　□公務員　□教職　　□學生　□家管　　□其它_____

購書地點：□網路書店　□實體書店　□書展　□郵購　□贈閱　□其他

您從何得知本書的消息？

　□網路書店　□實體書店　□網路搜尋　□電子報　□書訊　□雜誌
　□傳播媒體　□親友推薦　□網站推薦　□部落格　□其他_____

您對本書的評價：（請填代號　1.非常滿意　2.滿意　3.尚可　4.再改進）

　封面設計____　版面編排____　內容____　文／譯筆____　價格____

讀完書後您覺得：

　□很有收穫　□有收穫　□收穫不多　□沒收穫

對我們的建議：_____

_____

_____

_____

11466
台北市內湖區瑞光路 76 巷 65 號 1 樓

秀威資訊科技股份有限公司　　　收

BOD 數位出版事業部

....

（請沿線對折寄回，謝謝！）

姓　　名：＿＿＿＿＿＿＿　年齡：＿＿＿　性別：□女　□男

郵遞區號：□□□□□

地　　址：＿＿＿＿＿＿＿＿＿＿＿＿＿＿＿＿＿＿＿

聯絡電話：(日)＿＿＿＿＿＿＿＿　(夜)＿＿＿＿＿＿＿＿＿

E-mail：＿＿＿＿＿＿＿＿＿＿＿＿＿＿＿＿＿＿＿